古典文獻研究輯刊

三六編

潘美月・杜潔祥 主編

第 51 冊

國故新略
——新七略（上）

司馬朝軍 著

國家圖書館出版品預行編目資料

國故新略——新七略（上）／司馬朝軍 著 -- 初版 -- 新北市：
花木蘭文化事業有限公司，2023〔民112〕
序 2+ 目 8+174 面；19×26 公分
（古典文獻研究輯刊 三六編；第 51 冊）
ISBN 978-626-344-309-9（精裝）
1.CST：漢學 2.CST：研究考訂
011.08 111022070

ISBN-978-626-344-309-9

古典文獻研究輯刊
三六編 第五一冊 ISBN：978-626-344-309-9

國故新略
——新七略（上）

作　　者　司馬朝軍
主　　編　潘美月、杜潔祥
總 編 輯　杜潔祥
副總編輯　楊嘉樂
編輯主任　許郁翎
編　　輯　張雅淋、潘玟靜　美術編輯　陳逸婷
出　　版　花木蘭文化事業有限公司
發 行 人　高小娟
聯絡地址　235 新北市中和區中安街七二號十三樓
　　　　　電話：02-2923-1455／傳真：02-2923-1452
網　　址　http://www.huamulan.tw 信箱 service@huamulans.com
印　　刷　普羅文化出版廣告事業
初　　版　2023 年 3 月
定　　價　三六編 52 冊（精裝）新台幣 140,000 元
版權所有 · 請勿翻印

國故新略
——新七略（上）

司馬朝軍　著

作者簡介

司馬朝軍，上海社會科學院歷史研究所研究員、《傳統中國》主編、《文澄閣四庫全書》總編纂，原任武漢大學國學院經學教授、歷史學院專門史教授、信息管理學院文獻學教授、中國傳統文化研究中心研究員、四庫學研究中心主任、武漢大學珞珈特聘教授。著有《四庫全書總目研究》《四庫全書總目編纂考》等四庫學系列著作，主撰《辨偽研究書系》，此外出版國學系列著作多種，著述遍及四部。組織主持「經學論壇」與「江南學論壇」。

提　　要

　　本書將傳世文獻分為七大部分，除經史子集四部之外，另外增加三部，即宗教部、技藝部、工具部。對每部的重要典籍加以簡介，形成了一個自具特色的圖書分類體系，故斗膽稱之為「新七略」。此書既是目錄學教材，也可以視為文獻學教材或國學教材，代表了作者一個時期的分類體系。

自　序

　　文獻學目前還是以傳統文獻學為主體。我們提倡的是「傳統功底＋現代視閾」。現代文獻學的理念固然重要，但光有新方法，不能處理舊材料，還是無濟於事。如果輕視新方法、新材料，僅僅使用舊方法、舊材料，在學術上也難以開創新局面。如果我們對九經三傳、諸子百家爛熟於心，又對傳統文獻學方法運用自如，再加上現代文獻學的方法與現代化的研究手段，就完全有可能「較乾嘉諸老更上層樓」。

　　有關文獻學的研究可謂突飛猛進，日新月異；文獻學教材也是層出不窮，遍地開花。大體而言，此類教材難免陳陳相因，佳者寥若晨星。本書系本人主編之文獻學講義，力求因中有創，創中有因，實事求是，推陳出新，欲對文獻學教學體系的建設有所貢獻。

　　文獻學是一門實踐性很強而理論性相對貧乏的學問，是一門實用之學，並非空疏之學。它強調實證，反對空談，紙上談兵不能解決任何問題。古人云：「操千曲而後曉聲，觀千劍而後識器。」我們主張從豐富多彩的文獻本身入手，而不是從空洞的文獻學理論入手。換言之，從瞭解原典入手，而不是從販賣「概論+通識」入手。熟悉文獻學的知識譜系，選擇性之所近的若干種經典反覆誦讀，學生的人文素養就會逐步提高。

　　我們認為，中國文獻學的宗旨是「辨章中華學術，考鏡文獻源流」。中國古典文獻學歷來注重辨章學術，考鏡源流。具體而言，理清書籍類別，辨析史料價值和內容，考證典籍源流，闡明學術流變，最終為古典學的研究提供堅實可靠的平臺。

　　時下盛行理論脫離實際之風，動輒搞一套中看不中用的「理論體系」，往

往七寶樓臺撤開不成片段。我們不願故弄玄虛，無意編造一套集古今中外之大成的文獻學體系。古代文獻浩如煙海，即使照本宣科也難免開口就錯，因此，宣講此學又談何容易！從認識論的角度來看，「完全正確」、「永遠正確」也是不可能的。我們儘量減少硬傷，避免常識上的錯誤。如果有熱心的「學術警察」予以當頭棒喝，我們當效法古人，聞過則喜，從善如流，虛心接受。

有人宣稱：「重寫中國古代學術史。」也有人宣稱：「重寫中國古代文獻。」中國古代學術史固然有各種各樣的寫法，你可以這樣寫，他可以那樣寫，倒也無妨。但中國古代文獻早已存在，不容篡改，不知他們究竟如何「重寫」？我們沒有如此膽量，只是述古而已。懷著極大的敬畏之心，我們笨拙地將汗牛充棟的文獻分為若干大類若干小類，串成一幅粗糙不成樣子的裝飾品。我們不敢宣稱──「這就是古代文獻！」「這就是文獻學！」但我們敢於班門弄斧，敢於嘗試新路，敢於改變故轍。有道是：「作者皆聖賢，述者亦好古。誰解其中味，此中多甘苦。」這種甘苦能否得到同情之理解？這種嘗試能否行得通？是否又會蛻變為一種新的套路？我們期待著學生的檢閱與同行的鑒別。

司馬朝軍

2010 年 6 月 17 日於觀衢軒

目次

第一章 經 部

　　經部歷來居群書之首，這是因為經學是中國傳統學術的核心。經學原典創自先秦時期（即「前軸心時代」與「軸心時代」）。自漢至清，經學由神學化（漢代）而玄學化（魏晉南北朝）而理學化（宋元明）而樸學化（清）。自章學誠「六經皆史」之說盛行，不究六經之微言大義，僅僅作為史料處理，經學遂慘遭碎片化。從「五四」到「文革」，經學被視為「封建文化的糟粕」，更是首當其衝，在劫難逃。自 20 世紀 80 年代末以來，弘揚國學的聲浪一浪高過一浪，經學在中國傳統學術中的核心地位又被重新確認。

　　我們將經部分為六類：易類、書類、詩類、禮類、春秋類、五經總義類。我們對經部做了幾點調整：第一，今將樂類取消，併入藝術類音樂之屬；第二，將孝經類、四書類取消，併入宗教部儒教類經典之屬；第三，將小學類歸入工具部。「五經」之外，其他如《論語》、《孝經》、《爾雅》、《孟子》及樂類全部清除出經部。我們劃定的經部比前人更加整齊清爽，《論語》、《孝經》、《爾雅》、《孟子》及樂類本來就是經學的衍生物，它們的加入使得經部顯得不倫不類。有人甚至主張將五經之「傳」也劃歸子部，似是而非，歷代對於五經的闡釋之作自然是經學的重要組成部分，離開了傳注，經學也就不復存在，故不予採信。

第一節　易類

一、《易》之性質

　　《周易》是中國文化的原典之一，甚至在某種程度上可以是中國文化的

總源頭。《漢書·藝文志》認為六經之中「《易》為之源」，程頤認為《易》是義理之書，朱熹認為《易》是卜筮之書。筆者認為，《易》是最早的原始宗教經典〔註1〕；《易》統三才，含萬象，攝群經，衍諸子，通文史，故可獨立為部〔註2〕。

　　遠古時代，先民對於自然和社會現象極其缺乏認識，因而產生原始宗教活動。卜筮便屬原始宗教活動。尤其是上層人物，什麼舉動都得先請教神靈，卜問吉凶。卜用烏龜腹甲或者牛胛骨，自清代末期在河南安陽殷墟發現大量卜辭以來，為研究殷商史提供了第一手實物資料。後來在陝西扶風縣、岐山縣一帶，即西周建國前的周原地區，又發現了周代卜甲、卜骨，雖然數量不大，卻很有價值。用實物證明了西周在建國前，即武王滅紂以前，早就用龜甲、牛骨占卜了。以後又用蓍草卜卦，叫占筮。《周易》這部書，當初就是提供占筮者用的。《周易》就是今天的《易經》，又簡稱《易》。

二、《易》之內容

　　《周易》最基本的東西是「陰」、「陽」兩個符號，「—」是「陽」，「--」是「陰」。由這兩個符號，以陽爻、陰爻相配合，每卦三爻，組成八卦：乾、坤、坎、震、巽、離、艮、兌。這八個卦，即經卦，互相重疊，組成六十四卦（即別卦）。六十四卦中，每卦六爻，從下往上數，第一爻叫「初」爻，第二、三、四、五爻仍用「二」、「三」、「四」、「五」為名，最上一爻叫「上」爻。那一爻若是陽爻「—」，便叫「九」；若是陰爻「--」，便叫「六」。六十四卦的卦辭和三百八十六爻的（本三百八十四爻，再加上《乾·用九》、《坤·用六》二條爻辭）爻辭，是《周易》「經」的部分。又分為上、下兩篇，上篇三十卦，下篇三十四卦。

　　《周易》有「經」，也有「傳」。《易傳》有七個部分，分為十篇，所以又叫做「十翼」。《十翼》七種十篇是：

　　（一）《彖傳》，解釋六十四卦的卦名、卦義和卦辭，分上下兩篇。彖者，斷也，斷定一爻之義。

　　（二）《象傳》，分上下兩篇，共 450 條。其中解釋六十四卦卦名、卦義的有 64 條，稱為「大象」，以卦象為根據來解釋卦辭，如《易·乾》云：「象曰：

〔註1〕司馬朝軍：《論卦辭深層結構》，《孔子研究》，2001 年第 2 期。
〔註2〕筆者傾向於將「易類」升格為「易部」。為教學方便，本書暫時不設「易部」。

『天行健，君子以自強不息。』」孔穎達疏：「此大象也。《十翼》之中第三翼，總象一卦，故謂之大象。」解釋 386 爻爻辭的有 386 條，稱為「小象」，如《易·乾·初九》云：「潛龍勿用，陽在下也。」孔穎達疏：「自此以下至『盈不可久』，是夫子釋六爻之象辭，謂之小象。」解釋卦名、卦義的都以卦象為根據，解釋爻辭的也多以爻象（包括爻位）為根據，因此題其篇曰「象」。也稱「象辭」。

（三）《文言》，只解釋乾、坤二卦的卦辭和爻辭。

以上三種，本來是和經分離各自單獨為篇的，後人因為它和經文關係較為密切，便附在各有關經文之下。經分為上下，因此《彖傳》、《象傳》也分為上下。《文言》只各附於《乾》、《坤》兩卦《象傳》之後，不再分為上下。

（四）《繫辭》，它是《易經》的通論，也分為上下兩篇。

（五）《說卦》，主要記述乾、坤、震、巽、坎、離、艮、兌八卦所象的事物。《說卦》說：「乾為天，坤為地，震為雷，巽為風，坎為水，離為火，艮為山，兌為澤。」這是原始卦象。《說卦》又加引申，一個卦可以代表多種事物。

（六）《序卦》，解說六十四卦的順序。

（七）《雜卦》，解說六十四卦的卦義，卻不依照六十四卦的順序，錯雜解釋，所以叫「雜卦」。

以上四種，各自獨立為篇，列於「經」文之後。本來「經」自「經」，「傳」自「傳」，今本《周易》把《彖傳》、《象傳》、《文言》各附於相關「經」文之後，而把《繫辭》以下四篇列在「經」後。

三、《易》之寫作年代

《周易》的時代問題至今仍然是學術界爭論不休的一個歷史疑難問題。舊說以朱熹為代表，他認為「人更四聖」：伏羲畫卦、周文王作卦辭、周公作爻辭、孔子作《十翼》。新說主要有三：顧頡剛主「西周初說」，李鏡池主「西周末說」，郭沫若主「戰國說」。

從卦爻辭看，卦爻辭作於殷周之際。因為它所載的內容有殷商祖先的故事，也有周代初年的史事，卻沒有夾雜後代的任何色彩。《繫辭》下說：「《易》之興也，其當殷之末世、周之盛矣？當文王與紂之時耶？」懷疑《卦辭》、《爻辭》作於周文王之世，但從「康侯用錫馬蕃庶」這一條看，自在文王以後，許

多研究《周易》的人大多認為《卦辭》、《爻辭》是西周初的作品。

《十翼》相傳為孔丘所作，宋代以前無異辭。自從歐陽修《易童子問》發難，便提出許多論點，說明是孔子以後的作品。以後研究的人越來越多，論證《十翼》不是一人所作，而且不是一時所作，但是多為影響之談，不足為憑。

四、《易》之派別

古代分為兩派六宗。《四庫全書總目·易類序》云：

> 聖人覺世牖民，大抵因事以寓教：《詩》寓於風謠，《禮》寓於節文，《尚書》、《春秋》寓於史，而《易》則寓於卜筮。故《易》之為書，推天道以明人事者也。《左傳》所記諸占，蓋猶太卜之遺法。

> 漢儒言象數，去古未遠也，一變而為京、焦，入於禨祥；再變而為陳、邵，務窮造化，《易》遂不切於民用。王弼盡黜象數，說以老、莊，一變而胡瑗、程子，始闡明儒理；再變而李光、楊萬里，又參證史事，《易》遂日啟其論端。此兩派六宗，已互相攻駁。

> 又《易》道廣大，無所不包，旁及天文、地理、樂律、兵法、韻學、算術，以逮方外之爐火，皆可援《易》以為說，而好異者又援以入《易》，故《易》說愈繁。

> 夫六十四卦《大象》皆有「君子以」字，其爻象則多戒占者，聖人之情見乎詞矣。其餘皆《易》之一端，非其本也。今參校諸家，以因象立教者為宗，而其他《易》外別傳者，亦兼收以盡其變，各為條論，具列於左。

「《易》之為書，推天道以明人事」，講的是天人之學。《易》更三聖，世歷三古。伏羲、文王、孔子三大聖人，前赴後繼，覺世牖民。孔子以後，《易》為六藝之首，為儒家必修課程，其他諸子百家亦無不從中吸取教益。秦始皇焚書，《易》以占卜之書幸存。漢置「五經博士」，《易》學研究日益昌盛。所謂「兩派六宗」，僅就古代《易》學立論。詳見後面《易》學流派部分。

天文，現指日月星辰等天體在宇宙間分布運行等現象，古人把風、雲、雨、露、霜、雪等地文現象也列入天文範圍。《隋書·經籍志》云：「天文者，所以察星辰之變，而參於政者也。」天文、地理皆為《易》之構成基礎，《易·繫辭上》明言：「仰以觀於天文，俯以察於地理。」樂律即音律，注重五音（即

宮、商、角、徵、羽）變化；韻學即聲韻，關注四聲（平、上、去、入）變化，均涉及陰陽變化。兵法涉及術數，算術與象數密不可分，無不與《易》相通。至於方外之爐火，特指道士煉製丹藥。諸如此類，「皆可援《易》以為說，而好異者又援以入《易》」。由此可知，《易》學之範圍，廣泛侵及一切傳統學術之領域。近代以降，西方學術傳入中國，四部之學被七科之學取代，但聲光化電諸科亦往往與《易》相通，研《易》者亦援以入《易》。因此，在「人文易」之外，又別出「科學易」一派。

五、《易》之注釋

歷代注《易》之作甚多，大致分為漢、宋兩派。馮友蘭認為：「漢《易》注重象數，宋《易》注重義理。其實這種分別代表著兩種思想體系，不僅是注解的態度和方法的不同。」〔註3〕《四庫全書總目》注重象數，「以因象立教者為宗」，表彰漢《易》，顯然站在漢學家的立場上。

古注代表性的有：《周易注疏》，魏王弼、韓康伯注，唐孔穎達等正義，已收入《十三經注疏》中。唐李鼎祚撰《周易集解》十七卷，宋程頤撰《伊川易傳》，朱熹撰《周易本義》。下面重點介紹《周易注疏》、《伊川易傳》、《周易本義》等書。

《周易注疏》十卷　晉王弼、韓康伯注，唐孔穎達等疏。漢儒言象數，由孟喜、京房開其端，虞翻五世傳《孟氏易》，象數易學已極其繁瑣。此派創立了許多方法：卦氣、互體、納甲、五行、飛伏、卦變等等。《四庫提要》稱：「《易》本卜筮之書，故末派浸流於讖緯，王弼乘其極敝而攻之，遂能排棄漢儒，自標新學。」王弼之注，掃象言《易》，提出了「得意在忘象，得象而忘言」，以老、莊解《易》，以玄學詮《易》。朱伯崑說：「從易學史上看，王弼對《周易》體例的論述，排除了漢易中的占候之術，把《周易》看成是講政治哲學的教科書，這在當時說，是一種新風氣。他以取義說和爻位說解釋卦爻辭，排除了漢易中的煩瑣的象數之學，也是一種新風氣。但是，其《周易注》，由於保留了爻位說，其對《周易》所作的義理解釋，同樣有煩瑣哲學的弊病。進一步擺脫煩瑣經學的束縛，那是後來宋明易學中義理學派的任務了。」〔註4〕孔穎達疏對義理發揮較多，提出了「易歷三聖」，「易一名而含三

〔註3〕馮友蘭：《中國哲學史史料學》，江蘇教育出版社，2006年版，第26頁。
〔註4〕朱伯崑：《易學哲學史》，華夏出版社，1995年版，第一卷，第280頁。

義」,「易含萬象」,「不可一例求之,不可一類取之」等觀點。總體而言,它基本遵循「疏不破注」的原則,依注敷衍,朱熹認為它在唐人《五經正義》中居於最下:「五經中,《周禮疏》最好,《詩》與《禮記》次之,《書》、《易疏》亂道,《易疏》只是將王輔嗣注來虛說一片。」〔註5〕而朱伯崑認為:「孔疏對《周易》原理的理解,就其對卦爻辭的解釋說,既採取義說,又採取象說,而以取象說為主。從而對王弼派的易學理論,作了新的解釋,揚棄了王弼的貴無賤有的思想,將王弼派講的虛無實體解釋為自然而有,自然無為或不知其所以然而然,將玄學中的貴無論引向崇有論。通過崇有論,又將漢易中的元氣說、陰陽二氣說重新肯定下來,並向前發展了。此是孔疏在漢唐哲學史上的一大貢獻。」〔註6〕

《伊川易傳》四卷　宋程頤撰。其書但解上下經及《彖》、《象》、《文言》,用王弼注本。以《序卦》分置諸卦之首,用李鼎祚《周易集解》例。惟《繫詞傳》、《說卦傳》、《雜卦傳》無注,董真卿謂亦從王弼。《經義考》卷二百八十三:「二程子問學於濂溪,尹和靖言:伊川生平用意,惟在《易傳》,然終身不言《太極圖》一字。邵堯夫欲傳以數學,而伊川不屑此,真篤信善道,確乎其不可拔者,是難能也。」《四庫提要》稱:「程子不信邵子之數,故邵子以數言《易》,而程子此傳則言理。一闡天道,一切人事。蓋古人著書,務抒所見而止,不妨各明一義。守門戶之見者,必堅護師說,尺寸不容逾越,亦異乎先儒之本旨矣。」伊川以儒家思想解《易》,以理學詮《易》,將義理學派推向了一個新的階段,在易學史上有其劃時代的意義。他以理或天理為其易學的最高範疇,提出「有理而後有象,有象而後有數」與「有理則有氣,有氣則有數」的命題,辯論了理事關係、道器關係和理氣關係,這對宋明哲學的發展起到了深刻的影響〔註7〕。

《周易本義》十二卷　宋朱熹撰。朱熹既講義理,亦不廢象數。他言象數僅取兩體、卦象、卦德和卦變,而不取互體、五行、納甲、飛伏等漢《易》舊法。朱伯崑認為:「朱熹的易學及其哲學在宋代易學史和哲學史上都佔有重要的地位。他站在義理學派的立場,對北宋以來的易學和哲學的發展作了一次總結。他批判地吸取了各家的觀點,以程氏易學為骨幹,融會各家的長處,建

〔註5〕四庫本《御纂朱子全書》卷六。
〔註6〕朱伯崑:《易學哲學史》,華夏出版社,1995年版,第一卷,第388頁。
〔註7〕朱伯崑:《易學哲學史》,華夏出版社,1995年版,第二卷,第177頁。

立起一個龐大的體系。他吸收了歐陽修易說中的某些論點，提出《易》本卜筮之書，企圖說明《周易》的本來面貌。他闡發了程頤的假象以顯義說，提出《易》只是個空的物事，進一步將《周易》中的卦爻辭和卦爻象抽象化和邏輯化。」〔註8〕

今注代表性的有：金景芳等撰《周易全解》（吉林大學出版社，1991 年版），特點是經傳不可分；高亨撰《周易古經今注》（中華書局，1984 年版）、《周易大傳今注》（齊魯書社，1979 年版），特點是以經解經，以傳說傳。李鏡池有《周易探源》，不是從頭到尾解釋《易經》本書，而是分作若干專題作研究論文。尚秉和撰《周易尚氏學》，用《易林》來詮釋《周易》。

第二節　書類

一、《書》之概述

《尚書》不僅是一部歷史文獻彙編，更是儒家所宣揚的「二帝」（堯、舜）「三王」（夏禹、商湯、周文王）及周公、孔子修身、齊家、治國、平天下的煌煌聖典。其中蘊藏了儒家的核心價值觀，對於中國文化產生了深遠的影響。

《四庫全書總目·書類序》云：

> 《書》以道政事，儒者不能異說也。《小序》之依託，《五行傳》之附會，久論定矣。然諸家聚訟，猶有四端，曰今文古文，曰錯簡，曰《禹貢》山水，曰《洪範》疇數。

> 夫古文之辨，至閻若璩始明。朱彝尊謂是書久頒於學官，其言多綴輯逸經成文，無悖於理。汾陰漢鼎，良亦善喻。吳澄舉而刪之，非可行之道也。

> 禹跡大抵在中原，而論者多當南渡。昔疏今密，其勢則然。然尺短寸長，互相補苴，固宜兼收並蓄，以證同異。

> 若夫劉向記《酒誥》、《召誥》脫簡僅三，而諸儒動稱數十。班固索《洪範》於洛書，諸儒並及河圖，支離輳輵，淆經義矣。故王柏《書疑》、蔡沈《皇極數》之類，非解經之正軌者，咸無取焉。

〔註 8〕朱伯崑：《易學哲學史》，華夏出版社，1995 年版，第二卷，第 416 頁。

《尚書》何以得名？鄭玄以為「上天之書」：「尚者，上也。尊而重之，若天書然，故曰《尚書》。」王肅以為「皇上之書」：「上所言，史所書，故曰《尚書》。」《尚書孔氏序》以為「上古之書」：「尚者，上也，言此上代之書，後世之所慕尚，故曰《尚書》。要之，非孔子之舊，乃伏生之所加，何以知之？安國作序，言伏生年過九十，失其本經，口以傳授，裁二十餘篇，以其上古之書，謂之《尚書》。是伏生之意，謂是書乃上古之書，故加『尚』字，謂之《尚書》也。」王充《論衡・正說篇》說：「《尚書》者，以為上古帝王之書。」

「《書》以道政事」，莊子始發此論。隨後，《荀子・勸學篇》也說：「書者，政事之紀也。」後世儒者競相祖述，自朱熹以下無間言，因為此五字高度概括了《尚書》的內容特點。此一特點的形成，可能與古代史官制度有關。古代王朝和諸侯之政事檔案、文獻多出自史官之手，《尚書》即在此基礎上彙編而成。司馬遷、揚雄、劉歆皆稱《尚書》為孔子編定。漢人之說遭到後代學者的質疑與反對，今人匡亞明獨維護舊說，見其《孔子評傳》。

關於《尚書》歷來聚訟不已，焦點有四：第一是今文古文問題。第二是所謂「錯簡」，第三是《禹貢》山水問題，第四是《洪範》疇數問題。前一個問題我們在下面專門討論，後三個問題比較專門，本書不擬多談，感興趣者可以自行研究。

二、《書》之源流 〔註9〕

《尚書》是古代的歷史文獻，是中國文化的原典之一。在孔子以前，有3240篇之多。《漢書・藝文志》說：「《書》之所起遠矣，至孔子纂焉。上斷於堯，下訖於秦，凡百篇，而為之序，言其作意。」孔子刪錄，斷自唐虞，下訖秦穆，取典、謨、訓、誥、誓、命之文，定為百篇。孔子所刪定的百篇本是《尚書》的第一個選本。

歷史文獻不是多多益善嗎？孔子不是一再喟歎文獻不足徵嗎？孔子為什麼要刪《詩》、《書》呢？章太炎在《經學略說》中曾經推測道：「蓋古書過多，或殘缺，或不足重，人之日力有限，不能盡讀，於是不得不刪繁就簡。故孔子刪《詩》、《書》，使人易於持誦。刪餘之書，仍自有其價值在也。」原來孔子整理六經，是為了編寫教材，以便於持誦。

《漢書・藝文志》敘述《尚書》從秦到漢的流傳源流：

〔註9〕此小節參考了周秉鈞先生《白話尚書》（嶽麓書社，1990年版）的前言部分。

秦燔書禁學，濟南伏生獨壁藏之。漢興亡失，求得二十九篇，以教齊魯之間。訖孝宣世，有歐陽、大小夏侯氏，立於學官。《古文尚書》者，出孔子壁中。武帝末，魯共王壞孔子宅，欲以廣其宮。而得《古文尚書》及《禮記》、《論語》、《孝經》凡數十篇，皆古字也。共王往入其宅，聞鼓琴瑟鐘磬之音，於是懼，乃止不壞。孔安國者，孔子後也，悉得其書，以考二十九篇，得多十六篇。安國獻之。遭巫蠱事，未列於學官。劉向以中古文校歐陽、大小夏侯三家經文，《酒誥》脫簡一，《召誥》脫簡二。率簡二十五字者，脫亦二十五字，簡二十二字者，脫亦二十二字，文字異者七百有餘，脫字數十。《書》者，古之號令，號令於眾，其言不立具，則聽受施行者弗曉。古文讀應爾雅，故解古今語而可知也。

班固從《尚書》之起源一直說到劉向校書。關於漢至唐這一段，陸德明《經典釋文》接著說：「平帝欲立古文。永嘉之亂，諸家之書並滅亡，而《古文孔傳》始興，置博士，鄭氏亦置博士一人。唐代惟崇尚古書，馬、鄭、王注遂廢。」伏生所傳的《今文尚書》只有 28 篇，這是《尚書》的第二個本子。

從孔子壁中發現的《古文尚書》是《尚書》的第三個本子。漢平帝時，劉歆愛好古文學，建議朝廷將各種古文經書立於國學，於是《古文尚書》得到承認，學習的人很多，在學術界逐漸佔據上風。經過永嘉之亂，歐陽、大小夏侯《尚書》並亡，《今文尚書》從此失傳，而《古文尚書》保存下來。唐代崇尚偽《古文尚書》，馬融、鄭玄、王肅等人的注本於是又全被廢棄〔註10〕。

東晉元帝時候，豫章內史梅賾始得孔安國之傳奏之，即偽《古文尚書》。這是《尚書》的第四個本子〔註11〕。這個本子從梁朝開始流行以來，由於劉炫、劉焯替它作疏，陸德明替它作音義，在學術界穩步勝出。唐代初年，孔穎達等人作《五經正義》，也採用了它。由於官方的認可，它一直流傳下來，《十三經注疏》也採用了此本。宋人治《書》已經不守漢人家法，強調道統，鼓吹理學，開疑經之風氣，開始懷疑偽《古文尚書》的真實性。皮錫瑞《經學通論》云：「宋儒不信古人，好矜創獲，獻疑《孔傳》，實為首庸。惟宋儒但知《孔傳》之可疑，而不知古義之可信，又專持一理字，臆斷唐虞三代之事。凡古事

〔註10〕　《尚書馬鄭注》云：漢馬融、鄭玄注，宋王應麟輯，清孫星衍補輯，有岱南閣叢書本。《尚書王肅注》云：清馬國翰輯，收入《玉函山房輯佚書》。
〔註11〕　《經部要籍概述》第 23 頁云：「魏晉以至唐代，偽《古文尚書》盛行於世，獨受尊崇。」按：「魏晉」應為「東晉」。

與其理合者，即以為是；與其理不合者，即以為非。」〔註12〕其中「論宋儒體會語氣勝於前人，而變亂事實不可為訓」專條云：「宋儒解經，善於體會語氣，有勝於前人處。而其失在變易事實以就其說。《尚書》載唐虞三代之事，漢初諸儒去古未遠，其說必有所受，宋儒乃以一己所見之義理，懸斷千載以前之故事，甚至憑恃臆見，將古事做過一番。」〔註13〕元明兩朝，多沿襲宋學，成就不甚突出。清儒在《古文尚書》的辨偽方面取得突破性進展。閻若璩《古文尚書疏證》一出，卓然成為清代考據學的不祧之祖。惠棟撰《古文尚書考》，王鳴盛撰《尚書後案》，段玉裁撰《古文尚書撰異》，恰似接力賽跑，不斷將此問題推向深入。〔註14〕近年也有學者不斷提出質疑。

三、《書》之真偽

孔子所刪定的百篇本亡於秦朝，伏生所傳的《今文尚書》亡於晉朝，從孔子壁中發現的《古文尚書》亡於唐朝，只有梅賾獻出的偽《古文尚書》流傳到現在。

伏生所傳《尚書》只有 28 篇，稱《今文尚書》，計《虞書》二篇：《堯典》、《皋陶謨》；《夏書》二篇：《禹貢》、《甘誓》；《商書》五篇：《湯誓》、《盤庚》、《高宗肜日》、《西伯戡黎》、《微子》；《周書》十九篇：《牧誓》、《洪範》、《金縢》、《大誥》、《康誥》、《酒誥》、《梓材》、《召誥》、《洛誥》、《多士》、《無逸》、《君奭》、《多方》、《立政》、《顧命》、《呂刑》、《文侯之命》、《費誓》、《秦誓》。

《古文尚書》亦有以上篇目，且將《盤庚》分為三篇，自《堯典》分出《舜典》，自《皋陶謨》分出《益稷》，自《顧命》分出《康王之誥》，又增益偽古文二十五篇：《大禹謨》、《五子之歌》、《胤征》、《仲虺之誥》、《湯誥》、《伊訓》、《太甲上》、《太甲中》、《太甲下》、《咸有一德》、《說命上》、《說命中》、《說命下》、《泰誓上》、《泰誓中》、《泰誓下》、《武成》、《旅獒》、《微子之命》、《蔡仲之命》、《周官》、《君陳》、《畢命》、《君牙》、《冏命》，共得 58 篇。再加上書前的「偽孔序」（舊題孔安國序）一篇，共 59 篇。一般認為，《古文尚書》是真偽雜糅，同於《今文尚書》者為真，但是真中又有偽造的文句，《舜典》前面

〔註12〕皮錫瑞：《經學通論》，中華書局，1954 年版，第 71 頁。

〔註13〕皮錫瑞：《經學通論》，中華書局，1954 年版，第 87 頁。

〔註14〕《尚書》的研究歷史情況比較複雜，可以參考劉起釪的《尚書學史》（中華書局，1989 年版）、楊善群的《中國學術史奇觀：「偽古文尚書」真相》（上海人民出版社，2019 年版）。

「曰若稽古，帝舜曰重華，協於帝，濬哲文明，溫恭允塞，玄德升聞，乃命以位」，凡二十八字，就是姚方興等人加上的。

　　古文之辨，自宋吳才老首發難端，朱熹繼舉義旗，「授其意於門人蔡沈，使分別今古文有無，注於各篇之下，而別存雜說，以著其偽。於是諸門弟子共祖述之，而元吳澄、明郝敬、歸有光輩俱競起攻辨，迄無遺力。吳澄作《書纂言》，則但存今文三十八篇，直削去古文，以示毀黜偽書之意，今其書具在也。予（毛奇齡——引者注）聞言惡之，歸而不食者累日……漸聞開國以來，其攻之者遍天下，無論知不知，公然著書以行世。且有踵明代梅鷟謾罵古文之書，效羅喻義是正一編，專刻今文經，而去古文者」〔註15〕。至清初，閻若璩年二十，讀《尚書》，至古文，即疑二十五篇之訛，沉潛二十餘年，乃得其癥結所在，作《古文尚書疏證》。以篇數、篇名等方面質疑之，最後得出「晚出之書蓋不古不今、非伏非孔，別為一家之學」的結論。當時有毛奇齡者，其學淹貫群書，而好為異論以求勝，特撰《古文尚書冤詞》，專與閻若璩抬槓。其目為：一曰總論，二曰《今文尚書》，三曰《古文尚書》，四曰古文之冤始於朱氏，五曰古文之冤成於吳氏，六曰書篇題之冤，七曰書序之冤，八曰書小序之冤，九曰書詞之冤，十曰書字之冤。冤乎？不冤乎？其後，不斷有人捲入討論。朱彝尊作持平之論，認為《古文尚書》「其言多綴輯逸經成文」。《四庫全書總目》卷十二《古文尚書冤詞提要》亦云：「其文本採掇逸經，排比聯貫，故其旨不悖於聖人，斷無可廢之理。而確非孔氏之原本，則證驗多端，非一手所能終掩。近惠棟、王懋竑等續加考證，其說益明。」黃壽祺以為「採摭古書，綴輯而成」〔註16〕。最近，張岩重審此案，以為閻若璩《古文尚書疏證》絕不可信，其結論為：「《古文尚書》不可能是偽造的。」〔註17〕楊善群也發表系列論文，批評閻若璩的《古文尚書疏證》將辨偽學導入歧途，將《古文尚書疏證》的辨偽方法歸納為主觀武斷等八條〔註18〕。離揚也在國學網站發表《尚書輯佚辯證》，其結論為：「將傳世《尚書》視為偽書是不公平的。」鄭傑文教授亦認為「偽古文《尚書》」不偽〔註19〕。

〔註15〕毛奇齡：《古文尚書冤詞》卷一。
〔註16〕黃壽祺：《群經要略》，華東師範大學出版社，2000年版，第42頁。
〔註17〕張岩：《審核古文尚書案》，中華書局，2006年版，第301頁。
〔註18〕楊善群：《辨偽學的歧途》，《淮陰師範學院學報》，2005年第3期。
〔註19〕鄭傑文：《〈墨子〉引〈書〉與歷代〈尚書〉傳之比較——兼議「偽古文〈尚書〉」不偽》，《孔子研究》，2006年第1期。

四、《書》之注疏與研究

《尚書注疏》二十卷　漢孔安國傳，唐孔穎達等正義。「偽孔傳」雖不是漢代孔安國所作，但它是魏晉人寫的，根據古義，有很重要的學術價值。孔穎達的《尚書正義》「存其是而去其非，削其繁而增其簡」，保存了唐代以前的一些重要見解，其中尤其重視劉焯、劉炫之說。《尚書正義》在《五經正義》中與《周易正義》並為下乘之作，內容比較單薄，徵引文獻資料不夠豐富，缺少創見。

《書傳》二十卷　宋蘇軾撰。宋晁公武《郡齋讀書志》卷一：「熙寧以後專用王氏之說進退多士，此書駁異其說為多。」是此書專為駁王安石《新經尚書義》而作。《四庫提要》稱：「《尚書》所載皆帝王大政，軾究心經世之學，明於事勢，而又長於議論，故其詮解經義，於治亂興亡之故，披抉明暢，較他經獨為擅長。」朱熹認為此書解釋最好，但失之太簡。《四庫提要》稱：「朱子雖有惜其太簡之說，然漢代訓詁文多簡質，自孔、賈以後徵引始繁。軾文如萬斛源泉，隨地湧出，非不能曼衍其詞，當以解經之體，詞貴典要，故斂才就範，但取詞達而止，未可以繁省為優劣也。」劉起釪認為：「蘇軾這部反王安石的著作，在學術上亦自有其可獨立存在之處。今可看到其中之說，往往為其後宋儒著作所引。在今天見到的宋人解《書》之作中，這是較早的解說得較有見地的一部。」〔註20〕

《書集傳》六卷　宋蔡沈撰。蔡沈奉朱熹之命而為此書，總結了宋儒對《尚書》的研究成就，參考眾說，融會貫通。其疏通證明，較為簡易，輕章句考證而重「義理」、「心法」。淵源有自，大體終醇。元代與古注疏並立學官，而人置注疏，獨研習此書。明代與夏僎解並立學官，而人亦置夏僎解，獨研習此書。蔡沈正訛匡謬，刪繁就簡，言簡意賅，簡明精當，令學子易於接受，故能歷元、明、清而長盛不衰。

筆者曾經向著名《尚書》專家周秉鈞先生請教治《尚書》的門徑，他認為應該重視「偽孔傳」與《書集傳》。黃侃談治經方法時說：「治經之法，先宜主一家之說以解經文，繼則兼通數家之說而無所是非。」此乃經驗之談。如治《尚書》，宜先主《孔傳》，繼而兼通各家之說，將蘇軾、朱熹、蔡沈等各家各派的代表作拿來一一比較，擇善而從，斷以己意，最後融會貫通。如果不得其法，事倍功半，自然皓首不能窮其經。只要方法得當，事半功倍，持之以恆，

〔註20〕劉起釪：《尚書學史》，中華書局，1989 年版，第 225 頁。

日就月將，漸修頓悟，定能如桶底脫。

　　自漢至清初，書類注疏甚多，不一一列舉，可以詳繹《四庫全書總目》書類之提要。自清代中葉以降，學者開始用文籍考辨之學去研究它，如段玉裁、王念孫、王引之、俞樾、孫詒讓等，都有很好的研究。還有江聲、王鳴盛、孫星衍、陳喬樅等搜集的資料亦有參考價值。章炳麟又在清人成就的基礎上，加上西方學術影響，以及甲骨文、金文研究的成熟，新材料的增多，把《尚書》研究推進到一個新的階段。如王國維、楊樹達、顧頡剛、陳夢家、于省吾等，把《尚書》的研究推向深入。

第三節　詩類

一、《詩》之概述

　　《詩經》是我國第一部詩歌總集。《四庫全書總目‧詩類序》云：

　　　　《詩》有四家，毛氏獨傳。唐以前無異論，宋以後則眾說爭矣。然攻漢學者，意不盡在於經義，務勝漢儒而已；伸漢學者，意亦不盡在於經義，憤宋儒之詆漢儒而已。各挾一不相下之心，而又濟以不平之氣，激而過當，亦其勢然歟？

　　　　夫解《春秋》者，惟公羊多駁，其中高子、沈子之說，殆轉相附益，要其大義數十，傳自聖門者不能廢也。《詩序》稱子夏，而所引高子、孟仲子乃戰國時人，固後來攙續之明證。即成伯璵等所指篇首一句經師口授，亦未必不失其真。然去古未遠，必有所受，意其真贗相半，亦近似公羊，全信全疑，均為偏見。

　　　　今參稽眾說，務協其平，苟不至程大昌之妄改舊文，王柏之橫刪聖籍者。論有可採，並錄存之，以消融數百年之門戶。至於鳥獸草木之名，訓詁聲音之學，皆事須考證，非可空談，今所採輯，則尊漢學者居多焉。

　　古人很早就認識到《詩經》的價值與功用：「《書》曰：『詩言志，歌詠言。』故哀樂之心感，而歌詠之聲發。誦其言謂之詩，詠其聲謂之歌。故古有采詩之官，王者所以觀風俗，知得失，自考正也。」時至今日，我們仍然在發掘其語言價值、文學價值及歷史文化價值，由此而觀上古之風俗。

　　秦始皇焚書，六經遭劫，《詩》、《書》尤烈。「遭秦而全者，以其諷誦，不

獨在竹帛故也。」《詩》有韻，琅琅上口，劫後因此能夠復原。《書》無韻，難以遍記，故損失慘重。

二、《詩》之源流

《詩》之源起於上古。虞之《賡歌》、夏《五子之歌》，向來被認為是《三百篇》之權輿。古詩本三千餘篇，孔子最先刪錄，既取周詩，上兼商頌，下取魯詩，定為三百五篇，用作傳授給學生的教材。孔子創立了「溫柔敦厚」的詩教理論，孟子提出「知人論世」和「以意逆志」的方法論。孔孟學說對後世文學產生了深遠的影響。

漢時傳有四家，即魯、齊、韓、毛。魯申公為《詩訓故》，而齊轅固、燕韓嬰皆為之傳。或取《春秋》，採雜說，咸非其本義。魯、齊、韓三家為今文，西漢時皆立於學官。《毛詩》為古文，最先提出「實事求是」的河間獻王雅好古文，但當時未能立博士，漢平帝時始立於學官。漢代經學的今古之爭非常厲害，今文三家先居於統治地位，成為官學，《毛詩》開始只在民間傳授。後來《齊詩》、《魯詩》、《韓詩》相繼亡佚，《毛詩》獨傳。

魏晉時期主要是鄭學和王學之爭。王肅學派堅持古文經學，反對鄭玄學派包融今文三家。此時鄭學與王學並行，鄭學得到學者擁護，而王肅在政治上擁有特權。

南北朝時期主要是南學和北學之爭。北學上承兩漢，重章句訓詁，推崇鄭玄；南學直承魏晉，重義疏，兼採王肅之說。王學在南北朝時期由衰落而歸於寂滅，而毛《傳》、鄭《箋》獨傳。

唐代以《毛詩》、鄭《箋》立於國學。今《注疏》本遵用毛《傳》、鄭《箋》、孔穎達等《正義》。從漢到唐，從詩到經，《詩經》成為「聖經」之一。

宋、元、明三朝，又從經到詩。朱熹《詩集傳》是宋學系的集大成之作，表面上廢《詩序》，暗地大量襲取《詩序》之說，大半與《詩序》相合或相近。朱熹比較注重《詩經》的文學特點，企圖將經還原為詩。

三、《詩》之體制與內容 〔註21〕

《詩經》共有305篇，分為風、雅、頌三類。風160篇，雅105篇（其中大雅31篇、小雅74篇），頌40篇（其中周頌31篇、魯頌4篇、商頌5篇）。

〔註21〕本小節主要參考了《詩經要籍提要》的前言部分。

風，又稱十五國風，是十五個國家和地區的民間詩歌，各以其所在國家和地區得名，大體上包括當時中國的全部地域。內容有勞者之歌、行役之怨、情詩戀歌、閨怨之曲、哀婉之音、諷刺民謠等。絕大多數可以稱得上是地方原生態音樂，也有少部分貴族的作品。

雅，分大雅、小雅。大雅全部是西周的作品，主要是朝會樂歌，相當於現在的中央音樂，應用於諸侯朝聘、貴族享宴等朝會典禮，大半產生於西周前半期和宣王中興時期。既有西周開國史詩，也有產生於厲、幽二王時期的政治諷刺詩。小雅基本上是西周後期的作品，諷刺之作較多。

頌，又分為周頌、魯頌、商頌。周頌是西周王室的宗廟祭祀樂歌，在祭神祭祖使用，主要產生於西周前期社會興盛時期，內容主要是歌頌先王之功業。魯頌是春秋時期魯國的宗廟祭祀樂歌。現存魯頌 4 篇是魯僖公時製作，大約在公元前 656 年左右。商頌是宋國的宗廟祭祀樂歌。宋國是殷商的後裔，現存商頌 5 篇的內容，有的是記述殷商先祖功業，產生時間尚無定論。

《詩》有「六義」。《詩大序》云：「故詩有六義焉。一曰風，二曰賦，三曰比，四曰興，五曰雅，六曰頌。上以風化下，下以風刺上，主文而譎諫，言之者無罪，聞之者足以戒，故曰風。至於王道衰，禮義廢，政教失，國異政，家殊俗，而變風、變雅作矣。國史明乎得失之跡，傷人倫之廢，哀刑政之苛，吟詠情性，以風其上，達於事變，而懷其舊俗者也，故變風發乎情，止乎禮義。發乎情，民之性也，止乎禮義，先王之澤也。是以一國之事。係一人之本。謂之風。言天下之事，形四方之風，謂之雅。雅者，正也。言王政之所由廢興也。政有小大，故有小雅焉，有大雅焉。頌者美盛德之形容，以其成功告於神明者也。」、「六義」被孔穎達解釋為「三體三用」，具體而言，風、雅、頌是詩的三種不同體類，而賦、比、興則是詩的三種表現手法或表現功能〔註22〕。

四、《詩》之注疏與研究

自漢代以來，注釋《詩經》之作浩如煙海，據歷代各種文獻書目著錄兩千餘種，大部分已經散佚。經調查，現在尚存 600 餘種。〔註23〕四庫詩類僅著錄62 部，又存目 84 部。

《毛詩故訓傳》定本三十卷　漢毛亨注，清段玉裁訂。「故」以解釋古言

〔註22〕董治安主編：《經部要籍概述》，江蘇教育出版社，2008 年版，第 24 頁。
〔註23〕夏傳才、董治安主編：《詩經要籍提要》，學苑出版社，2003 年版，《前言》，第 3 頁。

古義,「訓」以解釋詞義或串講文句,「傳」則根據典訓師說,闡發詩義。段氏此本,旨在恢復《毛傳》原貌。段玉裁認為,「讀毛而後讀鄭,考其同異,略詳疏審,審其是非」,才是治《毛詩》的正途。

《毛詩正義》四十卷 漢毛亨注,鄭玄箋,唐孔穎達等正義。鄭《箋》實以宗毛為主,但變毛之處亦時有之,或依三家之義以釋《詩》,或以己說而易之。黃焯先生撰《毛詩鄭箋平議》,大旨篤守毛《傳》,比較異同,指出毛是而鄭非,並由評鄭而索詩義。唐初孔穎達等《正義》,參考顏師古的《五經定本》,取資於《經典釋文》,又以劉焯《毛詩義疏》、劉炫《毛詩述義》為藍本,融貫群言,包羅古義,成為漢魏六朝詩經學的集大成之作。黃焯先生又撰《詩疏平議》,批評其「左毛右鄭」。

《詩集傳》八卷 宋朱熹撰。其特點有:廢棄《詩序》、涵詠白文、注釋簡明等。正如王承略教授所指出的:「《詩經》向來既是經學的,又是文學的,捨棄《小序》,對經學的《詩經》來說是一致命的災難,對文學的《詩經》來說則是一大進步。」〔註24〕《詩集傳》在《詩經》由經學轉變為文學方面無疑起了巨大的作用。

現代研究《詩經》的人很多,成果也很豐富。如陳子展先生撰《詩經直解》、《詩三百解題》二書,功力甚深。

第四節　禮類

一、禮類概述

何休云:「中國者,禮義之國也。」中國自古號稱禮儀之邦,但禮學久衰而難振。因其艱深繁縟,難於傳授,至今已成絕學。沈文倬先生稱:「經史子集無一不可證禮。」〔註25〕可見其學之博且專。

《四庫全書總目・禮類序》云:

> 古稱議禮如聚訟。然《儀禮》難讀,儒者罕通,不能聚訟。《禮記》輯自漢儒,某增某減,具有主名,亦無庸聚訟。所辯論求勝者,《周禮》一書而已。考《大司樂》章,先見於魏文侯時,理不容

〔註24〕董治安主編:《經部要籍概述》,江蘇教育出版社,2008年版,第136頁。
〔註25〕沈文倬:《中國禮制史總序》,《中國禮制史》,湖南教育出版社,2002年版,先秦卷卷首,第2頁。

偽。河間獻王但言闕《冬官》一篇，不言簡編失次，則竄亂移補者
亦妄。三禮並立，一從古本，無可疑也。鄭康成注，賈公彥、孔穎
達疏，於名物度數特詳，宋儒攻擊，僅摭其好引讖緯一失，至其訓
詁則弗能逾越。蓋得其節文，乃可推製作之精意，不比《孝經》、《論
語》，可推尋文句而談，本漢唐之注疏，而佐以宋儒之義理，亦無可
疑也。

禮類區分為六目，即周禮、儀禮、禮記、三禮總義、通禮、雜禮書。六目
之中，各以時代先後為序。本書將雜禮書移至宗教部。下面逐一簡要介紹。

二、周禮

《周禮》記載古代的官制體系，傳統說法認為是「周公之典」。《周禮》最
早稱《周官》，唐代賈公彥作疏始稱《周禮》。

（一）《周禮》的著作年代和作者

1.「周公手作說」。劉歆首創此說，為歷代大儒（如鄭玄、朱熹、孫詒讓
等）普遍接受，後來遭到疑古派的質疑。

2. 西周說。日人林泰輔持此說〔註26〕。蒙文通認為：「《周禮》成書時代
問題，疑信二千餘年不得決。然一時代之制度，自有一時代之背景，以今日歷
史研究之方法衡之，似六國陰謀、劉歆偽作之說皆不可信。雖未必即周公之
書，然必為西周主要制度，而非東周以下之治，有可斷言者。」〔註27〕又稱：
「《周官》大綱為惠、襄以後之制，《周官》之細節，猶是西周盛時所立法，於
東遷後，不過徒存此具文，固未可一概而論。」〔註28〕

3. 春秋說。朱謙之、洪誠、錢玄、金景芳等人認為成於東周惠王前。朱謙
之說：「此書中所用古體文字，不見於其他古籍，而獨與甲骨文金文相同，又
其所載官制與《詩經》大雅、小雅相合，可見非在西周文化發達的時代不能
作。」〔註29〕洪誠補充說：「從語法看，文獻中，凡春秋以前之文，十數與零

〔註26〕林泰輔：《周官著作時代考》，《周公と其時代》之附錄，東京大倉書店，大正
　　　　四年九月。
〔註27〕蒙文通：《從社會制度及政治制度論周官成書年代》，《經史抉原》，巴蜀書社，
　　　　1995 年版，第 430 頁。
〔註28〕蒙文通：《從社會制度及政治制度論周官成書年代》，《經史抉原》，巴蜀書社，
　　　　1995 年版，第 438 頁。
〔註29〕朱謙之：《周禮的主體思想》，《光明日報》，1961 年 11 月 12 日第 2 版。

數之間，皆用『有』字連之，戰國中期之文即不用。《尚書》、《春秋經》、《論語》、《儀禮》經文、《易・繫辭傳》皆必用。《穆天子傳》以用為常。《王制》、《莊子》不定。《左傳》、《國語》以不用為常。《山海經》中之《五藏山經》不用。《孟子》除論述與《尚書》有關之事而外，亦不用。《周禮》之經記全部用，此種語法與《尚書》、《春秋經》同，故非戰國時人之作。」〔註30〕金景芳認為：「《周禮》一書是東遷以後某氏所作。作者得見西周王室檔案，故講古制極為纖悉具體。但其中也增入作者自己的設想。例如封國之制、畿服之制一類的東西，就是作者自己設想所制定的方案。這個方案，具有時代特點，不但西周不能為此方案，即春秋戰國時人也不會作此方案。原因是春秋戰國時，周室衰微已甚，降為二、三等小國，當時不會幻想它會復興。而在西周的歷史條件下，則不可能產生這樣的設想。至於鄭玄所說『周公居攝而作六典之職，謂之《周禮》』，是沒有根據的。」〔註31〕劉起釪認為：「《周禮》一書所載官制材料，都不出春秋之世周、魯、衛、鄭四國官制範圍，沒有受戰國官制的影響。」〔註32〕

　　4. 戰國說。何休認為《周禮》是「六國陰謀之書」〔註33〕，錢穆〔註34〕、顧頡剛〔註35〕、楊向奎〔註36〕等亦持戰國說。

　　5. 周秦之際說。魏了翁、毛奇齡、梁啟超、陳連慶等人持周秦之際說〔註37〕。

　　6. 漢初說。彭林等人持漢初說〔註38〕。

　　7. 劉歆偽造說。胡安國、胡宏父子、康有為、徐復觀等人持此說〔註39〕。

〔註30〕洪誠：《讀〈周禮正義〉》，《孫詒讓研究》，杭州大學古籍所，1963 年版，第 21～25 頁。

〔註31〕文史知識編輯部：《經書淺談》，中華書局，2005 年版，第 66 頁。

〔註32〕劉起釪：《〈洪範〉成書時代考》，《中國社會科學》，1980 年第 3 期。

〔註33〕何休：《序周禮廢興》。

〔註34〕錢穆：《周官著作時代考》，《燕京學報》，1933 年第 11 期。

〔註35〕顧頡剛：《周公制禮的傳說和〈周官〉一書的出現》，《文史》第 6 輯。

〔註36〕楊向奎：《〈周禮〉內容的分析及其製作時代》，《山東大學學報》，1954 年第 4 期。

〔註37〕彭林：《〈周禮〉主體思想與成書年代研究》，中國人民大學出版社，2009 年版，第 5 頁。

〔註38〕彭林：《〈周禮〉主體思想與成書年代研究》，中國人民大學出版社，2009 年版，第 180～186 頁。

〔註39〕彭林：《〈周禮〉主體思想與成書年代研究》，中國人民大學出版社，2009 年版，第 5～6 頁。

（二）《周禮》的內容、價值與影響

《周禮》文繁事富，體大思精。全書用六官區分為六部分。今冬官全亡，地官司祿、夏官軍司馬、輿司馬、行司馬、掌疆、司甲、秋官掌察、掌貨賄、都則、都士、家士諸職亦闕。

六官為天官、地官、春官、夏官、秋官、冬官。周官大約設有 360 官，周天之官，以人法天：

天官——冢宰掌邦政（治典）。設官 63 種。

地官——大司徒掌邦教（教典）。設官 79 種。

春官——宗伯掌邦禮（禮典）。設官 70 種。

夏官——大司馬掌軍政（政典）。設官 70 種。

秋官——大司寇掌司法（刑典）。設官 66 種。

冬官——大司空掌邦事。後佚，以《考工記》代替。

《周禮》全書的組織是很嚴密的。孫詒讓《周禮正義略例》云：「古經五篇，文繁事富，而要以大宰八法為綱領。」所謂天官大宰「以八法治官府」，一為官屬，二為官職，三為官聯，四為官常，五為官成，六為官法，七為官刑，八為官計。其中官屬敘官，官職敘職，官常詳舉庶務，官法總揭大綱，官成、官刑、官計錯見，惟官聯條緒紛繁，鉤稽為難。筆者初讀《周禮》，曾以表解之法讀之，則化繁為簡，收以簡馭繁之效，讀者不妨一試。

《周禮》具有寶貴的史料價值，天官保持了政治制度史料，地官保持了有關生產者的勞動條件和土地佔有的重要史料，春官保持了有關古代詩、樂、舞的史料，夏官保持了軍隊設置和編制情況，秋官保持了司法方面的史料，而《考工記》亦為先秦古書，記載了古代手工業生產的規範。總之，《周禮》六官所記，基本上是西周歷史條件下的各種現實的政治制度。因此，宋儒胡宏以為周公成文武之德，相成王為太師，乃廣置宮闕、猥褻、衣服、飲食、技藝之官以為屬〔註40〕。王應麟以《周禮》嬪御、奄寺、飲食、酒漿、衣服、次舍、器用、貨賄，皆領於冢宰，冕弁、車旗、宗祝、巫史、卜筮、瞽侑，皆領於宗伯，為周公相成王格心輔德之法〔註41〕。金景芳以為《周禮》所記載的恰是當時的真實情況，據此可以考求中國古代的田制、兵制、學制、刑法、祀典諸大端〔註42〕。黃

〔註40〕胡宏：《皇王大紀》。

〔註41〕王應麟：《困學紀聞》卷四。

〔註42〕文史知識編輯部：《經書淺談》，中華書局，2005 年版，第 48 頁。

壽祺以《周禮》為政書，六官猶後之吏、戶、禮、兵、刑、工六部，其制自漢唐沿襲訖清，影響及於朝鮮、日本〔註43〕。

儘管自來學者對《周禮》一書疑信參半，然而此書對後世的影響巨大。最顯著的例子如王莽的變法、宇文泰的改革官制，有人認為就都是規摹《周禮》的。王安石撰《周官新義》，為變法製造輿論。

（三）《周禮》的注本

古注代表性的有：鄭玄《周禮注》，賈公彥《周禮注疏》，孫詒讓《周禮正義》。

《周禮注疏》四十二卷　漢鄭玄注，唐賈公彥疏。《周禮》鄭注簡奧融通，功力最深，為學《周禮》必讀之書。鄭玄注成於東漢末，是在杜子春、鄭興、鄭眾、賈逵、馬融諸家舊注的基礎上完成的。其中採錄鄭眾說最多，杜子春及鄭興之說次之，於賈逵僅錄一條，而於馬融則未明引。實際上是給《周禮》學作了第一次總結。賈公彥疏成於唐初，對鄭注闡發詳明。此書舊謂以沈重的《周官禮義疏》為基礎，實際上已包括魏晉六朝諸家之說。賈公彥在唐初為《周禮》學作了第二次總結。

《周禮正義》八十六卷　清孫詒讓撰。孫詒讓《正義》成於清末，博採宋、元、明、清諸家之說，疏通證明，折衷至當，可以說是《周禮》學的第三次總結。孫氏以大宰「八法治官府」為綱領，對全經 360 餘職進行系統詮釋，揭示了諸官執掌分合關係。

今注代表性的有：錢玄等譯注《周禮》（嶽麓書社，2001 年版），楊天宇撰《周禮譯注》（上海古籍出版社，2004 年版）。

三、儀禮

《儀禮》，漢朝人稱為《士禮》，對《禮記》而言，又叫《禮經》。到了晉代才稱《儀禮》。現存十七篇，全是禮儀的詳細記錄。《儀禮》難讀，儒者罕通。

（一）《儀禮》的成書和傳授

《儀禮》是儒家傳習最早的一部書。古文經學家認為是周公所作，今文經學家認為是孔子所作。司馬遷說《禮》記自孔氏，班固說孔子把周代殘留的禮採綴成書。《禮記·雜記下》云：「恤由之喪，哀公使孺悲之孔子，學士喪禮，

〔註43〕黃壽祺：《群經要略》，華東師範大學出版社，2000 年版，第 121 頁。

《士喪禮》於是乎書。」有學者認為，《儀禮》成書於東周時代〔註44〕。沈文倬認為，《儀禮》是在春秋至西漢之間陸續完成的〔註45〕。

　　《儀禮》一書所記錄的禮儀活動，在成書以前早就有了。這些繁縟的登降之禮，趨詳之節，不是孔子憑空編造的，而是他採輯周魯各國即將失傳的禮儀而加以整理記錄的。朱熹說：「《儀禮》不是古人預作一書如此，初間只是以義起，漸漸相襲行得好，只管巧，至於情文極細密周致處，聖人見此意思好，故錄以成書。」〔註46〕由此可見，《儀禮》中記載的禮儀的具體細節，早在成書以前就有了，經過長期行用，逐漸充實完善而定型，後來才整理成書。

　　（二）《儀禮》的內容與影響

　　《儀禮》一書反映了貴族生活的方方面面：

　　第一篇《士冠禮》　古代貴族子弟到了二十歲，可以作為本族一個正式成員，為此而特別舉行一種加冠禮，從而使本人和宗族都明確認定他已成人，人生的一個嶄新的重要的階段開始了。這篇禮文記載了這項禮節的詳細經過。

　　第二篇《昏禮》　古代貴族把結婚看成為上事宗廟、下繼後世的神聖責任，這篇禮文就是記載男女雙方在家長主持下，從納采到婚後廟見的一系列禮儀。

　　第三篇《士相見禮》　記載貴族與貴族第一次交往，帶著禮物登門求見和對方回拜的禮節。

　　第四篇《鄉飲酒禮》　記載的是古代基層行政組織定期舉行的以敬老為中心的酒會儀式。

　　第五篇《鄉射禮》　記載的是古代基層行政組織定期舉行的射箭比賽大會的具體儀節。

　　第六篇《燕禮》　記載的是諸侯和他的大臣們舉行酒會的詳細禮節，酒會上有宮廷藝術家的演奏和歌唱。

　　第七篇《大射禮》　記載的是在國君主持下舉行的射箭比賽大會的具體儀節，參加比賽大會的人都是各級貴族。

　　第八篇《聘禮》　記載的是國君派遣大臣到他國進行禮節性訪問的具體細節。

〔註44〕文史知識編輯部：《經書淺談》，中華書局，2005 年版，第 52 頁。
〔註45〕沈文倬：《菿闇文存》，商務印書館，2006 年版，第 58 頁。
〔註46〕《朱子語類》卷八十五，中華書局，1994 年版。

第九篇《公食大夫禮》　記載的是國君舉行宴會招待來訪外國大臣的禮節。

第十篇《覲禮》　記載的是諸侯朝見天子的禮節。

第十一篇《喪服》　記載的是人們對死去的親屬，根據親疏遠近而在喪服和服期上有種種差別的制度。

第十二篇《士喪禮》、第十三篇《既夕禮》　這兩篇記載的是一般貴族從死到埋葬的一系列的詳細儀節。

第十四篇《士虞禮》　記載的是一般貴族埋葬其父母后，回家所舉行的安魂禮。

第十五篇《特牲饋食禮》　記載的是一般貴族定期在家廟中祭祀祖禰的禮節。

第十六篇《少牢饋食禮》、第十七篇《有司徹》　這兩篇記載的是大夫在家廟中祭祀祖禰的禮節。〔註47〕

《儀禮》為禮之經，以名物制度為主，禮制包括宗法制度、明堂制度、封國制度、巡狩制度、喪祭制度等。《儀禮》書中不僅反映了周代貴族冠婚喪祭、飲射朝聘的生活，而且它還保留了一些遠古禮俗的外殼。不僅能瞭解周魯各國貴族生活的一些側面，還可以從中窺探遠古的史影。

《儀禮》所記的儀節制度，對於後世的影響是非常深遠的，冠婚喪祭各種禮節一般都為後世承襲，只是細節上略有增減而已，鄉飲酒禮一直到清朝道光年間才廢止。從魏晉以迄清末，禮制介入了法制，各個王朝的法典，都是以儒家學說為指導思想和立法根據的。其中最重要的一點是根據喪服篇中的「五服制度」規定，實行了「準五服以治罪」的原則。可以說，《喪服》是篇極為特殊的歷史文獻，從干預生活的直接性、深刻性、廣泛性、持久性這些方面來講，簡直是無與倫比的。

（三）《儀禮》的整理與研究

古注代表性的有：漢鄭玄箋唐賈公彥正義的《儀禮注疏》，清張爾岐《儀禮鄭注句讀》，清張惠言《三禮圖》，清凌廷堪《禮經釋例》，清胡培翬《儀禮正義》。

《儀禮注疏》五十卷　漢鄭玄箋，唐賈公彥正義。《儀禮》出殘闕之餘，

〔註47〕文史知識編輯部：《經書淺談》，中華書局，2005 年版，第 55～56 頁。

漢代所傳，凡有三本：一曰戴德本，以冠禮第一，昏禮第二，相見第三，士喪第四，既夕禮第五，士虞第六，特牲第七，少牢第八，有司徹第九，鄉飲酒第十，鄉射第十一，燕禮第十二，大射第十三，聘禮第十四，公食第十五，覲禮第十六，喪服第十七；一曰戴聖本，亦以冠禮第一，昏禮第二，相見第三，其下則鄉飲第四，鄉射第五，燕禮第六，大射第七，士虞第八，喪服第九，特牲第十，少牢第十一，有司徹第十二，士喪第十三，既夕禮第十四，聘禮第十五，公食第十六，覲禮第十七；一曰劉向《別錄》本，即鄭氏所注。賈公彥疏謂：「《別錄》尊卑吉凶，次第倫序，故鄭用之；二戴尊卑吉凶雜亂，故鄭不從之也。」其經文亦有二本：高堂生所傳者，謂之「今文」，魯恭王壞孔子宅，得《亡儀禮》五十六篇，其字皆以篆書之，謂之「古文」。玄注參用二本。其從今文而不從古文者，則今文大書，古文附注。從古文而不從今文者，則古文大書，今文附注。其書自鄭玄以前絕無注本，鄭玄以後有王肅注十七卷，見於《隋志》。然賈公彥序稱：「《周禮》注者則有多門，《儀禮》所注後鄭而已。」則唐初王肅書已佚。為之義疏者有沈重，見於《北史》。賈公彥僅據齊黃慶、隋李孟悊二家之疏，定為今本。大體而言，鄭箋精而簡，賈疏詳而密。

《儀禮鄭注句讀》　清張爾岐撰。是書全錄《儀禮》鄭康成注，摘取賈公彥疏，而略以己意斷之。因其文古奧難通，故並為之句讀。《禮記》曰：「一年視離經辨志。」注曰：「離經，斷句絕也。」則句讀為講經之先務。至於字句同異，考證尤詳。所校除監本外，則有唐開成石經本，元吳澄本及陸德明《音義》、朱子與黃榦所次《經傳通解》諸家。其謬誤脫落，衍羨顛倒，經注混淆之處，皆參考得實。又明西安王堯惠所刻《石經補字》最為舛錯，亦一一駁正。《儀禮》一經，自韓愈已苦難讀，故習者愈少，傳刻之訛愈甚。爾岐茲編，於學者可謂有功矣。顧炎武少所推許，而其與汪琬書云：「濟陽張君稷若名爾岐者，作《儀禮鄭注句讀》一書，頗根本先儒，立言簡當。以其人不求聞達，故無當時之名，而其書實似可傳。使朱子見之，必不僅謝監獄之稱許也。」《廣師篇》亦曰：「獨精《三禮》，卓然經師，吾不如張稷若。」此書劃分段落，表明節次，使《儀禮》本身的層次清晰地顯現出來。

《三禮圖》　清張惠言撰。張惠言是清代乾嘉時期的大學者，他精研《儀禮》，根據十七篇禮文編繪了六卷圖，給讀者提供了很大方便。陳戍國先生嘗勸我注意此書。

《禮經釋例》　清凌廷堪撰。此書把《儀禮》中的禮例，進行了全面的歸

納，得通例四十例，飲食例五十六例，賓客例十八例，射例二十例，變例二十一例，祭例三十例，器服例四十例，雜例二十一例，共二百四十六例。

今注有：楊天石撰《儀禮譯注》（上海古籍出版社，2004 年版）。

《儀禮》在唐代已很少有人問津，宋元明時期也很少有人專攻。清初張爾岐「獨精三禮，卓然經師」，有《儀禮鄭注句讀》傳世。其後，盧文弨撰《儀禮注疏詳校》，其自序載《抱經堂文集》卷三（中華書局，1990 年版，第 30 頁）。吳廷華撰《儀禮章句》十七卷（乾隆丁丑、嘉慶丙辰兩刻本，阮元編錄《皇清經解》學海堂刻本），極善。金日追撰《儀禮經注疏正訛》，晚近曹元弼撰《禮經校釋》。今人沈文倬撰《宗周禮樂文明考論》一書，顧頡剛稱之為「當今治禮經之第一人」。

四、禮記

《禮記》為西漢戴聖編（鄭玄說）。《禮記》各篇不成於一人之手，絕大多數應該作於先秦。原為孔門「七十子後學所記」。《禮記》為禮之記，闡明禮的意義與作用，宣揚儒家的禮治主義。

（一）《禮記》的內容與讀法

《禮記》由鄭玄作注而能夠傳世的《禮記》，共收四十九篇文字。《禮記》乃儒學雜編，內容很龐雜，大體上可分成以下幾個方面：

1. 專記某項禮節的，體裁跟《儀禮》相近，如《奔喪》、《投壺》。

2. 專說明《儀禮》的，如《冠義》、《昏義》、《鄉飲酒義》、《射義》、《燕義》、《聘義》、《喪服四制》。它們是份別解釋《儀禮》中《士冠禮》、《昏禮》、《鄉飲酒禮》、《鄉射禮》、《大射儀》、《燕禮》、《喪服》各篇的，跟《儀劄》關係最為密切。

3. 雜記喪服喪事的，如《檀弓》、《曾子問》、《喪服小記》、《雜記》、《喪大記》、《奔喪》、《問喪》、《服問》、《間傳》、《三年問》、《喪服四制》等。

4. 記述各種禮制的，如《王制》、《禮器》、《郊特牲》、《玉藻》、《明堂位》、《大傳》、《祭法》、《祭統》、《深衣》等篇。

5. 側重記日常生活禮節和守則的，如《曲禮》、《內則》、《少儀》等篇就是。

6. 記孔子言論的，如《坊記》、《表記》、《緇衣》、《仲尼燕居》、《孔子閒居》、《哀公問》、《儒行》等，這些篇大都是託名孔子的儒家言論。

7. 結構比較完整的儒家論文，如《禮運》、《學記》、《祭義》、《經解》、《大學》、《中庸》。

8. 授時頒政的《月令》，意在為王子示範的《文王世子》。

《禮記》一書的內容性質，漢代劉向撰《別錄》，將其四十九篇分別歸入到通論、制度、吉禮、吉事、祭祀、明堂陰陽記、世子法、子法、樂記、喪服等十類中。今天看來，主要可分為兩大類：一類是說典制，也就是對典章制度及禮儀規則的說明，尤其是對《儀禮》的補充。另一類是說義理，也就是對儒家禮學思想的闡述，內容十分繁富。〔註48〕「窮性理者略度數，推度數者遺性理」，可謂研讀《禮記》之通病。若典制（度數）、義理（性理）兩者兼顧，始可明禮學之真諦。

關於《禮記》的讀法，有幾點值得注意：

第一，讀《禮記》應該把注意力集中在正文和鄭注上，吃透《禮記正義》，不要忽視正文、拋開鄭注，而花很大精力去看其他的注解書籍。

第二，讀《禮記》應該把四十九篇文字分成幾大類去讀。篇章性質相近，資料範圍相同，就更容易索解。

第三，讀《禮記》應該採取先易後難的辦法。按前面粗略的分類來說，可以先讀那些文字比較通暢的論文，如《禮運》、《學記》等篇；其次讀有關孔子言論的，如《坊記》、《表記》等篇；其次讀說明《儀禮》的，如《冠義》、《昏義》等篇；其次讀記述各種禮制的，如《禮器》、《郊特牲》等篇；其次讀記載生活日常禮節的，如《曲禮》、《內則》、《少儀》等篇；最後讀那一批有關喪事喪服的。

第四，讀《禮記》要孤立難點。比如每讀一篇，凡看不懂的正文、鄭注，或對鄭的注解有所懷疑的地方，都一一標出。等讀完一篇後，回過頭來，再看《禮記正義》或其他注解書。《禮記》文字比《易經》、《尚書》、《儀禮》好懂些，每篇通過鄭注仍看不懂的地方，一般說來不會很多。把一些難詞難句集中起來，用有關注解書、工具書解決，這是比較省力省時的辦法。

（二）《禮記》的地位與影響

西漢時只有《儀禮》取得了經的地位，而有關禮的一些「記」，僅是《儀禮》的從屬性的資料。王莽執政，《周禮》列為官學，被視為經典，東漢時期

〔註48〕董治安主編：《經部要籍概述》，江蘇教育出版社，2008 年版，第 65 頁。

雖排之於官學之外，而已傳習於世。漢末《禮記》獨立成書，此後講習「禮記」的漸多。到了唐代，開始取得了經典的地位。從漢末到明、清，就「三禮」來說，《禮記》的地位起來越高。儘管《儀禮》、《周禮》兩書的體例比較完整，而《禮記》是部沒什麼體例可言的儒學雜編，取得經典地位也最晚，但從對社會、對人們思想的影響來說，《禮記》遠比《儀禮》、《周禮》為大。就影響而論，《禮記》僅次於《論語》，比肩於《孟子》，而遠遠超過《荀子》。

鄭玄給東漢中期定型的收有四十九篇的「記」的選輯本——《禮記》做了注解，使它擺脫了從屬《儀禮》的地位，漸漸得到士子的尊信和傳習。魏晉南北朝時期出現了不少有關《禮記》的著作。到了唐朝，國家設科取士，把《左傳》、《禮記》列為大經，《儀禮》、《周禮》、《詩經》列為中經。因為《禮記》文字比較通暢，難度較小，且被列為大經，所以即使它比《儀禮》的字數多近一倍，還是攻習《禮記》的人多。到了明朝，《禮記》的地位進一步被提高，漢朝的五經裏有《儀禮》無《禮記》，明朝的五經裏有《禮記》無《儀禮》。《禮記》取《儀禮》而代之，由一個附庸蔚為大國了。

從西漢到明清這一漫長的歷史時期，為什麼《禮記》越來越受重視，而《儀禮》越來越被漠視呢？因為《儀禮》記的是一大堆禮節單子，枯燥乏味，難讀難懂，又離現實生活較遠，社會的發展使它日益憔悴而喪失了吸引力。而《禮記》不僅記載了許多生活中實用性較大的細儀末節，而且詳盡地論述了各種典禮的意義和制禮的精神，宣揚了儒家的禮治主義。歷史和現實的經驗使封建統治階級越來超深切地認識到，在強化國家機器的同時，利用以禮治主義為中心的儒家思想，吸引廣大知識階層，規範世人的思想和行動，是維護統治聯序從而獲得「長治久安」的不容忽視的大政方針。這就是《禮記》受到歷代王朝的青睞，以至被推上經典地位的根本原因。〔註49〕

（三）《禮記》的整理與研究

《禮記》一書，自二戴分門，自東漢盧植、鄭玄至魏孫炎、王肅等皆有注釋，其中以鄭玄注最為世所重。南北朝時期，雖南北殊隔，家傳師授，禮家紛紛為之作「義疏」，南朝有賀循、崔靈恩、沈重、范宣、皇侃等，北朝則有徐遵明、李業興、李寶鼎、熊安生等。唐孔穎達等作《正義》，參考皇侃、熊安生二家，一以鄭玄注為斷，稍異鄭說，罔不芟落。由貞觀至五代，世儒競攻專

〔註49〕文史知識編輯部：《經書淺談》，中華書局，2005年版，第64頁。

門之陋學，禮者幾無傳。宋衛湜撰《禮記集說》一百六十卷，元延祐中行科舉法，定《禮記》用鄭玄注，故元儒說禮率有根據。自明永樂中，敕修《禮記大全》，始廢鄭《注》，改用陳澔《集說》，禮學遂荒。歷代注解《禮記》的著作很多，古代除鄭玄注、孔穎達正義外，比較有名的還有：宋衛湜的《禮記集說》、清朱彬的《禮記訓纂》、清孫希旦的《禮記集解》、朱彬的《禮記訓纂》。此外，清張敦仁撰《撫本禮記鄭注考異》二卷（清嘉慶丙寅刻本），附仿宋撫本《禮記》後。清儒經學號稱極盛，於各經新疏多能蓋過前儒，惟獨《禮記》迄無善注，無法從整體上超越孔穎達之《正義》，求其次則以孫希旦的《禮記集解》為上，朱彬的《禮記訓纂》次之。今注有：錢玄等譯注《禮記》（嶽麓書社，2001 年版），呂友仁撰《禮記全譯》（貴州人民出版社，1998 年版），楊天宇撰《禮記譯注》（上海古籍出版社，2004 年版）。

　　《禮記正義》六十三卷　漢鄭玄注，唐孔穎達等正義。貞觀中，孔穎達等修《正義》，乃以皇侃義疏為本，以熊安生義疏補所未備。孔穎達序稱：「熊則違背本經，多引外義，猶之楚而北行，馬雖疾而去愈遠，又欲釋經文，惟聚難義，猶治絲而棼之，手雖繁而絲益亂也。皇氏雖章句詳正，微稍繁廣，又既遵鄭氏，乃時乖鄭義。此是木落不歸其本，狐死不首其丘。此皆二家之弊，未為得也。」孔氏《正義》內容廣博，考辨精審，不僅疏通本文，而且多方比證，闡發無遺，在唐人《五經正義》中可謂魁楚。《四庫提要》稱：「其書務伸鄭注，未免有附會之處。然採摭舊文，詞富理博，說禮之家，鑽研莫盡，譬諸依山鑄銅，煮海為鹽，即衛湜之書尚不能窺其涯涘，陳澔之流，益如莛與楹矣。」章太炎認為：「孔疏翔實，後儒弗能加。」

　　《禮記集說》一百六十卷　宋衛湜撰。其書始作於開禧、嘉定間，首尾閱三十餘載，故採摭群言，最為賅博，去取亦最為精審。自鄭注而下，所取凡一百四十四家，其他書之涉於《禮記》者，所採錄不在此數焉。今自鄭注、孔疏而外，原書無一存者。朱彝尊《經義考》採摭最為繁富，而不知其書與不知其人者，凡四十九家，皆賴此書以傳，故《四庫提要》許為「禮家之淵海」。衛湜後序有云：「他人著書，惟恐不出於己；予之此編，惟恐不出於人。後有達者，毋襲此編所已言，沒前人之善也。」《四庫提要》云：「非惟其書可貴，其用心之厚亦非諸家所及矣。」錢泰吉《曝書雜記》卷中云：「學者讀斯語，可知著書當以正叔之用心為法。」胡渭《禹貢錐指略例》亦云：「此語可為天下法。莊子有重言非必果出其人，亦假之以增重，況真出其人者乎？近世纂述，

或將前人所言，改頭換面，私為己有，掠美貪功，傷廉害義，予深恥之，故每立一義，必繫以書名，標其姓字，而以己說附於後。死者可作，吾無愧焉。」二百年後讀此等語，猶戰戰兢兢，汗不敢出。

五、三禮總義

凡對《周禮》、《儀禮》、《禮記》進行綜合研究而不可分屬的書皆入此類。四庫僅著錄六部：《三禮圖集注》、《三禮圖》、《學禮質疑》、《讀禮志疑》、《郊社禘祫問》、《參讀禮志疑》。《四庫全書總目》卷二十二「禮類三禮總義之屬案」解釋說：「鄭康成有《三禮目錄》一卷，此三禮通編之始，其文不可分屬，今共為一類，亦五經總義之例也。其不標三禮之名，而義實兼釋三禮者，亦並附焉。」

六、通禮

四庫僅著錄四部：《禮書》、《儀禮經傳通解》、《禮書綱目》、《五禮通考》。《四庫全書總目》卷二十二「禮類通禮之屬案」解釋說：「通禮所陳，亦兼三禮，其不得並於三禮者，注三禮則發明經義，輯通禮則歷代之制皆備焉，為例不同，故弗能合為一類也。」

《禮書》一百五十卷　宋陳祥道撰。陳振孫稱其論辨精博。《四庫提要》亦稱其中多掊擊鄭學，宗其大致，則貫通經傳，縷析條分，前圖後說，考訂詳悉。

《儀禮經傳通解》三十七卷《續》二十九卷　《儀禮經傳通解》，宋朱熹撰。以《儀禮》為經，而取《禮記》及諸經史雜書所載有關於禮者，皆附本經之下，具列注疏諸儒之說。自王安石廢罷《儀禮》，獨存《禮記》，朱子糾其棄經任傳，遺本宗末，因撰是書，以存先聖之遺制，分章表目，開卷了然。其喪、祭二門，則成於朱子門人黃榦。其後楊復重修祭禮，自卷十六至卷二十九皆復所重修，合前《經傳通解》及《集傳集注》，總六十有六卷。《四庫提要》稱：「雖編纂不出一手，而端緒相因，規模不異，考古禮者其梗概節目亦略備於是矣。」

《禮書綱目》八十五卷　清江永撰。大略依仿《儀禮經傳通解》，而考證較詳，義例較密。《通解》本朱子未定之書，不免小有出入，江永引據群經，補其罅漏，足補朱子所未及。

《五禮通考》二百六十二卷　清秦蕙田撰。徐乾學《讀禮通考》惟詳凶

禮，於是因其體例，搜羅經傳，補為五禮全書。全書分為七十五類，大致原原本本，具有經緯，《四庫提要》稱為「說禮者之淵藪」。此書今有中華書局點校本。

第五節　春秋類

《四庫全書總目·春秋類序》云：

> 說經家之有門戶，自《春秋》三傳始，然迄能並立於世。其間諸儒之論，中唐以前，則《左氏》勝；啖助、趙匡以逮北宋，則《公羊》、《穀梁》勝。孫復、劉敞之流，名為棄傳從經，所棄者特《左氏》事蹟、《公羊》、《穀梁》月日例耳。其推闡譏貶，少可多否，實陰本《公羊》、《穀梁》法，猶誅鄧析用竹刑也。夫刪除事蹟，何由知其是非？無案而斷，是《春秋》為射覆矣。聖人禁人為非，亦予人為善。經典所述，不乏褒詞，而操筆臨文，乃無人不加誅絕，《春秋》豈吉網羅鉗乎？至於用夏時則改正朔，削尊號則貶天王，《春秋》又何僭以亂也！沿波不返，此類宏多。

> 雖舊說流傳，不能盡廢，要以切實有徵、平易近理者為本。其瑕瑜互見者，則別白而存之，遊談臆說，以私意亂聖經者，則僅存其目。蓋《六經》之中，惟《易》包眾理，事事可通。《春秋》具列事實，亦人人可解。一知半見，議論易生；著錄之繁，二經為最，故最之不敢不慎也。

春秋類著錄一百十四部，附錄一部。《四庫全書總目》對於《春秋》三傳作了極為精彩的比較：「《春秋》三傳，互有短長，世以范甯所論為允，寧實未究其所以然也。左氏說經，所謂『君子曰』者，往往不甚得經意，然其失也不過膚淺而已。公羊、穀梁二家，鉤棘月日以為例，辨別名字以為褒貶，乃或至穿鑿而難通。三家皆源出聖門，何其所見之異哉？左氏親見國史，古人之始末具存，故據事而言。即其識有不逮者，亦不至大有所出入。公羊、穀梁，則前後經師遞相附益，推尋於字句之間，故憑心而斷，各徇其意見之所偏也。然則徵實跡者其失小，騁虛論者其失大矣。後來諸家之是非，均持此斷之可也。」又將一百十八部列入存目，《四庫全書總目》卷三十一「春秋類案」解釋說：「明科舉之例，諸經傳注皆因元制，用宋儒。然程子作《春秋傳》未成，朱子又未注《春秋》，以胡安國學出程子，張洽學出朱子，《春秋》遂

定用二家，蓋重其所出之淵源，非真有見於二人之書果勝諸家也。後張傳以文繁漸廢，胡傳竟得孤行，則又考官舉子共趨簡易之故，非律令所定矣。且他經雖限以一說立言，猶主經文。《春秋》一經，則惟主發揮傳義。其以經文命題，不過傳文之標識，知為某公某年某事而已……今檢校遺書，於明代說《春秋》家多所刊削，庶不以科舉俗學晦蝕聖經之本旨云爾。」其目的在貶斥科舉俗學。

下面我們對《春秋》三傳作一簡要介紹。

一、《春秋左傳》

《左傳》是我國第一部編年史，起前 772 年，迄前 468 年，以敘事為主。《春秋》敘一件事，只有寥寥幾個字，很不容易瞭解，於是後人有給它作解說的「傳」。《左氏傳》簡稱《左傳》。《左氏》、《公羊》、《穀梁》三傳各自單獨成書。《左傳》不附《春秋》「經」文是肯定的。到後來，《春秋》經文按年分別寫在《左傳》文每年之前，成了目前這種本字。

（一）《左傳》的傳授過程

《左傳》成於戰國時，本是用戰國時文字寫的。《公羊傳》和《穀梁傳》成於漢初，書於竹帛，是用漢隸寫的。所以便把《左氏傳》叫「古文」，《公羊傳》和《穀梁傳》叫「今文」。《公羊傳》和《穀梁傳》兩者立於學官，《左氏傳》卻只在民間傳授。

《左傳》的流行，在戰國已經開始。楊伯峻舉出幾條確鑿無疑的證據〔註50〕：

1. 戰國楚威王時太傅鐸椒曾經摘抄《左傳》，寫過《抄撮》一書，凡八卷。《抄撮》，《史記·十二諸侯年表序》，名為《鐸氏微》，《漢書·藝文志》說《鐸氏微》只有三篇。從書名判斷，這可能是最早的史抄（或經抄）著作。

2. 戰國趙孝成王宰相虞卿採取《左氏傳》，作《虞氏春秋》，既見於《史記·十二諸侯年表序》，又見於《史記·虞卿列傳》。《虞氏春秋》，根據孔穎達《春秋左氏經傳集解序》的疏引劉向《別錄》也叫《抄撮》，凡九卷。這也可能是史抄（或經抄）著作。

3. 西晉武帝咸寧五年，汲郡人不準盜掘魏襄王墓，發現一本叫《師春》的書，完全抄錄了《左傳》有關卜卦占筮的文字，連上下次第都沒有改動。杜

〔註50〕文史知識編輯部：《經書淺談》，中華書局，2005 年版，第 78 頁。

預和束皙都親眼看到這書，並且認為師春是抄錄者的姓名。

由以上三事看來，《左傳》已被戰國時人所愛好，並且採摘成書。

漢初的張蒼，曾為秦朝御史，主持四方所上文書，也曾從荀卿學習《左傳》，張蒼又把《左傳》傳給賈誼，賈誼又傳授給孫子賈嘉，賈嘉傳給河間獻王博士貫公，貫公傳給兒子貫長卿，貫長卿傳給張敞和張禹，張禹傳給蕭望之和尹更始，尹更始傳給尹咸、翟方進及胡常，胡常傳給賈護，賈護傳給陳欽。西漢末，劉向、劉歆父子整理朝廷藏書，發現孔壁中古文《左氏傳》，又從尹咸和翟方進學習《左傳》。

（二）《左傳》的詮釋方式

《左傳》解釋《春秋》有下列幾種方式：

第一，明書法。如隱公元年《春秋》云：「元年春王正月。」《左傳》則說：「元年春，王周正月，不書即位，攝也。」傳文對經文作了二個解釋。第一個解釋「王正月」的「王」，《左傳》在「王」下加一「周」字，說明這王是周王，這個「春正月」是遵循周王朝所頒布的曆法而定的。第二個解釋是，因為依照《春秋》條例，魯國十二君，於其元年，應該寫「元年春王正月公即位」，而隱公元年卻沒寫「公即位」三字，《左傳》加以解釋，因為隱公只是代桓公攝政，所以不寫「公即位」。

第二，補事實。魯隱公實是被殺而死。羽父求隱公殺桓公，隱公不同意，並且表示本心，但隱公太不警惕了，對羽父這樣的壞人未加處置。羽父反而害怕，因此向桓公挑撥，這樣，隱公被暗殺，並且使某些無辜者作了替罪羊。而《春秋》只寫「公薨」二字，好像是病死的。《左傳》便把這事源源本本敘述出來。

第三，訂錯誤。如襄公二十七年《春秋》云：「十二月乙亥朔，日有食之。」《左傳》則是：「十一月乙亥朔，日有食之。」、「日有食之」，即「日蝕」。《春秋》和《左傳》只有一字之差，《春秋》是十二月，《左傳》是十一月。《左傳》有一條例，杜預叫做「傳皆不虛載經文」。意思是《左傳》作者，如果對《春秋》經文某些條文沒有補充、修改或說明，便不為這條經文立傳，所以《左傳》中有不少經文沒有傳文。這一條傳文，則是《左傳》作者訂正《春秋》經文的錯誤。根據古代天文曆法家，如後秦姜岌、元代郭守敬等人的計算，實是十一月乙亥朔入食限，根據今法計算，這是當時公曆十月十三日的日全蝕，乙亥朔應在周正十一月，日蝕就在這天。《春秋》作十二月，可能是

當時的筆誤，也可能為後人的誤抄，而《左傳》作者根據更可靠的資料改訂為十一月。〔註51〕

有人指出，《左傳》解釋《春秋》的方式還有敘因果、著本末、別異同、判得失等〔註52〕。

此外，《春秋》經所不載的，《左傳》作者認為有必要寫出來流傳後代，於是有「無經之傳」。以隱公元年論，《春秋經》共7條，都有傳；傳有14條，有7條是「無經之傳」，而且傳文都說明太史所以不書於《春秋》的緣故，這些都是對《春秋》史料闕失地補充。《春秋》經文僅一萬六千多字，除掉無傳之經，還不足一萬字，而傳文則有十八萬多字，絕大多數是敘述史實的，而且行文簡練含蓄，流暢活潑；描寫人物，千姿百態，如聞其聲，如見其人，既是較可信的史料，又可作為文學作品欣賞。如果沒有《左傳》，《春秋》的價值便會大大下降。例如僖公二十五年經書：「宋殺其大夫。」假如沒有傳來說明或補充，那麼，殺者是誰，被殺者又是誰，為什麼被殺，其經過如何，一切無法知道。杜預作注，也只得說，「其事則未聞」。無怪乎桓譚在《新論》中說：「《左氏傳》於《經》，猶衣之表裏，相待而成。經而無傳，使聖人閉門思之十年，不能知也。」《左傳》以事解經，解決了大量的 Who、When、Where、How 等方面的疑難，其功績不在孔子之下。欲過古文關，熟讀《左傳》足矣！

（三）《左傳》的整理與研究

關於《左傳》的整理，晉杜預注，唐孔穎達等正義，合為《春秋左傳正義》（詳後）。杜預又撰《春秋釋例》（詳後）。清洪亮吉撰《春秋左傳詁》，有意排斥杜預的注釋，而多引賈逵、服虔之餘說，注解不夠完備，談不到通釋《左傳》。劉文淇、劉毓崧、劉壽曾、劉師培四代傳經，接力注解，都沒有完成，留下《春秋左傳傳舊注疏證》（科學出版社，1959年版）。吳靜安繼儀徵劉氏之後撰《春秋左傳傳舊注疏證續》（東北師範大學出版社，2005年版），始成完璧。值得特別關注的是，楊伯峻撰《春秋左傳注》（中華書局，1990年版），廣泛採取古今中外有關春秋一代歷史的研究成果，加以己意，務求探索本意，不主一家之言。尤其重視更可靠的資料，如甲骨文、金文、地下發掘文物等加以印證，是一部較好的《春秋左氏傳》注本。後來他又與徐提合編《春秋左傳詞典》（中華書局，1985年版），再命學生沈玉成譯出《左傳譯文》（中

〔註51〕文史知識編輯部：《經書淺談》，中華書局，2005年版，第79～82頁。
〔註52〕趙生群：《春秋經傳研究》，上海古籍出版社年版，第194～208頁。

華書局，1981年版），沈氏又與其女劉寧合撰《春秋左傳學史稿》。楊伯峻、沈玉成師弟三代薪火相傳，形成了一個《左傳》整理與研究的立體模式——注釋、詞典、譯文和研究史，四個部分既各自獨立成書，又聯為一體，互相支撐，為專書整理與研究提供了樣板工程。關於《春秋左傳》的研究，可參考童書業的《春秋左傳研究》（上海人民出版社，1980年版）和沈玉成等的《春秋左傳學史稿》（江蘇古籍出版社，1992年版）。

《春秋左傳正義》六十卷　晉杜預注，唐孔穎達疏。《四庫提要》稱：「自劉向、劉歆、桓譚、班固皆以《春秋傳》出左丘明，左丘明受經於孔子，魏晉以來儒者更無異議。至唐趙匡始謂左氏非丘明。蓋欲攻傳之不合經，必先攻作傳之人非受經於孔子，與王柏欲攻《毛詩》，先攻《毛詩》不傳於子夏，其智一也。宋元諸儒，相繼並起。王安石有《春秋解》一卷，證左氏非丘明者十一事，陳振孫《書錄解題》謂出依託。今仍定為左丘明作，以祛眾惑。」又稱：「言《左傳》者，孔奇、孔嘉之說久佚不傳，賈逵、服虔之說亦僅偶見他書，今世所傳惟杜《注》、孔《疏》為最古。杜《注》多強經以就傳，孔《疏》亦多左杜而右劉，是皆篤信專門之過，不能不謂之一失。然有注疏而後《左氏》之義明，《左氏》之義明，而後二百四十二年內善惡之跡一一有徵。後儒妄作聰明，以私臆談褒貶者，猶得據傳文以知其謬。則漢晉以來藉《左氏》以知經義，宋元以後更藉《左氏》以杜臆說矣。傳與注疏，均謂有大功於《春秋》可也。」清儒盧文弨《抱經堂文集》卷二云：「自晉杜元凱作《集解》，雖曰取前人之說而會通之，然其間輒以其私臆妄易故訓者多矣。而唐時作《正義》，顧乃棄賈、服之舊注，獨以杜氏為甲，其不可通處，必曲為之說，而以賈、服為非。」

《春秋釋例》十五卷　晉杜預撰。是書以經之條貫必出於傳，傳之義例歸總於「凡」。《左傳》稱凡者五十，其別四十有九。傳統觀點認為，這些凡例皆為周公垂法、史書舊章，孔子因而修《春秋》，以成一經之通體。諸稱「書」、「不書」、「先書」、「故書」、「不言」、「不稱」、「書曰」之類，皆所以起新舊，發大義，謂之變例。也有舊史所不書，適合孔子之意者，孔子即以為義。本書體例為：先列經傳數條，以包通其餘，而傳所述之「凡」繫焉，更以己意申之，名曰《釋例》。地名本之泰始郡國圖，《世族譜》本之劉向《世本》，與《集解》一經一緯，相為表裏。《四庫提要》稱：「《春秋》以《左傳》為根本，《左傳》以杜《解》為門徑，《集解》又以是書為羽翼。緣是以求筆削之旨，亦可云考古之津梁，窮經之淵藪矣。」信哉斯言！

二、《春秋公羊傳》、《春秋穀梁傳》

（一）《公》、《穀》二傳評價

《春秋》三傳，《左氏傳》以敘事為主，甚至有《春秋經》所沒有的，即所謂「無經之傳」。解釋「書法」的話不多。《公羊傳》、《穀梁傳》卻不如此，以解釋《春秋經》文為主，敘史事絕少，不是史書，而是所謂講「微言大義」的經書。桓譚曰：「《左氏》傳世後百餘年，魯穀梁赤為《春秋傳》，多所遺失。又齊人公羊高緣經文作傳，彌離其本事矣。」

以《春秋經》開始一句「元年春王正月」為例，用三傳的文字各列於下：

1.《左傳》云：「惠公元妃孟子。孟子卒，繼室以聲子，生隱公。宋武公生仲子。仲子生而有文在其手，曰為魯夫人，故仲子歸於我。生桓公，而惠公薨，是以隱公立而奉之。○元年春，王周正月，不書即位，攝也。」

2.《公羊傳》云：「元年者何？君之始年也。春者何？歲之始也。王者孰謂？謂文王也。曷為先言王而後言正月？王正月也。何言乎王正月？大一統也。公何以不言即位？成公意也。何成乎公之意？公將平國而反之桓。曷為反之桓？桓幼而貴，隱長而卑。其為尊卑也微，國人莫知。隱長又賢，諸大夫扳隱而立之。隱於是焉而辭立，則未知桓之將必得立也。且如桓立，則恐諸大夫之不能相幼君也。故凡隱之立，為桓立也。隱長又賢，何以不宜立？立適以長，不以賢；立子以貴，不以長。桓何以貴？母貴也。母貴則子何以貴？子以母貴，母以子貴。」

3.《穀梁傳》云：「雖無事，必舉正月，謹始也。公何以不言即位？成公志也。焉成之？言君之不取為公也。君之不取為公何也？將以讓桓也。讓桓正乎？曰不正。《春秋》成人之美，不成人之惡。隱不正而成之，何也？將以惡桓也。其惡桓何也？隱將讓而桓弒之，則桓惡矣。桓弒而隱讓，則隱善矣。善則其不正焉何也？《春秋》貴義而不貴惠，信道而不信邪。孝子揚父之美，不揚父之惡。先君之欲與桓，非正也，邪也。雖然，既勝其邪心以與隱矣，已探先君之邪志，而遂以與桓，則是成父之惡。兄弟，天倫也。為子受之父，為諸侯受之君。已廢天倫而忘君父，以行小惠，曰小道也。若隱者，可謂輕千乘之國，蹈道，則未也。」

以上三傳文字，《穀梁傳》最長，《公羊傳》次之，《左傳》最少。以內容論，《左傳》敘述隱公是續娶姬妾所生，桓公則是繼配夫人所生，因年幼小，所以隱公為政而奉桓公為國君。解釋經文，僅僅「不書即位，攝也」六個字。

《公羊傳》文字將近《左傳》三倍，除說明「大一統」﹝註53﹞，還有所謂「子以母貴，母以子貴」的原則。《穀梁傳》要比《公羊傳》文字長，是《左傳》的三倍多。所謂「《春秋》成人之美，不成人之惡」，是抄自《論語·顏淵》篇，把孔丘的話，改「君子」為《春秋》罷了。

關於三傳的價值，宋葉夢得《葉氏春秋傳序》認為：「《左氏》傳事不傳義，是以詳於史，而事未必實，以不知經故也。《公羊》、《穀梁》傳義不傳事，是以詳於經而義未必當，以不知史故也。」

（二）《公羊傳》、《穀梁傳》在漢代的流傳

《公羊傳》和《穀梁傳》在漢代都立了學官，寫《春秋公羊傳》的，最初是胡毋生，同時有董仲舒和公孫弘。公孫弘以儒者為丞相，封為平津侯。董仲舒三次對策都引《公羊》而以己意說之。如解「春王正月」說：

> 臣謹案《春秋》之文，求王道之端，得之於正。正次王，王次春。春者，天之所為也；正者，王之所為也。其意曰，上承天之所為而下以正其所為，正王道之端云爾。

這真是以《公羊傳》的文章程式對答漢武帝的賢良策問。董仲舒《對策》還說：

> 《春秋》大一統者，天地之常經，古今之通誼也。今師異道，人異論，百家殊方，指意不同，是以上亡以持一統。法制數變，下不知所守。臣愚以為：諸不在六藝之科、孔子之術者，皆絕其道，勿使並進。邪辟之說息，然後統紀可一，而法度可明，民知所從矣。

漢武帝聽了這話，便罷黜百家，獨尊儒術。可見公羊學對中國政治史、學術思想史影響之大。

《漢書·藝文志》還有董仲舒的《公羊董仲舒治獄》十六篇，用《公羊》來判斷官司。漢朝人喜歡援引《公羊傳》，有得福的，也有得禍的，可見《公羊傳》在漢代的影響。如公孫弘，雖然也援引《公羊傳》，但此人是個兩面派，善於投機，這是他所以取得拜相封侯的關鍵所在。在漢武帝時衛太子學習《公羊》之後，兼習《穀梁》，其後學者不多。到漢宣帝時才又盛行。

（三）《公羊傳》、《穀梁傳》的整理與研究

《春秋公羊傳注疏》二十八卷　漢何休解詁，唐徐彥疏。盧文弨《抱經堂文集》卷八《書公羊注疏》云：「此書雖列《十三經》中，能留意者絕少。蓋

﹝註53﹞「大一統」這個觀念，要在秦、漢以後才能有，這就足以證明《公羊傳》不出於子夏。

公羊氏以經生之見測聖人，而聖人幾為亂名改制之尤。今當聖道大明之日，固夫人而知其說之謬矣。獨何氏之識遠不逮江都，故其說多苛碎不經之談。而疏必為之依阿其間，不敢直斷以為非是，此猶是漢人慫伸師學之見，要其謬戾亦不待摘抉而後見也。何氏文筆未善，故其言多有晦僿難曉者，疏獨能通之。其所引《春秋說》與諸緯書俱已不傳，後世亦賴是見其一二。廁諸疏中，視《論語》、《孟子》猶當勝也。」〔註54〕馮友蘭認為：「何休的解詁，不僅作文字上的解釋，還發展了公羊家的學說。他在注解中所說的，有許多是《公羊傳》沒有講過的。例如他所說的歷史進化的三世——太平世、升平世、據亂世，就是原來《公羊傳》所沒有的。」〔註55〕清孔廣森撰《春秋公羊通義》，清陳立撰《春秋公羊義疏》，今人蔣慶撰《公羊學引論》（遼寧教育出版社，1995 年版），曾亦、郭曉東撰《春秋公羊學史》（華東師範大學出版社，2017 年版）。

《春秋穀梁傳注疏》二十卷　晉范甯集解，唐楊士勳疏。士勳疏稱：「穀梁子，名俶，字元始，一名赤。受經於子夏，為經作傳。」關於此書的整理與研究，清柳興恩撰《穀梁大義述》（《續修四庫全書》本），清鍾文烝撰《穀梁補注》（《續修四庫全書》本），晚近柯劭忞撰《春秋穀梁傳注》（1927 年排印本），廖平撰《穀梁古義疏》（四川存古書局刻本）。

第六節　五經總義類

《四庫全書總目·五經總義類序》云：

> 漢代經師如韓嬰治《詩》兼治《易》者，其訓故皆各自為書。宣帝時始有石渠《五經雜義》十八篇，《漢志》無類可隸，遂雜置之《孝經》中。《隋志》錄許慎《五經異義》以下諸家，亦附《論語》之末。《舊唐書·志》始別名「經解」，諸家著錄因之，然不見兼括諸經之義。朱彝尊作《經義考》，別目曰「群經」，蓋覺其未安，而採劉勰《正緯》之語以改之，又不見為訓詁之文。徐乾學刻《九經解》，顧湄兼採總集經解之義，名曰「總經解」，何焯復斥其不通。蓋正名若是之難也。考《隋志》於統說諸經者，雖不別為部分，然「論語類」末稱「《孔叢》、《家語》、《爾雅》諸書並五經總義，附於

〔註54〕盧文弨：《抱經堂文集》，中華書局，1990 年版，第 115 頁。
〔註55〕馮友蘭：《中國哲學史史料學》，江蘇教育出版社，2006 年版，第 69 頁。

此篇」，則固稱「五經總義」矣。今準以立名，庶猶近古，《論語》、
《孝經》、《孟子》雖自為書，實均五經之流別，亦足以統該之矣。

其校正文字以及傳經諸圖，並約略附焉，從其類也。

四庫著錄三十一部，著名的有：《駁五經異義》、《鄭志》、《經典釋文》、《六
經正誤》、《刊正九經三傳沿革例》、《六經奧論》、《七經孟子考文補遺》、《九經
古義》、《古經解鉤沉》。

《駁五經異義》一卷《補遺》一卷　漢鄭玄撰。舉許慎《五經異義》條舉
而駁其說。原本十卷，久已散佚。此本從諸書中抄撮而成，有鄭駁而無許義
者，有許義而無鄭駁者。

《鄭志》三卷《補遺》一卷　魏鄭小同撰。小同為鄭玄之孫。鄭玄歿後，
門人述其問答為八篇，小同編次為十一卷。原本久佚，此為好古者輯綴而成。

《經典釋文》三十卷　唐陸德明撰。《四庫提要》稱：「採輯諸經音義及文
字異同，依經傳第編次，考證精博，至今談經之士鑽仰不窮。惟列《老子》、
《莊子》於經典，而不列《孟子》，頗為乖舛，蓋宋熙寧以前，《孟子》不列於
經，《老子》、《莊子》則六朝之所競尚，德明生於陳代，猶沿積習。」

《六經正誤》六卷　宋毛居正撰。嘉定十六年，國子監刊定六經，毛居正
校定四經，惟《禮記》及《春秋三傳》以目疾罷，後四經刊刻不如法，因補校
所闕二經，並前所校四經為此書。陳振孫《書錄解題》議其惟講偏旁疑似，《四
庫提要》駁之曰：「監板為有司程序，義取通行勢，不能如陸氏《釋文》遍徵
古今，著篇章字句之異同，所校不過點畫，不偏旁之講，而何講乎？」

《刊正九經三傳沿革例》一卷　宋岳珂撰。此為九經三傳之總例，一曰
書本，二曰字畫，三曰注文，四曰音釋，五曰句讀，六曰脫簡，七曰考異，
皆參訂同異，考證精覈。《四庫提要》稱其論字畫一條，酌古準今，尤通人
之論。

《六經奧論》六卷　舊本題宋鄭樵撰。考書中引及樵說稱「夾漈先生」，
又稱朱子為「文公」，蓋託名也。館臣以所論頗有可採，而仍錄之《四庫全
書》。

《七經孟子考文補遺》二百六卷　舊本題西條掌書記山井鼎撰，東都講官
物官補遺。其書成於康熙七年，以中國所刊諸本與其國古今參校，頗為詳備。

《九經古義》十六卷　清惠棟撰。所解凡《周易》、《尚書》、《毛詩》、《三
禮》、《三傳》、《論語》十經，其中《左傳補注》先已別本孤行，故此書惟說九

經。《四庫提要》稱：「曰古義者，漢儒專門訓詁之學得以考見於今者也。蓋漢至於今，垂二千載，文字有異，訓釋亦殊，其假借旁通，如拘以近代之音注，則義理全乖，棟掇拾殘剩以作是編，使讀經者有所考，亦不可謂之無功。」

參考文獻

1. 馮友蘭：《中國哲學史史料學》，南京：江蘇教育出版社，2006 年版。
2. 朱伯崑：《易學哲學史》，北京：華夏出版社，1995 年版。
3. 劉起釪：《尚書學史》，北京：中華書局，1989 年版。
4. 周秉鈞：《白話尚書》，長沙：嶽麓書社，1990 年版。
5. 黃壽祺：《群經要略》，上海：華東師範大學出版社，2000 年版。
6. 文史知識編輯部：《經書淺談》，北京：中華書局，2005 年版。
7. 夏傳才、董治安主編：《詩經要籍提要》，北京：學苑出版社，2003 年版。
8. 董治安主編：《經部要籍概述》，南京：江蘇教育出版社，2008 年版。
9. 彭林：《周禮主體思想與成書年代研究》，北京：中國人民大學出版社，2009 年版。

推薦書目

1. 《十三經注疏》，北京：中華書局，1980 年影印本。
2. 陳戍國：《四書五經校注本》，長沙：嶽麓書社，2006 年版。
3. 周秉鈞：《白話尚書》，長沙：嶽麓書社，1990 年版。
4. 陳子展：《詩三百解題》，上海：復旦大學出版社，2001 年版。
5. 楊伯峻：《春秋左傳注》，北京：中華書局，1990 年版。
6. 黃焯：《經典釋文匯校》，北京：中華書局，1983 年版。

第二章 史 部

　　我們對四庫之史部做了較大的調整：第一，將正史類與別史類合併為紀傳類；第二，將傳記類、職官類、政書類、目錄類移到工具部；第三，將時令類取消，併入子部農家類；第四，將地理類殿後，作為史部的附庸。

　　因此，本書史部分為八類：紀傳類、編年類、紀事本末類、雜史類、詔令奏議類、載記類、史評類、地理類。

第一節　紀傳類

一、正史

《四庫全書總目·正史類序》云：

> 正史之名，見於《隋志》，至宋而定著十有七。明刊監板，合宋、遼、金、元四史為二十有一。皇上欽定《明史》，又詔增《舊唐書》為二十有三。近搜羅四庫，薛居正《舊五代史》得裒集成編，欽稟睿裁，與歐陽修書並列，共為二十有四。今並從官本校錄。凡未經宸斷者，則悉不濫登。蓋正史體尊，義與經配，非懸諸令典，莫敢私增，所由與稗官野記異也。
>
> 其他訓釋音義者，如《史記索隱》之類，掇拾遺闕者，如《補後漢書年表》之類，辨正異同者，如《新唐書糾謬》之類，校正字句者，如《兩漢刊誤補遺》之類，若別為編次，尋檢為繁，即各附本書，用資參證。至宋、遼、金、元四史譯語，舊皆舛謬，今悉改正，以存其真。其子部、集部亦均視此，以考校釐訂，自正史始，

謹發其凡於此。

正史指《史記》、《漢書》等以帝王本紀為綱的紀傳體史書。清乾隆年間詔定「二十四史」為正史。

《史記》一百三十卷　漢司馬遷撰，褚少孫補。宋裴駰撰集解，唐司馬貞撰索隱，唐張守節撰正義。《史記》全書共一百三十篇，開創了五體結構體史例：十二本紀、十表、八書、三十世家、七十二傳。具體來說，本紀採用編年形式，以王朝為體系，反映朝代變遷大勢；十表編年與十二本紀互為經緯，表現天下大勢；八書是文化專門史；世家用編年和紀傳的形式，「非天下所以存亡」者不著；七十列傳主要記述了周秦至漢武帝時期重要的歷史人物，又可分為專傳、合傳、類傳、附傳和自傳等類。《史記》通行版本和讀本流傳的《史記》版本有多種。1958年商務印書館出版賀次君《史記書錄》，詳載《史記》重要版本六十餘種。幾種通行讀本為：（1）宋刊黃善夫本《史記集解索隱正義》一百三十卷，南宋慶元二年（1196）建安黃善夫刊本。現存三家注合刻本以此本為最古最全。（2）明崇禎元年（1628）陳仁錫刊刻《史記評林》為後出之善本。陳氏評論，多得司馬遷微意，尤其對於每篇體例，俱能揭其大旨，故為晚明學者所重。（3）清殿本《史記集解索隱正義》一百三十卷清乾隆四年（1739）武英殿校刊本，為清官刊二十四史殿本之一。此本以明北監劉應秋本為底本，參用宋本校勘而成，於史文及三家注校正者甚多。此本為清代精校精刊本，流佈最廣。（4）張文虎校本《史記集解索隱正義》一百三十卷，清同治九年（1870）金陵書局刊，清唐仁壽、張文虎校本。此本唐、張二氏博取宋、元、明諸善本匯校匯考，又採擇梁玉繩《史記志疑》、王念孫《讀書雜志》、錢大聽《史記考異》等書成果，詳為校勘，考其異同，精審採擇，世稱善本。（5）中華書局點校本《史記》一百三十卷，此本1959年初版，分為十冊。該本以金陵書局張文虎校本為底本，對《史記》原文及「三家注」作了全新的斷句、標點和分段整理，是最便閱讀的讀本。關於《史記》的版本，詳參張玉春《史記版本研究》（商務印書館，2001年版）。關於《史記》的整理，以日人瀧川資言《史記會注考證》為代表。《考證》以金陵書局《史記》為底本，引錄三家注以來有關研治《史記》資料及注家一百二十餘種典籍，上起盛唐，下迄近代，囊括中日名著（其中中國典籍百零幾種，日人著作二十餘種），別擇綴輯於注文中，時加審辨說明。《考證》資料豐富，輯錄了《正義》佚文一千二百餘條，補入注中。可能有一部分並非《正義》原文，但大部分應是可靠的。《考證》還對《史

記》所採舊典，凡能考據的，一一注出，方便研究者溯本求源，比勘研究。《考證》對史實、文字、詞語進行的考辨，頗多精語。對地名，往往注以今地，便於披閱。《考證》也有嚴重的缺點，特別是對資料的搜集遺漏較多，大約只吸收了唐以來《史記》研究三分之一的成果。例如黃震、鮑彪、吳師道、張鵬一、雷學淇等人說法就未羅致。對於金石文字和近人論著的採摘尤為疏略。此外，在摘引資料和訓古方面也有不少疏失。日人水澤利忠撰《史記會注考證校補》，尤重校勘，與《考證》相輔相成。1986 年上海古籍出版社將兩書重新影印，題名《史記會注考證附校補》面世。魯實先撰《史記會注考證駁議》（嶽麓書社，1986 年版）。陳直撰《史記新證》（天津人民出版社，1976 年版）。韓兆琦撰《史記箋證》（江西人民出版社，2005 年版）。張大可、安平秋等主編《史記研究集成》（華文出版社，2004 年版），全書共分 14 卷：《司馬遷評傳》、《史記通論》、《史記題評與詠史記人物詩》、《史記論贊與世情研究》、《史記精言妙語》、《史記集評》、《史記人物與事件》、《史記史學研究》、《史記文學研究》、《司馬遷思想研究》、《史記文獻與編纂學研究》、《史記版本與三家注研究》、《史記研究史與史記研究家》、《史記論著提要與論文索引》。

《漢書》一百二十卷 漢班固撰，唐顏師古注。是書歷代寶傳，咸無異論。班固作是書，既有受金之謗，又有竊據父書之謗。顏師古注條理精密，實為獨到。《四庫提要》稱其疏通證明，究不愧班固功臣之目。然楊明照《漢書顏注發覆》持反對意見：「注中於前修成文，往往將為己說，括囊不言，有若自出機杼焉者。」〔註 1〕關於《漢書》的整理與研究，隋、唐時期，「漢書學」大興，成為顯學。姚察撰《漢書訓纂》、《漢書集解》等書。顏師古注《漢書》，集其大成，轟動一時。後代之宗《漢書》，至宋尤為盛。明清時期，《漢書》成為「後世不祧之祖」，研究成果甚多，如全祖望撰《漢書地理志稽疑》六卷，吳卓信撰《漢書地理志補注》一百卷，梁玉繩撰《古今人表考》九卷，徐松撰《漢書西域傳補注》二卷，沈欽韓撰《兩漢書疏正》等。至晚清，王先謙彙集前人成果，撰成《漢書補注》一百卷。楊樹達續撰《漢書補注補正》（商務印書館，1925 年版）、《漢書窺管》（上海古籍出版社，2006 年版），一時號稱「漢聖」。20 世紀下半期，《漢書》研究步入低谷，論著較少，代表性的僅見陳直的《漢書新證》（天津人民出版社，1959 年版）。

《後漢書》九十卷 宋范蔚宗撰，唐章懷太子賢注。唐劉知幾《史通》卷

〔註 1〕楊明照：《學不已齋雜著》，上海古籍出版社，1985 年版，第 51～114 頁。

四《論贊》云：「馬遷自序傳後歷寫諸篇，各敘其意。既而班固變為詩體，號之曰『述』。蔚宗改彼『述』名，呼之以『贊』。固之總述，合在一篇，使其條貫有序。蔚宗後書，乃各附本事，書於卷末，篇目相離，斷絕失序。夫每卷立論，其煩已多，而嗣論以贊，為黷彌甚，亦猶文士制碑序，終而續以『銘曰』，釋氏演法義盡，而宣以『偈言』。」晚清王先謙集合諸家之說而成《後漢書集注》，朱東潤撰《後漢書考索》（華東師範大學出版社，1996 年版），宋文民撰《後漢書考釋》（上海古籍出版社，1995 年版）。

《三國志》六十五卷　晉陳壽撰，宋裴松之注。凡《魏志》三十卷，《蜀志》十五卷，《吳志》二十卷。其書以魏為正統，至習鑿齒作《漢晉春秋》，始立異議，改以蜀為正統，其敘事皆謂蜀先主為昭烈帝。自朱熹以來，無不是鑿齒而非陳壽。《四庫提要》以為：「以理而論，壽之謬萬萬無辭；以勢而論，則鑿齒帝漢順而易，壽欲帝漢逆而難。蓋鑿齒時晉已南渡，其事有類乎蜀，為偏安者爭正統，此孚於當代之論者也。壽則身為晉武之臣，而晉武承魏之統，偽魏是偽晉矣，其能行於當代哉！此猶宋太祖篡立近於魏，而北漢、南唐跡近於蜀，故北宋諸儒皆有所避而不偽魏。高宗以後偏安江左近於蜀，而中原魏地全入於金，故南宋諸儒乃紛紛起而帝蜀。此皆當論其世，未可以一格繩也。」宋元嘉中，裴松之受詔為注。所注雜引諸書，亦時下己意。綜其大致，約有六端：一曰引諸家之論以辨是非，一曰參諸書之文以核訛異，一曰傳所有之事詳其委曲，一曰傳所無之事補其闕佚，一曰傳所有之人詳其生平，一曰傳所無之人附以同類。《四庫提要》又稱：「網羅繁富，凡六朝舊籍今所不傳者，尚一一見其厓略。又多首尾完具，不似酈道元《水經注》、李善《文選注》，皆剟裁割裂之文。故考證之家，取材不竭，轉相引據者，反多於陳壽本書焉。」關於此書的整理與研究，清代學者杭世駿撰《三國志補注》六卷，趙一清撰《三國志注補》六十五卷，錢大昭撰《三國志辨疑》三卷。近人盧弼撰《三國志集解》六十五卷，集前人之大成。現代學者在此領域並無實質性突破。有關研究狀況，請參考拙編《建國以來三國史研究論著書目論文篇目索引》〔註2〕。

《晉書》一百三十卷　唐房玄齡等奉敕撰。《四庫提要》稱：「夫典午一朝政事之得失，人材之良楛，不知凡幾，而九重揮藻，宣王言以彰特筆者，僅一工文之士衡，一善書之逸少，則全書宗旨，大概可知。其所褒貶，略實行而獎浮華。其所採擇，忽正典而取小說。其所載者，大抵宏獎風流，以資談柄。取

〔註 2〕張大可：《三國史研究》，華文出版社，2003 年版，第 460～588 頁。

劉義慶《世說新語》與劉孝標所注，一一互勘，幾於全部收入。是直稗官之體，安得目曰史傳乎？正史之中，惟此書及《宋史》，後人紛紛改撰，其亦有由矣。特以十八家之書並亡，考晉事者捨此無由，故歷代存之不廢耳。」評價甚低。王樹民認為：「《晉書》在組織編排上比較嚴密，許多重要史實和資料也能保存下來。在體例方面，除本紀、志和列傳之外，增加了載記，用以記載時起時滅的列國之事，其志書與《五代史志》同為世人所重，都是值得肯定的。」〔註3〕關於此書的整理與研究，清畢沅撰《晉書地理志補正》五卷，周家祿撰《晉書校勘記》五卷，勞格撰《晉書校勘記》三卷，丁國均撰《晉書校文》五卷，吳士鑒撰《晉書斠注》一百三十卷。

《宋書》一百卷 梁沈約撰。此書分為十紀、三十志、六十列傳。志書敘事，上溯魏晉，不以宋代為限，讀者於制度禮樂等，可得較完整的概念。今本《宋書》的主要部分為徐爰所撰，沈約不過接敘其後所缺十餘年之事，故成書甚速，且獨享大名。沈約還有意壓抑徐爰，將他列入《恩倖傳》中。

《南齊書》五十九卷 梁蕭子顯撰。此書分為八紀、十一志、四十列傳。劉知幾《史通》卷四稱：「子顯雖文傷蹇躓，而義甚優長，為序例之美者。」其書殊乖紀體，列傳尤為冗雜。自李延壽之史盛行，此書鮮有誦習者。今人朱季海撰《南齊書校議》（中華書局，1984 年版）。

《梁書》五十六卷 唐姚思廉奉敕撰。思廉承藉家學，既素有淵源。又貞觀二年（628）先已編纂，及詔入秘書省論撰之後，又越七年，用力甚勤。《四庫提要》稱：「證以《南史》，亦往往牴牾。然持論多平允，排整次第，猶具漢、晉以來相傳之史法，要異乎取成眾手，編次失倫者矣。」

《陳書》三十六卷 唐姚思廉奉敕撰。《四庫提要》稱：「今讀其列傳，體例秩然，出於一手，不似《梁書》之參差，亦以此也。惟其中記傳年月，間有牴牾，不能不謂之疵累。然諸史皆然，亦不能獨責此書矣。」柴德賡認為：「其實這並不算什麼毛病，姚察與江總、袁憲諸人，其重要事蹟皆在陳朝，江總且為陳後主狎客，與後主亡國有關，在《陳書》立傳，有何不可？《四庫提要》此說，是針對明末降清而又自稱明朝人者而言，為清代統治服務，自當別論。」〔註4〕

《魏書》一百十四卷 北齊魏收奉敕撰。凡十二紀、九十二列傳，分為一

〔註3〕王樹民：《中國史學史綱要》，中華書局，1997 年版，第 95 頁。
〔註4〕柴德賡：《史籍舉要》，北京出版社，2002 年版，第 100 頁。

百三十卷。今所行本為宋劉恕、范祖禹等所校定。魏收行為放蕩，出使梁朝期間，買妓女帶進賓館，他的部下也買了多名妓女，不管是誰買的，魏收知道了，將所有妓女「遍行奸穢」，故有「驚蛺蝶」之稱。魏收恃才輕薄，又屬東魏北齊系統，所以《魏書》強烈地反映了以這個系統為中心的色彩。凡不屬這個系統或關係不夠密切的人，紛紛提出反對意見，認為「抑揚失當，褒貶任情」。因此，是書為世所詬厲，號為「穢史」。李延壽修《北史》，多見館中墜簡，參核異同，每以收書為據。其為魏收傳論云：「勒成魏籍，婉而有章，繁而不蕪，志存實錄。」《四庫提要》亦稱魏收敘事詳贍，而條例未密，多為魏澹所駁正。王樹民認為：「《魏書》在古代史學史上的地位還是應得到認可的。《食貨志》記載了均田制和三長制等，《官氏志》記載了鮮卑族原有的和改定的氏姓，《釋老志》為特創的體例，有系統的記載了佛道二教流傳的情況，都有很高的史料價值。」〔註5〕關於此書的史料來源，可參考柴德賡《史籍舉要》一書〔註6〕。

　　《北齊書》五十卷　唐李百藥奉敕撰。大致仿《後漢書》之體，卷後各繫論贊。《四庫提要》稱：「本紀則《文襄紀》舂集冗雜，《文宣紀》、《孝昭紀》論辭重複。列傳則九卷、十卷、十一卷、十四卷、十五卷、二十六卷、二十七卷、二十九卷至四十卷俱無論贊，二十八卷有贊無論，十二卷、四十六卷、四十七卷、四十八卷、四十九卷有論無贊。至如《庫狄干傳》之連及其子士文，《元斌傳》之稱齊文襄，則又掇拾者刊削未盡之辭矣。北齊立國本淺，文宣以後，綱紀廢弛，兵事俶擾，既不及後魏之整飭疆圉，復不及後周之修明法制。其倚任為國者，亦鮮始終貞亮之士，均無奇功偉節，資史筆之發揮。觀《儒林》、《文苑傳》敘去其已見《魏書》及見《周書》者，寥寥數人，聊以取盈卷帙，是其文章萎苶，節目叢脞，固由於史材、史學不及古人，要亦其時為之也。然一代興亡，當有專史典章之沿革，政事之得失，人材之優劣，於是乎有徵焉，未始非後來之鑒也。」

　　《周書》五十卷　唐令狐德棻等奉敕撰。劉知幾《史通》卷十七《雜說中第八》曰：「今俗所行周史，是令狐德棻等所撰，其書文而不實，雅而不檢，真蹟甚寡，客氣尤繁。尋宇文開國之初，事由蘇綽，軍國詞令，皆準尚書。太祖敕朝廷他文，悉準於此。蓋史臣所記，皆稟其規。柳虯之徒，從風而靡。案

〔註5〕王樹民：《中國史學史綱要》，中華書局，1997年版，第83頁。
〔註6〕柴德賡：《史籍舉要》，北京出版社，2002年版，第103～105頁。

綽文雖去彼淫麗，存茲典實，而陷於矯枉過正之失，乖乎適俗隨時之義。苟記言若是，則其謬愈多。爰及牛弘，彌尚儒雅，即其舊事，因而勒成。務累清言，罕逢佳句，而令狐不能別求他述，用廣異聞，惟憑本書，重加潤色，遂使周氏一代之史，多非實錄。」又議其以王劭、蔡允恭、蕭韶、蕭大圜、裴政、杜臺卿之書中有俚言，故致遺略。其詆諆德棻甚力。《四庫提要》認為劉知幾所云並非篤論：「然文質因時，紀載從實。周代既文章爾雅，仿古制言，載筆者勢不能易彼妍辭，改從俚語。至於敵國詆謗，里巷諺謠，削而不書，史之正體，豈能用是為譏議哉！況德棻旁徵簡牘，意在摭實。故《元偉傳》後於元氏戚屬事蹟湮沒者，猶考其名位，連綴附書，固不可概斥為疏略。《庾信傳》論仿《宋書‧謝靈運傳》之體，推論六義源流，於信獨致微辭，良以當時儷偶相高，故有意於矯時之弊，亦可見其不專虛辭矣。」而王樹民認為：「劉知幾的時代去唐初不遠，修史的原稿還能看到，他的話自然不是虛造的。原來西魏和北周是興起於關中地區的封建統治集團，隋朝和唐朝的統治者都是出於這個系統，為周統治者說好話，也正是給自己的祖先臉上貼金。」〔註7〕

　　《隋書》八十五卷　唐魏徵等奉敕撰。其「十志」最為後人所推，而劉知幾疑其失於限斷，其《史通‧古今正史篇》稱：「太宗以梁、陳及齊、周、隋氏並未有書，乃命學士分修，仍以秘書監魏徵總知其務。始以貞觀三年創造，至十八年方就。合為《五代紀傳》，並目錄凡二百五十二卷。書成，下於史閣，惟有十志，斷為三十卷。尋擬續奏，未有其文。太宗崩後，刊勒始成其篇第，編入《隋書》，其實別行，俗呼為《五代史志》。」歷代對《五代史志》的評價較高。《四庫提要》稱：「惟其時《晉書》已成，而《律曆志》所載備數、和聲、審度、嘉量、衡權五篇，《天文志》所載地中、晷影、漏刻、經星、中宮二十八舍、十煇諸篇，皆上溯魏晉，與《晉志》復出，殊非史體。且同出李淳風一人之手，亦不應自剗己說。殆以《晉書》不在五史之數，故不相避歟？《五行志》體例與《律曆》、《天文》三志頗殊，不類淳風手作。疑宋時舊本，題褚遂良撰者，未必無所受之。《地理志》詳載山川，以定疆域，《百官志》辨明品秩，以別差等，能補蕭子顯、魏收所未備。惟《經籍志》編次無法，述經學源流，每多舛誤。如以《尚書》二十八篇為伏生口傳，而不知伏生自有《書》教齊、魯間；以《詩序》為衛宏所潤益，而不知傳自毛亨；以《小戴禮記》有《月令》、《明堂位》、《樂記》三篇，為馬融所增益，而不知劉向《別錄‧禮記》已

〔註7〕王樹民：《中國史學史綱要》，中華書局，1997年版，第91頁。

載此三篇，在十志中為最下。然後漢以後之藝文，惟藉是以考見源流，辯別真偽，亦不以小疵為病矣。」所謂「編次無法」、「在十志中為最下」的說法，似為苛論。姚振宗撰《隋書經籍志考證》五十二卷，今人岑仲勉撰《隋書求是》（中華書局，2004 年版）。

《南史》八十卷　唐李延壽撰。延壽承其父業，為《北史》、《南史》。而《南史》先成，就正於令狐德棻，其乖失者嘗為改定。宋人稱延壽之書刪煩補闕，為近世佳史。顧炎武《日知錄》摘其李安民諸傳一事兩見，為紀載之疏。《四庫提要》稱：「以今考之，本紀刪其連綴諸臣事蹟，列傳則多刪詞賦，意存簡要，殊勝本書。然宋、齊、梁、陳四朝九錫之文，符命之說，告天之詞，皆沿襲虛言，無關實證，而備書簡牘，陳陳相因，是芟削未盡也。且合累朝之書，勒為通史，發凡起例，宜歸畫一。今延壽於《循吏》、《儒林》、《隱逸傳》既遞載四朝人物，而《文學》一傳，乃因《宋書》不立此目，遂始於齊之丘靈鞠，豈宋無文學乎？《孝義傳》搜綴湮落，以備闕文，而蕭矯妻羊氏、衛敬瑜妻王氏先後互載，男女無別，將謂史不當有《列女傳》乎？況《北史》謂《周書》無《文苑傳》，遂取列傳中之庾信、王褒入於《文苑》，則宋之謝靈運、顏延之、何承天、裴松之諸人何難移冠《文苑》之前？《北史》謂魏、隋有《列女傳》，齊、周並無此篇。今又得趙氏、陳氏附備《列女》，則宛陵女子等十四人何難取補《列女》之闕？書成一手，而例出兩歧，尤以矛陷盾，萬萬無以自解者矣。蓋延壽當日專致力於《北史》，《南史》不過因其舊文，排纂刪潤，故其減字節句，每失本意，間有所增益，又緣飾為多。如《宋路太后傳》較《宋書》為詳。然沈約修史，工於詆毀前朝，而不載路太后飲酒置毒之事，當亦揆以前後恩慈，不應存此異說也。延壽採雜史為實錄，又豈可盡信哉？然自《宋略》、《齊春秋》、《梁典》諸書盡亡，其備宋、齊、梁、陳四史之參校者，獨賴此書之存，則亦何可盡廢也。」高敏撰《南史掇瑣》，顯示其史料價值。

《北史》一百卷　唐李延壽撰。本紀十二卷，列傳八十八卷。《四庫提要》稱：「延壽既與修《隋書》十志，又世居北土，見聞較近，參核同異，於《北史》用力獨深，故敘事詳密，首尾典贍。如載元韶之奸利，彭樂之勇敢，郭琬、沓龍超諸人之節義，皆具見特筆。出酈道元於酷吏，附陸法和於藝術，離合編次，亦深有別裁。視《南史》之多仍舊本者，迥如兩手。惟其以姓為類，分卷無法。《南史》以王、謝分支，《北史》亦以崔、盧系派。故家世族，一例連書。覽其姓名，則同為父子，稽其朝代，則各有君臣。參錯混淆，殆難辨

別。甚至長孫儉附《長孫嵩傳》，薛道衡附《薛辨傳》，遙遙華胄，下逮雲仍，隔越抑又甚矣。考延壽之敘次列傳，先以魏宗室諸王，次及魏臣，又次以齊宗室，及齊臣，下逮周、隋，莫不皆然。凡以勒一朝始末，限斷分明，乃獨於一二高門，自亂其例，深所未安。至於楊素父子，有關隋室興亡，以其系出弘農，遂附見魏臣《楊敷傳》後。又魏收及魏長賢諸人，本非父子兄弟，以其同為魏姓，遂合為一卷，尤為舛迕。觀延壽敘例，凡累代相承者皆謂之家傳，豈知家傳之體，不當施於國史哉？且《南、北史》雖曰二書，實通為一家之著述。《南史》既有《晉熙王昶傳》矣，《北史》復有《劉昶傳》。《南史》既有《鄱陽王寶寅傳》矣，《北史》復有《蕭寶寅傳》。《南史》既有《豫章王綜樂良王大圜傳》矣，《北史》復有《蕭贊蕭大圜傳》。朱修之、薛安都諸人，《南史》則取諸《宋書》，《北史》則取諸《魏書》，不為刪並。殆專意《北史》，無暇追刪《南史》，以致有此誤乎？」高敏撰《北史掇瑣》，顯示其史料價值。

《舊唐書》二百卷 晉劉昫等奉敕撰。自宋嘉祐以後，歐陽修、宋祁等重撰新書，此書遂廢。然其本流傳不絕，儒者表昫等之長以攻修、祁等之短者亦不絕。《四庫提要》稱：「大抵長慶以前，本紀惟書大事，簡而有體，列傳敘述詳明，贍而不穢，頗能存班、范之舊法；長慶以後，本紀則詩話、書序、婚狀、獄詞委悉具書，語多支蔓，列傳則多敘官資，曾無事實，或但載寵遇，不具首尾，所謂繁略不均者，誠如宋人之所譏。平心而論，蓋瑕瑜不掩之作。黨《新書》者必謂事事勝《舊書》，黨《舊書》者又必謂事事勝《新書》，皆偏見也。」關於新舊《唐書》優劣之爭，可參考王鳴盛《十七史商榷》卷六九「二書不分優劣」條、趙翼《廿二史劄記》卷十六至十八。清沈炳震撰《新舊唐書合抄》，以舊書為主，用新書校補，優劣自見，便於閱讀。清趙紹祖撰《新舊唐書互證》，以新書為主，用舊書對勘。吳玉貴撰《唐書輯校》（中華書局，2018年版），輯錄《太平御覽》引文，並逐條校注。

《新唐書》二百二十五卷 宋歐陽修、宋祁等奉敕撰。是書本以補正《舊唐書》之舛漏，自稱：「事增於前，文省於舊。」劉安世《元城語錄》則謂：「事增文省，正新書之失，而未明其所以然。今即其說而推之，史官記錄，具載舊書，今必欲廣所未備，勢必搜及小說，而至於猥雜。唐代詞章，體皆詳贍，今必欲減其文句，勢必變為澀體，而至於詰屈。」安世之言，所謂中其病源。《四庫提要》稱：「若夫《史》、《漢》本紀多載詔令，古文簡質，至多不過數行耳。唐代王言，率崇緟麗，駢四儷六，累牘連篇。宋敏求所輯《唐大詔

令》，多至一百三十卷，使盡登紀傳，天下有是史體乎？祁一例刊除，事非得已，過相訾議，未見其然。至於呂夏卿私撰《兵志》，見晁氏《讀書志》，宋祁別撰《紀志》，見王得臣《麈史》，則同局且私心不滿。書甫頒行，吳縝《糾謬》即踵之而出。其所攻駁，亦未嘗不切中其失。然一代史書，網羅浩博，門分類別，端緒紛拏，出一手則精力難周，出眾手則體裁互異。爰從『三史』以逮『八書』，牴牾參差，均所不免，不獨此書為然。因是以病新書，則一隅之見矣。」唐景星撰《唐書注》十卷（1935 年排印本），其義例有三，曰糾謬、補闕、疏解。唐長孺撰《唐書兵志箋正》四卷（中華書局，1962 年版）。

　　《舊五代史》一百五十卷　宋薛居正等奉敕撰。為紀六十一、志十二、傳七十七。多據累朝實錄及范質《五代通錄》為稿本。歐陽修文章遠出居正等上，其筆削體例，亦特謹嚴。是書文雖不及歐陽，而事蹟較備，自宋時論二史者即互有所主。《四庫提要》稱：「司馬光作《通鑒》，胡三省作《通鑒注》，皆專據薛史，而不取歐史。沈括、洪邁、王應麟輩為一代博洽之士，其所著述，於薛、歐二史亦多兼採，而未嘗有所軒輊。蓋修所作皆刊削舊史之文，意主斷制，不肯以紀載叢碎，自貶其體。故其詞極工，而於情事或不能詳備。至居正等奉詔撰述，本在宋初，其時秉筆之臣，尚多逮事五代。見聞較近，紀傳皆首尾完具，可以徵信。故異同所在，較核事蹟，往往以此書為長。雖其文體平弱，不免敘次煩冗之病，而遺聞瑣事，反藉以獲傳，實足為考古者參稽之助。又歐史止述司天、職方二考，而諸志俱闕，凡禮樂、職官之制度，選舉、刑法之沿革，上承唐典，下開宋制者，一概無徵，亦不及薛史諸志為有裨於文獻。蓋二書繁簡，各有體裁，學識兼資，難於偏廢。」關於《舊五代史》的原本，明萬曆時連江陳氏《世善堂書目》曾加以著錄，清初黃宗羲也曾藏有此書。20 世紀 30 年代，傅增湘撰《舊五代史輯本發覆序》云：「惟余微聞其書為丁運使乃揚舊藏，辛亥國變失之，為當道某鉅公所獲，存滬瀆僑寓中，第秘惜不以示人。乃知孤本秘籍，至今猶在人間。」自此說一出，大家對《舊五代史》存有希望。但數十年來並無消息。清彭元瑞、劉鳳浩撰《五代史記注》。近儒陳垣撰《舊五代史輯本發覆》。陳智超、陳尚君分別輯有《舊五代史》新本，前者未見，後者近年已由復旦大學出版社出版。程毅中指出：「邵晉涵等人在輯錄時作了不少考異補缺的工作，可惜還做得不夠完善。主要的一個問題是對《冊府元龜》裏的五代史料，應該怎麼處理。邵晉涵等人用了《冊府元龜》的資料來補充《永樂大典》裏的缺佚，但有時把它當作薛史佚文，有時又不把它

看作薛史，而只作為旁證列入案語，或者棄之不顧，在體例上很不一致。另外，本校的工作做得也不夠，因此往往出現前後不統一的地方。至於他校和考證的工作，當然更有用武之地。新版《舊五代史》的校點者曾用殘宋本和明本《冊府元龜》作了仔細的復校，但沒有充分利用；而且對本書的內證也沒有充分注意，因此輯本所遺留的問題解決得還不多。」〔註8〕

《新五代史記》七十五卷　宋歐陽修撰。本名《新五代史記》。《四庫提要》稱：「大致褒貶祖《春秋》，故義例謹嚴；敘述祖《史記》，故文章高簡。而事實則不甚經意，諸家攻駁，散見他書者無論，其特勒一編者，如吳縝之《五代史纂誤》，楊陸榮之《五代史志疑》，引繩批根，動中要害。雖吹求或過，要不得謂之盡無當也。然則薛史如左氏之紀事，本末賅具，而斷制多疏；歐史如《公》、《穀》之發例，褒貶分明，而傳聞多謬，兩家之並立，當如三傳之俱存。尊此一書，謂可兼貶五季，是以名之輕重為史之優劣矣。且《周官》太史掌國之六典，漢法亦天下計書先上太史。史之所職，兼司掌故。八書十志，遷、固相因。作者沿波，遞相撰述。使政刑禮樂，沿革分明，皆所謂國之大紀也。修作是書，僅司天、職方二考，寥寥數頁，余概從刪。雖曰世衰祚短，文獻無徵，然王溥《五代會要》搜輯遺編，尚哀然得三十卷。何以經修編錄，乃至全付闕如？此由信《史通》之謬談，成茲偏見。元纂宋、遼、金三《史》，明纂《元史》，國朝纂《明史》，皆仍用舊規，不從修例，豈非以破壞古法，不可以訓乎！此書之失，此為最大。若不考韓通之褒贈，有所諱而不立傳者，一節偶疏誤，諸史類然，不足以為修病也。修之文章，冠冕有宋。此書一筆一削，尤具深心，其有裨於風教者甚大。惟其考證之疏，則有或不盡知者。」

《宋史》四百九十六卷　元脫脫等奉敕撰。三史撰人均題脫脫之名，但實際工作以歐陽玄規劃之力為多，其次為揭傒斯、張起岩等。是書為本紀四十七卷、志一百六十二卷、表三十二卷、列傳二百五十五卷、世家六卷。《四庫提要》稱：「其書僅一代之史，而卷帙幾盈五百，檢校既已難周。又大旨以表章道學為宗，餘事皆不甚措意，故舛謬不能彈數。譏《宋史》者，謂諸傳載祖父之名，而無事實，似誌銘之體。詳官階之遷除，而無所刪節，似申狀之文。然好之者，或以為世系官資，轉可藉以有考。及證以他書，則《宋史》諸傳多不足憑。蓋其書以宋人國史為稿本，宋人好述東都之事，故史文較詳，建炎以後稍略。理、度兩朝，宋人罕所紀載，故史傳亦不具首尾。《文苑傳》止詳北宋，

〔註8〕程毅中：《古籍整理淺談》，北京燕山出版社，2001年版，第153～157頁。

而南宋僅載周邦彥等數人。《循吏傳》則南宋更無一人，是其明證。自柯維騏以下，屢有改修，然年代綿邈，舊籍散亡，仍以是書為稿本，小小補苴，亦終無以相勝。故考兩宋之事，終以原書為據，迄今竟不可廢焉。」錢大昕《潛研齋文集》卷二八《跋宋史》云：「自史遷以經師相傳授者為《儒林傳》，而史家因之。洎宋洛、閩諸大儒講明任道，自謂直接孔、孟之傳，嗣後儒分為二，有說經之儒，有講學之儒。《宋史》乃創為《道學傳》，列於《儒林》之前，以尊周、二程、張、邵、朱六子，而程、朱之門人附見焉……愚讀之而不能無疑焉……彼修《宋史》者徒知尊道學，而未知其所以尊也。」持論頗有不同。柴德賡認為：「《提要》於《宋史》用力殊少，但取《宋史就正編》敷衍成篇，前人如朱明鎬《史糾》所載《宋史》有三善七失之論，乃四庫史評類著錄之書，其他可知。」〔註9〕顧吉辰撰《宋史考證》（華東理工大學出版社，1994年版）。

《遼史》一百十六卷　元脫脫等奉敕撰。至正三年（1343）四月，詔儒臣分撰，四年（1344）三月書成。為本紀三十卷、志三十一卷、表八卷、列傳四十六卷、《國語解》一卷。《四庫提要》稱：「遼代載籍，可備修史之資者寥寥無幾。故當時所據，惟耶律儼、陳大任二家之書。見聞既隘，又藏功於一載之內，無暇旁搜，潦草成編，實多疏略。其間左支右詘，痕跡灼然。在史臣非不自知，特以無米之炊，足窮巧婦，故不得已而縷割分隸，以求卷帙之盈。勢使之然，不足怪也。然遼典雖不足徵，宋籍非無可考。至厲鶚《遼史拾遺》所摭，更不可以僂數。此則考證未詳，不得委之文獻無徵矣。然其書以實錄為憑，無所粉飾。」此書主要以耶律儼《皇朝實錄》、陳大任《遼史》和葉隆禮《契丹國志》為藍本，兼採遼人之行狀、家傳、墓誌、碑刻等，較為可信。元修《遼史》疏漏、錯亂，在《二十四史》中歷來最為世人詬病。由於傳世遼代史料的極度匱乏，因此，此書始終具有不可替代的重要性。〔註10〕苗潤博撰《遼史探源》（中華書局，2020年版），曾在徹底釐清史源問題。

《金史》一百三十五卷　元脫脫等奉敕撰。凡本紀十九卷、志三十九卷、表四卷、列傳七十三卷。《四庫提要》稱：「金人肇基東海，奄有中原，制度典章，彬彬為盛。徵文考獻，具有所資。自天輔七年（1123）交割燕雲，及天會三年（1125）再舉伐宋，五年廢宋立楚，至康王南渡，所有國書、誓詔、冊表、

〔註9〕柴德賡：《史籍舉要》，北京出版社，2002年版，第182頁。

〔註10〕李錫厚：《遼史說略》，《經史說略·二十五史說略》，北京燕山出版社，2002年版，第412～419頁。

文狀、指揮牒檄，以載於故府案牘者，具有年月，得以編次成書，是自開國之初即已遺聞不墜。《文藝傳》稱元好問晚年以著作自任，以金源氏有天下，典章法制，幾及漢唐，國亡史作，己所當任。時《金國實錄》在順天張萬戶家，乃言於張，願為撰述。既因有阻而止，乃構野史亭，著述其上。凡金源君臣遺言往行，採摭所聞，有所得，輒以片紙細字為記，錄至百餘萬言。纂修《金史》，多本其所著。元人之於此書，經營已久，與宋、遼二史取辦倉卒者不同。故其首尾完密，條例整齊，約而不疏，贍而不蕪，在三史之中，獨為最善。如載世紀於卷首，而列景宣帝、睿宗、顯宗於世紀補，則酌取《魏書》之例。《曆志》則採趙知微之《大明曆》，而兼考渾象之存亡。《禮志》則掇韓企先等之《大金集禮》，而兼及雜儀之品節。《河渠志》之詳於二十五埽，《百官志》之首敘建國諸官，咸本本元元，具有條理。《食貨志》則因物力之微，而歎其初法之不慎。《選舉志》則因令史之正班，而推言仕進之末弊。《交聘表》則數宋人三失而惜其不知守險，不能自強。皆切中事機，意存殷鑒，卓然有良史之風。惟其列傳之中，頗多疏舛。」清施國祁撰《金史詳校》、《金源劄記》、《禮耕堂叢說》等書。

　　《元史》二百十卷　明宋濂等奉敕撰。為本紀四十七卷、志五十三卷、表六卷、列傳一百十四卷。洪武二年（1369），得《元十三朝實錄》，命修元史，以宋濂、王禕為總裁。二月開局天寧寺，八月書成，而順帝一朝史猶未備，乃命儒士歐陽祐等往北平採其遺事。明年二月，詔重開史局，閱六月書成。書始頒行，紛紛然已多竊議。迨後來遞相考證，紕漏彌彰。顧炎武《日知錄》卷二十六「元史」條摘其趙孟頫諸傳，備書上世贈官，仍誌銘之文，不知芟削；《河渠志》言耿參政，《祭祀志》言田司徒，引案牘之語，失於翦裁。朱彝尊《曝書亭集》卷三十二《史館上總裁第三書》又謂其急於成書，故前後復出，因舉其一人兩傳者，條其篇目，為倉猝失檢之病。《四庫提要》稱：「《元史》之舛駁不在於蕆事之速，而在於始事之驟。以後世論之，元人載籍之存者，說部文集尚不下一二百種，以訂史傳，時見牴牾，不能不咎考訂之未密。其在當日，則重開史局，距元亡二三年耳。後世所謂古書，皆當日時人之書也。其時有未著者，有著而未成者，有成而未出者，勢不能裒合眾說，參定異同。」又稱：「今觀是書，三公宰相分為兩表，禮樂合為一志，又分祭祀、輿服為兩志，列傳則先及釋老，次以方技，皆不合前史遺規。而刪除藝文一志，收入列傳之中，遂使無傳之人，所著皆不可考，尤為乖迕。又帝紀則定宗以後，憲宗以

前，闕載者三年，未必實錄之中竟無一事，其為漏落顯然。至於《姚燧傳》中述其論文之語，殆不可曉。證以《元文類》，則引其《送暢純甫序》，而互易其問答之辭，殊為顛倒，此不得委諸無書可檢矣。是則濂等之過，無以解於後人之議者耳。」清汪輝祖撰《元史本證》五十卷，專論缺點，有助於研讀《元史》。邵遠平撰《元史類編》四十二卷，補充缺漏之處不少，儒林、文苑二傳所補尤多。魏源撰《元史新編》九十五卷，增補史實，糾正錯誤。邵、魏二氏均以《元史》為基礎，並加以改編。洪鈞據《史集》、《世界征服者史》等域外史籍撰成《元史譯文證補》三十卷。重撰者有柯紹忞《新元史》、屠寄《蒙兀兒史記》、曾廉《元書》等。其中《蒙兀兒史記》功力最深，成就最高，《新元史》次之，而《元書》不為世人所重。

《明史》三百三十六卷　清張廷玉等奉敕撰。乾隆四年（1739）七月二十五日書成，表進。凡本紀二十四卷、志七十五卷、表一十三卷、列傳二百二十卷、目錄四卷。其《進表》有曰：「仰惟聖祖仁皇帝搜圖書於金石，羅耆俊於山林。創事編摩，寬其歲月。蓋康熙十八年（1679）始詔修明史，並召試彭孫遹等五十人，入館纂修，以紀載浩繁，異同歧出，遞相考證，未遽定也。」又曰：「我世宗憲皇帝重申公慎之旨，載詳討論之功。臣等於時奉敕充總裁官，率同纂修諸臣，開館排輯。十有五年之內，幾經同事遷流，三百餘卷之書，以次隨時告竣。蓋雍正二年詔諸臣續蕆其事，至是乃成書也。」又曰：「簽帙雖多，牴牾互見。惟舊臣王鴻緒之史稿，經名人三十載之用心，進在彤幃，頒來秘閣，首尾略具，事實頗詳。爰即成編，用為初稿。」康熙中，王鴻緒撰《明史稿》三百十卷，惟帝紀未成，餘皆排比粗就，較諸家為詳贍，故因其本而增損成帙。其間諸志，一從舊例，而稍變其例者二：《曆志》增以圖，《藝文志》惟載明人著述，而前史著錄者不載。表從舊者四例，即諸王、功臣、外戚、宰輔；創新者僅七卿一例，因明代廢左右丞相，分其政於六部，而都察院糾核百司，合而為七。列傳從舊例者十三，創新者三例，即閹黨、流賊、土司。近人王頌蔚輯《明史考證攟逸》四十二卷（嘉業堂 1916 年刻本），黃雲眉撰《明史考證》（中華書局，1979～1986 年版），陳守實撰《明史考證抉微》（學生書局，1968 年版）。

二、別史

《四庫全書總目·別史類》云：

　　《漢藝文志》無史名，《戰國策》、《史記》均附見於《春秋》。厥後著作漸繁，《隋志》乃分正史、古史、霸史諸目。然《梁武帝》、《元帝實錄》列諸雜史，義未安也。陳振孫《書錄解題》創立別史一門，以處上不至於正史，下不至於雜史者，義例獨善，今特從之。

　　蓋編年不列於正史，故凡屬編年，皆得類附。《史記》、《漢書》以下，已列為正史矣。其歧出旁分者，《東觀漢記》、《東都事略》、《大金國志》、《契丹國志》之類，則先資草創。《逸周書》、《路史》之類，則互取證明。《古史》、《續後漢書》之類，則檢校異同。其書皆足相輔，而其名則不可以並列，命曰「別史」，猶大宗之有別子云爾。包羅既廣，六體兼存，必以類分，轉形瑣屑，故今所編錄，通以年代先後為敘。

　　此類四庫著錄二十部：《逸周書》、《東觀漢記》、《建康實錄》、《隆平集》、《古史》、《通志》、《東都事略》、《路史》、《契丹國志》、《大金國志》、《古今紀要》、《續後漢書》(宋蕭常撰)、《續後漢書》(元郝經撰)、《春秋別典》、《欽定續通志》、《歷代紀事年表》、《歷代史表》、《後漢書補逸》、《春秋戰國異辭》、《尚史》。其中《歷代紀事年表》、《歷代史表》二種擬移至工具部。

　　《逸周書》十卷　不著撰人名氏。《四庫提要》稱其終為三代之遺文，不可廢也。近代所行之本，皆闕《程寤》、《秦陰》、《九政》、《九開》、《劉法》、《文開》、《保開》、《八繁》、《箕子》、《耆德》、《月令》十一篇，余亦文多佚脫。關於此書的史料價值與真偽問題，王樹民認為：「《逸周書》在流傳中問題甚多，因而殘缺嚴重，真偽混雜，成為比較難讀的一部古書。但其中仍有不少重要的古史資料，如《克殷》、《世俘》二篇記武王伐紂的勝利，詳細而具體。又《商誓》、《度邑》、《芮良夫》等篇，文皆古奧，有類《尚書》之訓誥。《官人》篇見於《大戴禮記》，《職方》篇見於《周禮‧夏官》，《周月》、《時訓》等篇為有關曆法者……先秦古籍多引《周書》者，猶或可見於今本《逸周書》中……可知《逸周書》雖多遭錯亂，猶多保存古史資料，亦為古代記言史書提供了部分的例證。」〔註11〕曹道衡認為：「《逸周書》自宋代以來，就有人認為出於戰國人之手。歷來人們懷疑這些內容只是由於受了儒家所編造的『聖人』謊言及『三分天下有其二，以服事殷』的話之故，其實《逸周書》這些記載卻更符合歷史的真相。《逸周書》如實地記錄了周武王處心積慮要滅亡殷商，這種情況

〔註11〕王樹民：《中國史學史綱要》，中華書局，1997年版，第21頁。

在其他典籍中很少見。」〔註12〕自晉至明，注意《逸周書》的人很少，清代朱右曾撰《逸周書集訓校釋》，晚近劉師培撰《周書略說》，今人黃懷信等撰《逸周書匯校集釋》（上海古籍出版社，2007 年增訂）、《逸周書校補注譯》（西北大學出版社，1996 年版），張懷通撰《逸周書研究》（中華書局，2013 年版），王連龍撰《逸周書研究》（社會科學文獻出版社，2010 年版），宋志英等輯《逸周書研究文獻輯刊》（國家圖書館出版社，2015 年版）。

《古史》六十五卷　宋蘇轍撰。蘇轍以司馬遷《史記》多不得聖人之意，因司馬遷之舊，改寫古史，上自伏羲、神農，下訖秦始皇，為本紀七，世家十六，列傳三十七。蘇轍自稱能追錄聖賢之遺意，以明示來世。至於得失成敗之際，亦備論其故。《朱子語錄》曰：「伯恭子約宗太史公之學，某嘗與之痛辨。子由《古史》言：『馬遷淺陋而不學，疏略而輕信。』此二句最中馬遷之失，伯恭極惡之。《古史序》云：『古之帝王，其必為善，如火之必熱，水之必寒。其不為不善，如驎虞之不殺，竊脂之不穀。』此語最好。某嘗問伯恭，此豈馬遷之所及？然子由此語雖好，卻又有病處。如云『帝王之道以無為為宗』之類，他只說得個頭勢大，然下面工夫又皆空疏云云。」《四庫提要》稱：「平心而論，史至於司馬遷，猶詩至於李、杜，書至於鍾、王，畫至於顧、陸，非可以一支一節比擬其長短者也。轍乃欲點定其書，殆不免於輕妄。至其糾正補綴，如《史記》載《堯典》妻舜之後瞽瞍尚欲殺舜，轍則本《尚書》謂妻舜在瞽瞍允若之後；《史記》載伊尹以負鼎說湯，造父御周穆王見西王母事，轍則刪之；《史記》不載禱雨桑林事，轍則增之；宋世家，《史記》贊宋襄公泓之戰為禮讓，轍則貶之；辨《管子》之書為戰國諸子所附益；於《晏子傳》增入晏子處崔杼之變，知陳氏之篡與諷諫數事；於宰我則辨其無從叛之事；於子貢則辨其無亂齊之事；又據《左氏傳》為柳下惠、曹子臧、吳季札、范文子、叔向、子產等傳，以補《史記》所未及；《魯連傳》附以虞卿，《刺客傳》不載曹沫。其去取之間，亦頗為不苟。存與遷書相參考，固亦無不可矣。」

《通志》二百卷　宋鄭樵撰。通史之例，肇於司馬遷。故劉知幾《史通》述二體，則以《史記》、《漢書》共為一體。述六家，則以《史記》、《漢書》別為兩家。以一述一代之事，一總歷代之事也。其例綜括千古，歸一家言。非學

〔註12〕曹道衡、劉躍進：《先秦兩漢文學史料學》，中華書局，2005 年版，第 156～157 頁。

問足以該通，文章足以鎔鑄，則難以成書。梁武帝作《通史》六百二十卷，不久即已散佚。故後有作者，率莫敢措意於斯。樵負其淹博，乃網羅舊籍，參以新意，撰為是編。凡帝紀十八卷、皇后列傳二卷、年譜四卷、略五十一卷、列傳一百二十五卷。其紀傳刪錄諸史，稍有移掇，大抵因仍舊目，為例不純。其年譜仿《史記》諸表之例，惟間以大封拜、大政事錯書其中，或繁或漏，亦復多歧，均非其注意所在。其平生之精力，全帙之菁華，惟在《二十略》而已：一曰氏族，二曰六書，三曰七音，四曰天文，五曰地理，六曰都邑，七曰禮，八曰諡，九曰器服，十曰樂，十一曰職官，十二曰選舉，十三曰刑法，十四曰食貨，十五曰藝文，十六曰校讎，十七曰圖譜，十八曰金石，十九曰災祥，二十曰草木昆蟲。其氏族、六書、七音、都邑、草木昆蟲五略，為舊史之所無。至於六書、七音，乃小學之支流，非史家之本義。矜奇炫博，泛濫及之，此於例為無所取矣。餘十五略雖皆舊史所有，然諡與器服，乃禮之子目，校讎、圖譜、金石，乃藝文之子目，析為別類，不亦冗且碎乎？且《氏族略》多掛漏，《六書略》多穿鑿，《天文略》只載丹元子《步天歌》，《地理略》則全抄杜佑《通典·州郡總序》一篇，前雖先列水道數行，僅雜取《漢書·地理志》及《水經注》數十則，即《禹貢》山川亦未能一一詳載。《諡略》則別立數門，而沈約、扈琛諸家之諡法悉刪不錄，即《唐會要》所載呆字諸諡，亦並漏之。《器服略》器則所載尊彝爵觶之制，制既不詳，又與《金石略》復出，服則全抄杜佑《通典》之《嘉禮》。其禮、樂、職官、食貨、選舉、刑法六略亦但刪錄《通典》，無所辯證。至《職官略》中，以《通典》注所引之典故，悉改為案語大書，更為草率矣。《藝文略》則分門太繁。又韓愈《論語解》，論語類前後兩出。張弧《素履子》，儒家、道家兩出。劉安《淮南子》，道家、雜家兩出。荊浩《筆法記》，乃論畫之語，而列於法書類。《吳興人物志》、《河西人物志》乃傳記之流，而列於名家類。段成式之《玉格》，乃《酉陽雜俎》之一篇，而列於寶器類，尤為荒謬。《金石略》則鐘鼎碑碣，核以《博古》、《考古》二圖，《集古》、《金石》二錄，脫略至十之七八。《災祥略》則悉抄諸史《五行志》。《草木昆蟲略》則並《詩經》、《爾雅》之注疏亦未能詳覈。蓋宋人以義理相高，於考證之學，罕能留意。樵恃其該洽，睥睨一世，諒無人起而難之。故高視闊步，不復詳檢。遂不能一一精密，致後人多所譏彈也。特其採摭既已浩博，議論亦多警闢。雖純駁互見，而瑕不掩瑜，究非遊談無根者可及。至今資為考鏡，與杜佑、馬端臨書並稱「三通」，亦有以焉。以上出自《四庫提要》，

李勇先等人編《通志珍本彙刊》（巴蜀書社，2022 年版）。

　　《路史》四十七卷　宋羅泌撰。泌字長源，廬陵人。是書成於乾道庚寅（1170）。凡《前紀》九卷，述初三皇至陰康無懷之事。《後紀》十四卷，述太昊至夏履癸之事。《國名紀》八卷，述上古至三代諸國姓氏地理，下逮兩漢之末。《發揮》六卷、《餘論》十卷，皆辨難考證之文。其《國名紀》第八卷，載《封建後論》一篇、《究言》一篇、《必正剟子》一篇、《國姓衍慶紀原》一篇，蓋以類相附。惟歸愚子《大衍數》一篇、《大衍說》一篇、《四象說》一篇，與封建渺無所涉。考《發揮》第一卷之首有《論太極》一篇，《明易彖象》一篇、《易之名》一篇，與《大衍》等三篇為類。疑本《發揮》之文，校刊者以卷帙相連，誤竄入《國名紀》。陳素琪撰《南宋羅泌〈路史〉上古傳說研究》（中國社會科學出版社，2017 年版）。

　　關於別史類的設立問題，《四庫全書總目》卷五十「別史類案」解釋說：「《東觀漢記》、《後漢書補逸》之類，本皆正史也，然書已不完，今又不列於正史，故概入此門。其先後從作者時代，亦與編年類例同。」所謂「上不至於正史，下不至於雜史」，說的是別史有正史之實而無正史之名。其書皆足與正史相輔，而其名則不可以與正史並列，命曰「別史」。因為別史沒有名分，未獲朝廷之功令，故不得稱正史；因為其體同正史，為一代之紀傳，或是對正史加以改編、續編，故與雜史絕不相混。「大宗」之於「別子」，自張之洞以下多不明斯義，以為別史、雜史二類在「事係廟堂，語關軍國」上存在交叉，故時有質疑。其實，別史主要是因史體而立，並非因史事之大小而分。明乎此，則一切可迎刃而解。

第二節　編年類

　　《四庫全書總目·編年類序》云：

　　　　司馬遷改編年為紀傳，荀悅又改紀傳為編年。劉知幾深通史法，而《史通》分敍六家，統歸二體，則編年、紀傳均正史也。其不列為正史者，以班、馬舊裁，歷朝繼作，編年一體，則或有或無，不能使時代相續，故姑置焉，無他義也。今仍搜羅遺帙，次於正史，俾得相輔而行。

　　　　《隋志》史部有起居注一門，著錄四十四部。《舊唐書》載二十九部，並實錄為四十一部。《新唐書》載二十九部，存於今者《穆天

子傳》六卷、溫大雅《大唐創業起居注》三卷而已。《穆天子傳》雖編次年月，類小說傳記，不可以為信史。實惟存溫大雅一書，不能自為門目，稽其體例，亦屬編年。今併合為一，猶《舊唐書》以實錄附起居注之意也。

　　四庫著錄三十八部，著名的有：《竹書紀年》、《漢紀》、《後漢紀》、《元經》、《大唐創業起居注》、《資治通鑒》、《資治通鑒考異》、《通鑒釋例》、《稽古錄》、《通鑒外紀》、《皇王大紀》、《中興小紀》、《續資治通鑒長編》、《建炎以來繫年要錄》、《宋史全文》、《通鑒前編》、《通鑒續編》、《御批通鑒輯覽》、《御定通鑒綱目三編》。關於此類的編纂體例，《四庫全書總目》卷四十七「編年類案」解釋說：「有歷代之編年，《竹書紀年》以下是也；有一代之編年，《漢紀》以下是也。其間或有或無，既不相續，今亦各以作者時代編之，不復以統系為先後。其《通鑒地理通釋》之類，則仍附本書之後，便參閱也。」

　　《資治通鑒》二百九十四卷　宋司馬光撰，元胡三省音注。司馬光於治平二年（1065）受詔撰《通鑒》，於元豐七年（1084）書成奏上。其採用之書，除正史之外，參考雜史達三百二十二種。參與其事的人員：《史記》、《漢書》、《後漢書》屬劉攽，三國、南北朝屬劉恕，唐、五代屬范祖禹。三人皆為通儒碩學。《四庫提要》稱其書網羅宏富，體大思精，為前古之所未有。胡三省匯合群書，訂訛補漏，以成此注。《通鑒》文繁義博，貫穿最難。三省所釋，於象緯推測、地形建置、制度沿革諸大端，極為賅備。關於《通鑒》的研究，早已形成了一門專家之學——「通鑒學」，續修、節選、注釋、評論、改編之作甚多。崔萬秋撰《通鑒研究》（商務印書館，1934 年版），陳垣撰《通鑒胡注表微》（北京輔仁大學，1945 年版；遼寧教育出版社，1997 年版），張須撰《通鑒學》（安徽人民出版社，1981 年版）。

　　《續資治通鑒長編》五百二十卷　宋李燾撰。李燾博極群書，尤究心掌故，踵司馬光《通鑒》之例，備採宋代一祖八宗事蹟，薈粹討論，作為此書。李燾《進狀》自稱：「寧失之繁，毋失之略。」《四庫提要》稱其淹貫詳贍，為讀史者考證之林。王樹民云：「宋人楊仲良曾以李燾之書為依據，編成《皇宋通鑒長編紀事本末》一百五十卷，雖亦有殘缺，而可以重補四庫輯本《長編》的缺佚部分。清人黃以周、秦緗業等據之撰《續資治通鑒長編拾遺》六十卷，是有關《長編》的一部輔助性的著作。」〔註13〕

〔註13〕 王樹民：《史部要籍解題》，中華書局，1980 年版，第 169 頁。

第三節　紀事本末類

《四庫全書總目‧紀事本末類序》云：

> 古之史策，編年而已，周以前無異軌也。司馬遷作《史記》，遂有紀傳一體，唐以前亦無異軌也。至宋袁樞以《通鑒》舊文，每事為篇，各排比其次第，而詳敘其始終，命曰「紀事本末」，史遂又有此一體。

> 夫事例相循，其後謂之因，其初皆起於創，其初有所創。其後即不能不因。故未有是體以前，微獨紀事本末創，即紀傳亦創，編年亦創。既有是體以後，微獨編年相因，紀傳相因，即紀事本末亦相因。因者既眾，遂於二體之外，別立一家。

> 今亦以類區分，使自為門目，凡一書備諸事之本末，與一書具一事之本末者，總匯於此。其不標紀事本末之名，而實為紀事本末者，亦並著錄。若夫偶然記載，篇帙無多，則仍隸諸雜史、傳記，不列於此焉。

四庫著錄二十二部，著名的有：《通鑒紀事本末》、《春秋左氏傳事類始末》、《三朝北盟會編》、《蜀鑒》、《炎徼紀聞》、《宋史紀事本末》、《元史紀事本末》、《平定三逆方略》、《綏寇紀略》、《明史紀事本末》、《繹史》、《左傳紀事本末》、《平臺紀略》。又將《鴻猷錄》、《永陵傳信錄》、《高廟紀事本末》、《三藩紀事本末》四部列入存目。

關於紀事本末類與其他類的比較，王樹民分析得非常精闢：「編年體突出了以時間為中心的歷史發展順序，而割裂了史實的完整性，典志體強調了典章制度和同類史實的統一性，而從縱的方面分裂了歷史的完整性；紀傳體雖為綜合性的體裁，於時間、事類、人物等各方面都能顧及，較編年和典志二體所反映的史實為稍近於全面，可是又產生了各部分間的互相重複和脫節的缺點。紀事本末體的主要優點為以事件為中心，標立題目，而後依時間次序為有系統的敘述，內容簡明扼要，可以免去紀傳體的重複矛盾、編年體的破碎和典志體的分裂等弊端。實則紀事本末體之分立事目，僅能抽取全部歷史的某些方面作有系統的敘述，而不是對於整個歷史作全面有系統的敘述，其本身實未能容納較多的史實，雖然克服了紀傳、編年和典志等三種體裁的缺點，從總的保存史料的作用上看，轉為有遜於三種體裁。因此，紀事本末體在舊史書編纂學中的地位，只是增加了一種新的便於初學者的體裁形式，而不能代替舊的有利

於廣泛保存史料的各種體裁形式。」〔註14〕

《通鑑紀事本末》四十二卷　宋袁樞撰。樞字機仲，建安人。事蹟具鄭鶴聲《表樞年譜》（商務印書館，1930年版）。唐劉知幾作《史通》，敘述史例，首列六家，總歸二體。自漢以來，不過紀傳、編年兩法，乘除互用。然紀傳之法，或一事而復見數篇，賓主莫辨。編年之法，或一事而隔越數卷，首尾難稽。袁樞因司馬光《資治通鑑》，區別門目，以類排纂，每事各詳起訖，自為標題，每篇各編年月，自為首尾。始於「三家之分晉」，終於「周世宗之征淮南」。包括數千年事蹟，經緯明晰，節目詳具，前後始末，一覽了然，遂使紀傳、編年貫通為一，創為新體。朱子稱其書部居門目，始終離合之間，皆曲有微意，於以錯綜溫公之書，乃《國語》之流。《四庫提要》稱其義例極為精密，非《通鑑總類》諸書割裂扯撦者可比。

《三朝北盟會編》　二百五十卷，宋徐夢莘撰。夢莘字商老，臨江人。凡分上、中、下三帙。上為政、宣，二十五卷；中為靖康，七十五卷；下為炎、興，一百五十卷。其起訖年月與史所言合。凡宋、金通和用兵之事，悉為詮次本末。《四庫提要》稱：「自汴都喪敗，及南渡立國之始，其治亂得失，循文考證，比事推求，已皆可具見其所以然，非徒餖飣瑣碎已也。雖其時說部糅雜，所記金人事蹟，往往傳聞失實，不盡可憑。又當日臣僚剳奏，亦多誇張無據之詞。夢莘概錄全文，均未能持擇。要其博瞻淹通，南宋諸野史中，自李心傳《繫年要錄》以外，未有能過之者，固不以繁蕪病矣。」王樹民云：「徐氏所取的史料，博而不精，尤其統治者所發布的事狀之類，其中有十分荒謬為人所共知者，徐氏亦照錄之，不加辨析，成為其書比較嚴重的缺點。如關於抵抗女真貴族入侵的民族英雄岳飛之死，為秦檜之徒所捏造的莫須有的罪狀，徐氏均照原詞收錄。」〔註15〕傅樂素撰《三朝北盟會編考》（文海出版社，1973年版）。

《宋史紀事本末》二十六卷　明陳邦瞻撰。邦瞻字德遠，高安人。馮琦欲倣《通鑑紀事本末》例，論次宋事，分類相比，以續袁樞之書，未就而沒。劉曰梧得其遺稿，因屬邦瞻增訂成編。大抵本於琦者十之三，出於邦瞻者十之七。自「太祖代周」迄「文謝之死」，凡分一百九目。於一代興廢治亂之跡，梗概略具。袁樞義例，最為賅博，其鎔鑄貫串，亦極精密，邦瞻能墨守不變，

〔註14〕王樹民：《史部要籍解題》，中華書局，1980年版，第190～191頁。
〔註15〕王樹民：《史部要籍解題》，中華書局，1980年版，第171頁。

故銓敘頗有條理。諸史之中，《宋史》最為蕪穢，不似《資治通鑒》本有脈絡可尋。此書部列區分，使一一就緒。《四庫提要》稱其書雖稍亞於樞，其尋繹之功乃視樞為倍矣。又稱：「於紀載冗雜之內，實有披榛得路之功。讀《通鑒》者，不可無袁樞之書；讀《宋史》者，亦不可無此一編也。」

第四節　雜史類

《四庫全書總目‧雜史類序》云：

> 雜史之目，肇於《隋書》。蓋載籍既繁，難於條析，義取乎兼包眾體，宏括殊名，故王嘉《拾遺記》、《汲冢璅語》得與《魏尚書》、《梁實錄》並列，不為嫌也。然既係史名，事殊小說，著書有體，焉可無分。

> 今仍用舊文，立此一類。凡所著錄，則務示別裁。大抵取其事繫廟堂，語關軍國，或但具一事之始末，非一代之全編，或但述一時之見聞，只一家之私記，要期遺文舊事，足以存掌故、資考證、備讀史者之參稽云爾。若夫語神怪，供談啁，里巷瑣言，稗官所述，則別有雜家、小說家存焉。

雜史類著錄二十二部：《國語》、《國語補音》、《戰國策注》、《鮑氏戰國策注》、《戰國策校注》、《貞觀政要》、《渚宮舊事》、《東觀奏記》、《五代史闕文》、《五代史補》、《北狩見聞錄》、《松漠紀聞》、《燕翼詒謀錄》、《太平治跡統類前集》、《咸淳遺事》、《大金弔伐錄》、《汝南遺事》、《錢唐遺事》、《平宋錄》、《弇山堂別集》、《革除逸史》、《欽定蒙古源流》。其中以《國語》、《戰國策注》最重要。

《國語》二十一卷　吳韋昭注。昭字宏嗣，雲陽人。《國語》出自何人，說者不一。王樹民《史部要籍解題》認為：「《國語》為彙編之書，非出一時一人之手，這從本書的形式和內容方面，都可以得到充分的證明。」所記之事與《左傳》俱迄智伯之亡，時代亦復相合。中有與《左傳》未符者，猶《新序》、《說苑》同出劉向，而時復牴牾。古人著書，各據所見之舊文，疑以存疑，不似後人輕改。自鄭眾《解詁》以下，諸書並亡，《國語》注存於今者，惟韋昭為最古。黃震《日鈔》嘗稱其簡潔，而先儒舊訓亦往往散見其中。《國語》二十一篇，《漢志》雖載《春秋》後，但無「春秋外傳」之名。《漢書‧律曆志》始稱《春秋外傳》。王充《論衡》云：「《國語》，《左氏》之外傳也。左氏傳經，

詞語尚略，故復選錄《國語》之詞以實之。」劉熙《釋名》亦云：「《國語》亦曰《外傳》。《春秋》以魯為內，以諸國為外，外國所傳之事也。」考《國語》上包周穆王，下暨魯悼公，與《春秋》時代首尾皆不相應，其事亦多與《春秋》無關，繫之《春秋》，殊為不類。《國語》是否為《春秋外傳》，學界一直存在爭議。王樹民《中國史學史綱要》云：「《國語》的編定者，司馬遷有明確的記載，他說：『左丘失明，厥有《國語》。』後世因《國語》之內容大部分同於《左傳》，而自漢代以後，皆謂《左傳》作者為左丘明，甚至混稱《國語》為《春秋外傳》，這些錯誤觀念必須予以清除。首先二書成書的性質不同，《國語》出於編纂，《左傳》則成於撰述；其次左丘與左丘明時代不同，自非一人。」譚獻《復堂日記》云：「《國語》別行，不當謂之外傳，必出左氏之前，故為《春秋》採獲，或左氏得百國寶書，提要為此書，文字不出一手。」但劉咸炘持反對意見。〔註16〕

　　《戰國策》三十三卷　《四庫提要》卷五十一案語：「《漢藝文志》，《戰國策》與《史記》為一類，歷代史志因之。晁公武《讀書志》始改入子部縱橫家，《文獻通考》因之。案：班固稱司馬遷作《史記》，據《左氏》、《國語》，採《世本》、《戰國策》，述《楚漢春秋》，接其後事，迄於天漢。則《戰國策》當為史類，更無疑義。且子之為名，本以稱人，因以稱其所著，必為一家之言，乃當此目。《戰國策》乃劉向裒合諸記並為一編，作者既非一人，又均不得其主名，所謂子者安指乎？公武改隸子部，是以記事之書為立言之書，以雜編之書為一家之書，殊為未允。今仍歸之史部中。」關於《戰國策》的作者問題，清牟庭相《戰國策考》初次提出《戰國策》是蒯通所作。此觀點被羅根澤、金德建等人加以發揮，他們的文章見於《古史辨》第四冊。而齊思和《戰國策著作時代考》則持反對意見。今按，《戰國策》形式上為記言之書，而所記者則以戰國時期遊士的說辭書信等為主。西漢劉向始將這些同性質而不同來源的著作裒合為一編，定名為《戰國策》。曹道衡認為：「從《戰國策》的文章看來，其史料價值雖不如近年來馬王堆出土的《戰國縱橫家書》，而文學價值則較後者為高，且文風亦較統一，由此看來，它在被劉向編定成書前，或許經過了像蒯通這樣的漢初縱橫家加工與潤飾，亦頗有可能。」〔註17〕裴登峰撰《戰

〔註16〕劉咸炘：《劉咸炘學術論集・子學編》，廣西師範大學出版社，2007 年版，第387～388 頁。

〔註17〕曹道衡、劉躍進：《先秦兩漢文學史料學》，中華書局，2005 年版，第 174～175 頁。

國策研究》（社會科學文獻出版社，2012 年版）。

《貞觀政要》十卷　唐吳兢撰。《宋中興書目》稱，兢於《太宗實錄》外，採其與群臣問答之語，作為此書，用備觀戒，總四十篇。書中所記太宗事蹟，以《唐書》、《通鑒》參考，亦頗見牴牾。劉咸炘認為：「太宗治跡焜耀史冊，有媲美成康之譽，而是書又雅絜嚴整，創立分篇之法，為《尚書》之支流，《聖政記》之嚆矢，學者皆寶重之，幾若二典而後有《貞觀政要》，三謨而後有《鄭公諫錄》。以吾觀之，蓋稍過矣。是書所記，兼言與行，太宗之蒙譽在納諫與治效，核諸事實，則納諫多屬虛文，而治效不無誇飾，不必備考，即就《通鑒》所載言之……可知太宗之善政多虛美矣。由是觀之，是書寧可為信史耶？太宗之治非無可取，而其人實多言而少行，好名而鮮實。宋太宗嘗言：『朕覽唐史，見太宗所為，蓋好虛名者也。每為一事，必預張聲勢，然後行之，貴傳簡策，此豈自然乎？』此有見矣。」〔註18〕肖群忠撰《君德論：〈貞觀政要〉研究》（甘肅人民出版社，1995 年版）。楊琪撰《〈貞觀政要〉治道研究》（巴蜀書社，2011 年版）。

特別值得注意的是，館臣將《孤臣泣血錄》、《靖康蒙塵錄》、《靖康紀聞拾遺》、《北狩行錄》、《靖炎兩朝見聞錄》、《建炎時政記》、《建炎通問錄》、《建炎維揚遺錄》、《維揚巡幸記》、《己酉航海記》、《燕雲錄》、《紹興甲寅通和錄》、《順昌戰勝錄》、《回鑾事實》、《采石戰勝錄》、《南渡錄·竊憤錄》、《禦侮錄》、《重明節館伴語錄》、《正隆事蹟記》、《金圖經》、《煬王江上錄》、《使金錄》、《辛巳泣蘄錄》、《使北日錄》、《廣王衛王本末》、《三朝野史》、《南遷錄》等書列入存目，因為這些野史多為當時人寫當時事，無不與宋、金之間的敏感問題有千絲萬縷的聯繫。清人以金人之後自居，對涉及他們老祖宗的醜事諱莫如深，千方百計地將這些書籍予以禁燬。因此，雜史類也是四庫館臣大搞文字獄的一個重災區。

文字獄是造成文獻不足的主要原因之一。或云：「正經，吾能言之，讖緯不足徵也；正史，吾能言之，野史不足徵也。文獻不足故也。足，則吾能徵之也。」正經正史之學，在傳統時代是正統之學，居主導地位，而讖緯、野史則在被擯斥之列。二者相反相成，相互為用，如鳥之兩翼、車一兩輪，缺一不可。如將讖緯、野史全部擯斥，則正經、正史亦不足徵、不可信矣。

〔註18〕劉咸炘：《劉咸炘學術論集·子學編》，廣西師範大學出版社，2007 年版，第389～390 頁。

第五節　詔令奏議類

《四庫全書總目·詔令奏議類序》云：

> 記言、記動，二史分司。起居注，右史事也；左史所錄蔑聞焉。
> 王言所敷，惟詔令耳。《唐志》史部初立此門。黃虞稷《千頃堂書目》
> 則移制誥於集部，次於別集。夫渙號明堂，義無虛發，治亂得失，
> 於是可稽。此政事之樞機，非僅文章類也。抑居詞賦，於理為褻。
> 《尚書》誓誥，經有明徵。今仍載史部，從古義也。
>
> 《文獻通考》始以奏議自為一門，亦居集末。考《漢志》載《奏
> 事》十八篇，列《戰國策》、《史記》之間，附《春秋》末。則論事之
> 文，當歸史部，其證昭然。今亦並改隸，俾易與紀傳互考焉。

一、詔令

四庫著錄十部，其中八部為清代太祖、太宗、世祖、聖祖、世宗的聖訓：《太祖高皇帝聖訓》、《太宗文皇帝聖訓》、《世祖章皇帝聖訓》、《聖祖仁皇帝聖訓》、《世宗憲皇帝聖訓》、《世宗憲皇帝上諭八旗·上諭旗務議覆·諭行旗務奏議》、《世宗憲皇帝上諭內閣》、《世宗憲皇帝朱批諭旨》。編例以專集居前，總集居後，但考慮到王室的尊嚴，故將聖訓聖諭弁冕此門，反而前代詔令《唐大詔令集》、《兩漢詔令》二種列後。《四庫全書總目》卷五十五「詔令奏議類詔令之屬案」云：「詔令之美，無過漢唐。《唐大詔令》為宋敏求搜輯而成，多足以裨史事。《兩漢詔令》雖取之於三史，然匯而聚之，以資循覽，亦足以觀文章爾雅，訓詞深厚之遺。兩宋以後，國政得失多見於奏議，內外制亦多散見於諸集，故所錄從略焉。」

《唐大詔令集》一百三十卷　宋宋敏求編。敏求嘗預修《唐書》，又私撰唐武宗以下《實錄》一百四十八卷，於唐代史事最為諳悉。此集乃本其父綬手輯之本，重加緒正，為三十類。自序稱：「繕寫成編，會忤權解職。顧翰墨無所事，第取唐詔令目其集而弆藏之。」唐有天下三百年，號令文章，粲然明備。敏求父子復為裒輯編類，使一代高文典冊眉列掌示，頗足以資考據，故《四庫提要》以「典故之淵海」稱之。

二、奏議

此屬之下又分專集、總集二目。四庫著錄二十九部，專集如《政府奏議》、《包孝肅奏議》（宋包拯撰）、《盡言集》（宋劉安世撰）等，「以上所錄皆以奏

議自為一集者，其或編入文集之中，則仍著錄於集部。」總集如《諸臣奏議》（宋趙汝愚編）、《歷代名臣奏議》、《名臣經濟錄》（明黃訓編）、《欽定明臣奏議》。

《政府奏議》二卷　宋范仲淹撰。分治體、邊事、薦舉、雜奏四類，凡八十五篇。

《歷代名臣奏議》三百五十卷　明黃淮、楊士奇等奉敕編。其自商周，迄於宋元，分六十四門。《四庫提要》稱：「名目未免太繁，區分往往失當。又如文王、周公、太公、孔子、管仲、晏嬰、鮑叔、慶鄭、宮之奇、師曠、麥丘邑人諸言，皆一時答問之語，悉目之為奏議，則《尚書》揚言何一不可採入？亦殊蹐駁失倫。然自漢以後，收羅大備。凡歷代典制沿革之由，政治得失之故，實可與《通鑒》、『三通』互相考證。當時書成，刊印僅數百本，頒諸學宮，而藏板禁中，世頗希有。崇禎間，太倉張溥始刻一節錄之本。此本為永樂時頒行，原書猶稱完善，雖義例蕪雜，而採摭賅備，固亦古今奏議之淵海也。」《絳雲樓書目》引陳景雲注云：「此書乃皇太子奉敕令儒臣編類者，及成書進覽刊布，既無御製序文，又不列修書諸臣職名。蓋是時太子方監國南京，正危疑之際也。」王樹民云：「這些奏章雖然是從統治者的立場上說話，為統治者出謀劃策，卻暴露了許多事實真相，這種資料在一般史書中是比較少見的。」〔註19〕

《四庫全書總目》卷五十五《欽定明臣奏議提要》云：「時代既近，殷鑒尤明。將推溯勝國之所以亡，與昭代之所以興者，以垂訓於無窮，故重其事也。考有明一代，惟太祖以大略雄才混一海內，一再傳後，風氣漸移，朝論所趨，大致乃與南宋等。故二百餘年之中，士大夫所敷陳者，君子置國政而論君心，一札動至千萬言，有如策論之體；小人捨公事而爭私黨，一事或至數十疏，全為訐訟之詞。迨其末流，彌增詭薄，非惟小人牟利，即君子亦不過爭名。臺諫鬨於朝，道學嘩於野，人但知兵防吏治之日壞，不知其所以壞者由閣臣，奄豎為之奧援。人知閣臣奄豎之日訌，不知其所以訌者由門戶，朋黨為之煽構。蓋宋人之弊，猶不過議論多而成功少，明人之弊，則直以議論亡國而已矣。然一代之臣，多賢奸並進，無人人皆忠之理，亦無人人皆佞之理。即一人之身，多得失互陳，無言言皆是之事，亦無言言皆非之事。是以眾芳蕪穢之時，必有名臣碩輔挺出於其間。群言淆亂之日，必有讜論嘉謨捍柱於其際。所謂披

沙簡金，在乎謹為持擇也。是編稟承訓示，辨別瑕瑜，芟薙浮文，簡存偉議，研求史傳，以後效驗其前言。考證情形，以眾論歸於一是。譬諸童謠婦唱，一經尼山之刪定，而列在六經。一代得失之林，即千古政治之鑒也。至於人非而言是，不廢搜羅；論正而詞乖，但為刪潤聖德之廣，一善不遺，聖度之宏大公無我，尤非尋常所可測量矣。」清人總結明代興亡之理，作為前車之鑒。其意本善，但他們借機大肆刪改歷史文獻，對此類做了大量的手腳。又將《密勿稿》（明毛紀撰）、《沖庵撫遼奏議》（明顧養謙撰）等九十部列入存目，因為這些奏議多涉及明清之爭，其中有很多不利於清人的話。研究明清歷史的學者，應該根據檔案材料，重新編纂足以信今傳後的奏議彙編。

第六節　載記類

《四庫全書總目・載記類序》云：

> 五馬南浮，中原雲擾，偏方割據，各設史官，其事蹟亦不容泯滅。故阮孝緒作《七錄》，「偽史」立焉。《隋志》改稱「霸史」，《文獻通考》則兼用二名。然年祀綿邈，文籍散佚，當時僭撰久已無存；存於今者，大抵後人追記而已。曰「霸」，曰「偽」，皆非其實也。

> 案：《後漢書・班固傳》稱撰平林、新市、公孫述事為「載記」；《史通》亦稱平林、下江諸人《東觀》列為「載記」；又《晉書》附敘十六國，亦云「載記」，是實立乎中朝，以敘述列國之名。今採錄《吳越春秋》以下述偏方僭亂遺跡者，準《東觀漢記》、《晉書》之例，總題曰「載記」，於義為允。惟《越史略》一書為其國所自作，僭號紀年，真為偽史，然外方私記，不過附存，以聲罪示誅，足昭名分，固無庸為此數卷別區門目焉。

四庫著錄二十一部，著名的有：《吳越春秋》、《越絕書》、《華陽國志》、《十六國春秋》、《蠻書》、《南唐書》（馬令撰）、《南唐書》（陸游撰）、《吳越備史》、《安南志略》、《十國春秋》。又附錄二部：《朝鮮史略》、《越史略》。

《吳越春秋》十卷　漢趙曄撰。是書前有舊序稱：「隋、唐《經籍志》皆云十二卷，今存者十卷，殆非全書。又云楊方撰《吳越春秋削繁》五卷，皇甫遵撰《吳越春秋傳》十卷，此二書今人罕見，獨曄書行於世。《史記》注有徐廣所引《吳越春秋》語，而《索隱》以為今無此語。他如《文選注》引季札見遺金事，《吳地記》載闔閭時夷亭事及《水經注》嘗載越事數條，類皆援據《吳

越春秋》。今曄本咸無其文。」本書在結構安排上有較為明確的總體設計：在吳國，以伍子胥復仇為主線，把描寫吳國歷史的五篇傳記貫穿起來；而在越國，則以越王句踐復國為綱目，勾勒出清晰的歷史畫面。因此，《吳越春秋》的敘事就比《史記》更有連貫性，更完整。〔註20〕

《越絕書》十五卷　隋、唐《志》皆云子貢作，而書末《敘外傳記》以廋詞隱其姓名，通常認為此書為會稽袁康所作，吳平所定。李步嘉先生認為：「《越絕書》成書當在東漢末年袁術佔據淮南之時，並經過三國時期的增補改編，最後定型於西晉初年。其作者當為袁術身邊之人。『袁康』、『吳平』係隱語，真實作者不明。」〔註21〕劉躍進認為：「《越絕書》確實出現了東漢時人的口吻，但是同樣不能據以斷定就一定是東漢人所作。很可能的解釋是，袁康、吳平二人所作的工作就像劉向、王逸等人編輯整理先秦文集一樣，只是對於前代作品作了加工整理。因此，《隋書·經籍志》著錄是子貢所作的說法，似乎也不應輕易否定。」〔註22〕《四庫提要》稱：「其文縱橫曼衍，與《吳越春秋》相類，而博麗奧衍則過之。中如計倪、內經、軍氣之類，多雜術數家言，皆漢人專門之學，非後來所能依託也。」

《華陽國志》十二卷附錄一卷　晉常璩撰。其書所述，始於開闢，終於永和三年（138）。分為《巴志》、《漢中志》、《蜀志》、《南中志》、《公孫劉二牧志》、《劉先主志》、《劉後主志》、《大同志》、《李特雄期壽勢志》、《先賢士女總贊論》、《後賢志》、《序志》、《三州士女目錄》。本書是古代地方性的史書中比較完整的一部，其中有許多史料為一般史書所未載。任乃強撰《華陽國志校補圖注》（上海古籍出版社，1987年版）。李勇先等編《百年〈華陽國志〉研究論集》（四川大學出版社，2014年版）。汪啟明撰《〈華陽國志〉繫年考校》（中國社會科學出版社，2000年版）。劉琳撰《〈華陽國志〉校注》（巴蜀書社，1984年版）。

《南唐書》三十卷　宋馬令撰。其書首為先主書一卷，嗣主書三卷，後主書一卷，蓋用《蜀志》稱主之例；次女憲傳一卷，列后妃公主，而附錄列女二人；次宗室傳一卷，列楚王景遷等十二人，而從度、從信二人有錄無書；次義養傳一卷，列徐溫及其子六人，附錄二人；次為列傳四卷；次儒者傳二卷；

〔註20〕曹道衡、劉躍進：《先秦兩漢文學史料學》，中華書局，2005年版，第372頁。
〔註21〕李步嘉：《越絕書研究》，上海古籍出版社，2003年版，第302～305頁。
〔註22〕曹道衡、劉躍進：《先秦兩漢文學史料學》，中華書局，2005年版，第375頁。

次隱者傳一卷;次義死傳;二卷次廉隅傳、次苛政傳共二卷。次誅死傳一卷。次黨與傳二卷;次歸明傳二卷;次方術傳一卷、談諧傳一卷,皆優人也,而附以迂儒彭利用;次浮屠傳、次妖賊傳共一卷、次叛臣傳一卷;次滅國傳二卷,閩王氏、楚馬氏也;次《建國譜》、次《世系譜》共一卷。《建國譜》者,即地理志;《世系譜》者,敘李氏所自出。每序贊之首,必以「嗚呼」發端,蓋欲規仿歐陽修《五代史記》,頗類東施效顰。對於詩話、小說不能割愛,多所徵引,不免蕪雜瑣碎。又如《建國譜》、《世系譜》有乖史體,均不及陸游重修之本。

《南唐書》十八卷 宋陸游撰。元天曆初,金陵戚光為之音釋。后妃、諸王傳置之群臣之後,雜藝、方士傳列於忠義之前,揆以體例,亦為未允。其書簡核有法。讀其書者,取其敘述之簡潔可也。

第七節 史評類

《四庫全書總目·史評類》云:

> 《春秋》筆削,議而不辨,其後三傳異詞。《史記》自為序贊,以著本旨,而先黃老,後六經,退處士,進奸雄,班固復異議焉。此史論所以繁也。其中考辨史體,如劉知幾、倪思諸書,非博覽精思,不能成帙,故作者差稀。至於品騭舊聞,抨彈往跡,則才翻史略,即可成文,此是彼非,互滋簧鼓,故其書動至汗牛。又文士立言,務求相勝,或至鑿空生義,僻謬不情。如胡寅《讀史管見》譏晉元帝不復牛姓者,更往往而有。故瑕類叢生,亦惟此一類為甚。
>
> 我皇上綜括古今,折衷眾論,欽定《評鑑闡要》及《全韻詩》,昭示來茲,日月著明,爝火可息。百家譸語,原可無存。以古來著錄舊有此門,擇其篤實近理者,酌錄數家,用備體裁云爾。

此類四庫著錄二十二部,著名者有:《史通》、《唐鑑》、《唐史論斷》、《唐書直筆》、《通鑑問疑》、《六朝通鑑博議》、《大事記講義》、《兩漢筆記》、《舊聞證誤》、《通鑑答問》、《歷代名賢確論》、《十七史纂古今通要》、《御批通鑑綱目》、《御製評鑑闡要》等。又將《史通會要》等一百部列入存目。詩文不妨亂彈,史評只準欽定。因為在皇帝時代歷史的解釋權、評判權一直被皇室壟斷。

《史通》二十卷 唐劉知幾撰。此書成於景龍四年(710)。凡內篇十卷,三十九篇,外篇十卷,十三篇。內篇《體統》、《紕繆》、《弛張》三篇,有錄無

書。內篇論史家體例，辨別是非。外篇述史籍源流及雜評古人得失，文或與內篇重出，又或牴牾。觀開卷《六家》篇首稱：「自古帝王文籍，外篇言之備矣。」是先有外篇，乃擷其精華以成內篇。《四庫提要》評曰：「子玄於史學最深，又領史職幾三十年，更歷書局亦最久。其貫穿今古，洞悉利病，實非後人之所及。而性本過剛，詞復有激，詆訶太甚，或悍然不顧其安。《疑古》、《惑經》諸篇，世所共詬，不待言矣。即如《六家》篇譏《尚書》為例不純，《載言》篇譏左氏不遵古法，《人物》篇譏《尚書》不載八元、八愷、寒浞、飛廉、惡來、閎夭、散宜生，譏《春秋》不載由余、百里奚、范蠡、文種、曹沫、公儀休、寧戚、穰苴，亦殊謬妄。至於史家書法，在褒貶不在名號，昏暴如幽、厲，不能削其王號也。而《稱謂》篇謂晉康、穆以下諸帝，皆當削其廟號。朱雲之折檻，張綱之埋輪，直節凜然，而《言語》篇斥為小辨，史不當書。蓬瑗位列大夫，未嘗棲隱，而《品藻》篇謂《高士傳》漏載其名。孔子門人欲尊有若，事出《孟子》，定不虛誣，而《鑒識》篇以《史記》載此一事，其鄙陋甚於褚少孫。皆任意抑揚，偏駁殊甚。其他如《雜說》篇指趙盾魚飧，不為菲食，議公羊之誣；并州竹馬，非其土產，譏《東觀漢記》之謬，亦多瑣屑支離。且《周禮》太史掌國之六典，小史掌邦國之志，則史官兼司掌故，古之制也。子玄之意，惟以褒貶為宗，餘事皆視為枝贅。故《表曆》、《書志》兩篇，於班、馬以來之舊例，一一排斥，多欲刪除，尤乖古法。餘如譏《後漢書》之採雜說，而自據《竹書紀年》、《山海經》；譏《漢書·五行志》之舛誤，而自以元暉之《科錄》為魏濟陰王暉業作；以《後漢書·劉虞傳》為在《三國志》中，小小疏漏，更所不免。然其縷析條分，如別黑白，一經抉摘，雖馬遷、班固，幾無詞以自解免。亦可云載筆之法家，著書之監史矣。」

　　《唐鑒》二十四卷　宋范祖禹撰。先祖司馬光奉詔修《通鑒》，祖禹為編修官之一，分掌唐史，以其所自得者著成此書。上自高祖，下迄昭、宣，撮取大綱，繫以論斷，為卷十二。後來呂祖謙為作注，於是分為二十四卷。張端義《貴耳集》亦記宋高宗與講官言：「讀《資治通鑒》，知司馬光有宰相度量；讀《唐鑒》，知范祖有臺諫手段。」《朱子語錄》謂其議論弱，又有不相應處。王懋竑《白田雜著》亦曰：「范淳夫《唐鑒》，言有治人，無治法。朱子嘗鄙其論，以為苟簡。而晚年作《社倉記》，則亟稱之，以為不易之論，而自述前言之誤。蓋其經歷已多，故前後所言有不同者，讀者宜詳考焉，未可執其一說以為定也。」

第八節　地理類

《四庫全書總目・地理類序》云：

> 古之地志，載方域、山川、風俗、物產而已，其書今不可見。
> 然《禹貢》、《周禮・職方氏》其大較矣。《元和郡縣志》頗涉古蹟，
> 蓋用《山海經》例。《太平寰宇記》增以人物，又偶及藝文，於是為
> 州縣志書之濫觴。元、明以後，體例相沿。列傳侔乎家牒，藝文溢
> 於總集。末大於本，而輿圖反若附錄。其間假借誇飾以侈風土者，
> 抑又甚焉。王士禛稱《漢中府志》載木牛流馬法，《武功縣志》載《織
> 錦璇璣圖》，此文士愛博之談，非古法也。然踵事增華，勢難遽返。
> 今惟去泰去甚，擇尤雅者錄之。凡蕪濫之編，皆斥而存目。

> 其編類：首宮殿疏，尊宸居也；次總志，大一統也；次都會郡
> 縣，辨方域也；次河渠，次邊防，崇實用也；次山川，次古蹟，次雜
> 記，次遊記，備考核也；次外紀，廣見聞也。若夫《山海經》、《十洲
> 記》之屬，體雜小說，則各從其本類，茲不錄焉。

地理類下分十小類：

一、宮殿疏

四庫僅著錄二部：《三輔黃圖》、《禁扁》。《四庫全書總目》說明此類成立
之理由：「《太平御覽》所引有漢宮殿疏，劉知幾《史通》所引有晉宮闕名，皆
自為記載，不與地志相雜。今別立子目，冠於地理類之首。」

《三輔黃圖》六卷　相傳為六朝人撰寫，陳直認為中唐以後人所作。其書
皆記長安古蹟，間及周代靈臺、靈囿諸事，然以漢為主。亦間及河間日華宮、
梁曜華宮諸事，而以京師為主，故稱《三輔黃圖》。三輔者，謂長安以東為京
兆，以北為左馮翊，渭城以西為右扶風。《四庫提要》稱：「所紀宮殿苑囿之
制，條分縷析，至為詳備，考古者恒所取資。」此書是研究秦漢歷史，特別是
研究秦漢長安、咸陽歷史地理的可貴資料。陳直撰《三輔黃圖校證》（陝西人
民出版社，1980 年版），何清谷撰《三輔黃圖校釋》（中華書局，2005 年版）、
《三輔黃圖校注》（三秦出版社，2006 年版）。

二、總志

四庫僅著錄七部：《元和郡縣志》、《太平寰宇記》、《元豐九域志》、《輿地
廣記》、《方輿勝覽》、《明一統志》、《大清一統志》。此類收全國性的志書。

《元和郡縣志》四十卷　唐李吉甫撰。前有吉甫原序，稱起京兆府，盡隴右道，凡四十七鎮，成四十卷，每鎮皆圖在篇首，冠於敘事之前，並目錄兩卷，共成四十二卷，故名曰《元和郡縣圖志》。後有淳熙二年程大昌跋，稱圖至今已亡，獨志存焉。《書錄解題》稱《元和郡縣志》四十卷。此本又闕第十九卷、二十卷、二十三卷、二十四卷、二十六卷（應為三十五卷——引者注）、三十六卷，其第十八卷則闕其半，二十五卷亦闕二頁。篇目斷續，頗難尋檢。考《水經注》，本四十卷，至宋代佚其五卷，故水名闕二十一。南宋刊版仍均配為四十卷，使相聯屬。現在傳本僅三十四卷。

《太平寰宇記》一百九十三卷　宋樂史撰。《四庫提要》稱：「其書採摭繁富，惟取賅博，後來方志必列人物藝文者，其體皆本於史。蓋地理之書記載至是書而始詳，體例亦至是而大變。然史書雖卷帙浩博，而考據特為精覈，要不得以末流冗雜追咎濫觴之源矣。」張保見撰《樂史〈太平寰宇記〉的文獻學價值與地位研究》（四川大學出版社，2021 年版）。

《元豐九域志》十卷　宋王存等奉敕撰。其書始於四京，終於省。廢州、軍及化外羈縻州。凡州縣皆依路分隸。首具赤、畿、望、緊、上、中、下之名，次列地理，次列戶口，次列土貢。每縣下又詳載鄉鎮，而名山大川之目亦並見焉。其於距京距府旁郡交錯四至八到之數，縷析最詳，深得古人辨方經野之意。敘次亦簡潔有法。趙與時《賓退錄》尤稱其「土貢」一門備載貢物之額數，足資考核，為諸志之所不及。文直事核，其書最為當世所重。

《輿地廣記》三十八卷　宋歐陽忞撰。其書前四卷敘歷代疆域，五卷以後列宋郡縣名，體例特為清晰。《四庫提要》稱：「端委詳明，較易尋覽，亦輿記中之佳本。」黃丕烈有士禮居覆宋本，顧千里亦有校本。金陵書局重刊士禮居覆宋本，較原本為佳。

《方輿勝覽》七十卷　宋祝穆撰。書成於理宗時。所記分十七路，各繫所屬府、州、軍於下，而以行在所臨安府為首。蓋中原隔絕，久已不入輿圖，所述者惟南渡疆域而已。書中體例，大抵於建置沿革、疆域、道里、田賦、戶口、關塞、險要他志乘所詳者，皆在所略，惟於名勝古蹟，多所臚列。而詩賦序記，所載獨備。《四庫提要》云：「蓋為登臨題詠而設，不為考證而設。名為地記，實則類書也。然採摭頗富，雖無裨於掌故，而有益於文章。擷藻揚華，恒所引用。故自宋元以來，操觚家不廢其書焉。」《儀顧堂題跋》卷四《宋槧方輿勝覽跋》亦云：「《提要》謂名為地記，實則類書，誠篤論也。」2012 年上

海古籍出版社推出了《宋本方輿勝覽》末附人名引書地名索引。

　　《大清一統志》五百卷　乾隆二十九年奉敕撰。是書初於乾隆八年纂輯成書。每省皆先立統部，冠以圖表。首分野，次建置沿革，次形勢，次職官，次戶口，次田賦，次名宦，皆統括一省者也。其諸府及直隸州又各立一表，所屬諸縣繫焉。皆首分野，次建置沿革，次形勢，次風俗，次城池，次學校，次戶口，次田賦，次山川，次古蹟，次關隘，次津梁，次堤堰，次陵墓，次寺觀，次名宦，次人物，次流寓，次列女，次仙釋，次土產。各分二十一門，共成三百四十二卷。又附錄外藩及朝貢諸國。

三、都會郡縣

　　記載各省縣地方志者皆入此類。四庫著錄四十七部，著名者有：《吳郡圖經續記》、《乾道臨安志》、《淳熙三山志》、《吳郡志》、《新安志》、《剡錄》、《嘉泰會稽志》、《嘉定赤城志》、《寶慶四明志》、《澉水志》、《景定建康志》、《咸淳臨安志》、《欽定日下舊聞考》等。《四庫全書總目》尤為推重《武功縣志》、《朝邑縣志》二種。《朝邑縣志》提要云：「古今志乘之簡，無有過於是書者，而宏綱細目，包括略備。蓋他志多誇飾風土，而此志能提其要，故文省而事不漏也。然敘次點綴，若有餘閒，寬然無局促束縛之跡。自明以來，關中輿記惟康海《武功縣志》與此志最為有名，論者謂《武功志》體例謹嚴，源出《漢書》，此志筆墨疏宕，源出《史記》。然後來志乘多以康氏為宗，而此志莫能繼軌，蓋所謂不可無一，不容有二者也。」好的地方志，不僅以其獨特的風土知識、風俗人情引人入勝，也以疏宕之筆墨給人以美的享受。

　　《吳郡志》五十卷　宋范成大撰。凡分三十九門，徵引浩博，而敘述簡核，為地志中之善本。潘景鄭《宋刻吳郡志》云：「石湖《吳郡志》五十卷，刊於宋紹定，初版藏吾邑府學韋刺史祠中，至明代猶完好無闕。迨毛氏重刊時，入祠覓舊板，始存朽木五片，疊香爐下，訪其餘，已入爨煙矣。蓋板片之毀，當在明季，三百年中，遞有傳本，自來藏家不甚經意。至毛氏重刊宋本，遂得珍重於世。」〔註23〕

　　《剡錄》十卷　宋高似孫撰。其書首為縣紀年；次為城境圖；次為官治志，附以今丞簿尉題名；次為社志、學誌，附以進士題名；次為僚驛、樓亭、放生池、版圖、兵籍；次為山水志；次為先賢傳；次為古奇蹟、古阡；次為書；

次為文；次為詩；次為畫；次為紙；次為古物；次為物外記；次為草木禽魚。《四庫提要》稱：「徵引極為該洽，唐以前佚事遺文頗賴以存。其《先賢傳》每事必注其所據之書，可為地志紀人物之法。其《山水記》仿酈道元《水經注》例，脈絡井然，而風景如睹，亦可為地志紀山水之法。統核全書，皆序述有法，簡潔古雅，迴在後來武功諸志之上。」

《欽定日下舊聞考》一百二十卷　乾隆三十九年奉敕撰。因朱彝尊《日下舊聞》原本，刪繁補闕，援古證今，一一詳為考核，定為此本。原書分星土、世紀、形勝、宮室、城市、郊坰、京畿、僑治、邊障、戶版、風俗、物產、雜綴十三門。增列苑囿、官署二門，並前為十五門。《四庫提要》稱：「原本所列古蹟，皆引據舊文，誇多務博，不能實驗其有無，不免傳聞訛舛，彼此互歧，亦皆一一履勘遺蹤，訂妄以存真，闕疑以傳信。所引藝文，或益其所未備，或刪其所可省，務使有關考證，不漏不支。至於列聖宸章，皇上御製，凡涉於神京風土者，悉案門恭載，尤足以昭垂典實，藻繪山川。古來志都京者，前莫善於《三輔黃圖》，後莫善於《長安志》。彝尊原本搜羅詳洽，已駕二書之上。今仰承睿鑒，為之正訛補漏，又駕彝尊原本而上之。」

四、河渠

四庫著錄二十三部，著名的有：《水經注》、《吳中水利書》、《河防通議》、《水道提綱》等書。尤以《水經注》最著，現在有關《水經注》的研究已經形成一門專門的學問。

《水經注》四十卷　後魏酈道元撰。是書為空前之地理鉅著，其地學成就有四：一是水文地理成就，二是地質地貌成就，三是生物地理成就，四是人文地理成就。然自明以來，絕無善本，惟朱謀㙔所校盛行於世，而舛謬亦復相仍。至於經文、注語，諸本率多混淆。戴震考驗舊文，得其端緒，確定義例——凡水道所經之地，經則云「過」，注則云「逕」；經則統舉都會，注則兼及繁碎地名。凡一水之名，經則首句標明，後不重舉；注則文多旁涉，必重舉其名以更端。凡書內郡縣，經則但舉當時之名；注則兼考故城之跡。錢大昕《跋水經注新校本》云：「吾友戴東原校刊《水經》，於經注混淆之處一一釐正，可謂大有功於酈氏矣。」〔註24〕

關於《水經注》學術公案，張元濟《永樂大典本水經注跋》云：「趙氏成

―――――――――
〔註24〕錢大昕：《潛研齋文集》卷二十九。

書在前而書出在後，戴氏反之，於是二家爭端以起。祖戴者謂依據《大典》原本，經注分別之三例，為戴氏所發明。祖趙者謂分經分注，見於全氏之七校本，而趙氏因之，戴氏竊據潤飾，偽託《大典》，以掩其跡。主前說者有孔氏繼涵、段氏玉裁、程氏易疇；主後說者有魏氏源、張氏穆、楊氏守敬；而調停其間者為王氏先謙。聚訟紛紜，幾為士林一大疑案。今何幸異書特出，百數十年之癥結渙然冰釋。是書之幸，亦讀者之幸也。」〔註 25〕文淵閣本卷首提要（或稱「校上案語」）注明為「乾隆四十四年（1779）二月恭校上」，而戴震早於兩年前即乾隆四十二年（1777）已歸道山。筆者認為：「《水經注》提要基本上是根據清高宗的旨意重擬而成。」〔註 26〕

五、邊防

　　四庫僅著錄二部：《籌海圖編》、《鄭開陽雜著》。均講江防、海防形勢。

　　《籌海圖編》十三卷　明胡宗憲撰。宗憲字汝貞，號默林，安徽績溪人。是書首載輿地全圖、沿海沙山圖，次載王官使倭略、倭國入貢事略、倭國事略，次載廣東、福建、浙江、直隸、登萊五省沿海郡縣圖、倭變圖、兵防官考及事宜，次載倭患總編年表，次載寇蹤分合圖譜，次載大捷考，次載遇難殉節考，次載經略考。

　　《鄭開陽雜著》十一卷　明鄭若曾撰。若曾字伯魯，號開陽，崑山人。嘉靖初貢生。是書舊分《籌海圖編》、《江南經略》、《四隩圖論》等編，本各自為書，康熙中其五世孫起泓及子定遠又重新編次，定為《萬里海防圖論》二卷、《江防圖考》一卷、《日本圖纂》一卷、《朝鮮圖說》一卷、《安南圖說》一卷、《琉球圖說》一卷、《海防一覽圖》一卷、《海運全圖》一卷、《黃河圖議》一卷、《蘇松浮糧議》一卷。若曾佐胡宗憲幕，平倭寇有功。此書江防海防形勢皆所目擊，得其實據，非剽掇史傳以成書。

六、山川

　　四庫僅著錄七部：《南嶽小錄》、《廬山記》、《赤松山志》、《西湖遊覽志》、《桂勝・桂故》、《盤山志》、《西湖志纂》。名山大川往往以其獨特的風景吸引遠方來客。「萬里尋仙不辭遠，一生好入名山遊。」旅行之前若能閱讀相關地方志，旅行時自然會產生更好的效果。下面簡要介紹《南嶽小錄》、《廬山

〔註 25〕張元濟：《張元濟古籍書目序跋彙編》，商務印書館，2003 年版，第 1098 頁。
〔註 26〕詳見拙著《四庫全書總目編纂考》第一章第一節。

記》二種。

《南嶽小錄》一卷　唐道士李沖昭撰。卷首有自序，稱弱年悟道，近歲依師，泊臨嶽門，頻訪靈跡，遍閱古碑及《衡山圖經》、《湘中記》，仍致詰於師資長者、嶽下耆年，或得一事，旋貯篋笥，撮而直書，總成一卷。案書中有咸通年號，當作於唐懿宗以後。書中先列五峰三澗，次敘宮觀、祠廟、壇院之屬，而附以歷代得道飛昇之跡。《四庫提要》稱：「雖黃冠自張其教，不無誇誕之詞，而唐世名山洞府之書，今並無存，此獨以舊本流傳。勝境靈跡，足資掌故，是亦考圖經者所宜徵據矣。」

《廬山記》三卷　宋陳舜俞撰。舜俞字令舉，烏程人。陳舜俞與劉渙遊覽廬山，以六十日之力，盡南北山水之勝，每恨慧遠、周景式輩作山記疏略，而劉渙嘗雜錄聞見，未暇詮次，舜俞因採其說，參以記載耆舊所傳，因取九江圖經、前人雜錄，稽之本史，或親至其處，考驗銘志，參訂耆老，作《廬山記》。其湮沒蕪沒不可復知者，則闕疑焉。凡唐以前碑記，因其有歲月甲子爵里之詳，故並錄之，庶或有補史之助。《四庫提要》稱：「北宋地志傳世者稀，此書考據精覈，尤非後來廬山紀勝諸書所及。雖經殘缺，猶可寶貴，故特錄而存之，以備參考也。」

七、古蹟

四庫僅著錄十四部，著名的有：《洛陽伽藍記》、《吳地記》、《長安志》、《洛陽名園記》、《雍錄》等書。《洛陽伽藍記》、《洛陽名園記》感念廢興，穠麗秀逸，堪稱文學名著。

《洛陽伽藍記》五卷　後魏楊衒之撰。魏自太和十七年作都洛陽，一時篤崇佛法，剎廟甲於天下。及永熙之亂，城郭丘墟。武定五年，衒之行役洛陽，感念廢興，因捃拾舊聞，追敘故跡，以成是書。以城內及四門之外分敘五篇。敘次之後先，以東面三門、南面三門、北面三門各署其新舊之名，以提綱領，體例明晰。《四庫提要》稱：「其文穠麗秀逸，煩而不厭，可與酈道元《水經注》肩隨。其兼敘尒朱榮等變亂之事，委曲詳盡，多足與史傳參證。其他古蹟藝文及外國土風道里，採摭繁富，亦足以廣異聞。」

《洛陽名園記》一卷　宋李格非撰。是書記洛中園囿，自富弼以下凡十九所。李格非自跋云：「天下之治亂，候於洛陽之盛衰；洛陽之盛衰，候於園囿之興廢。」追思當時賢佐名卿，勳業盛隆，能享其樂，非徒誇臺榭池館之美。

八、雜記

四庫著錄二十八部，著名的有：《南方草木狀》、《荊楚歲時記》、《桂林風土記》、《東京夢華錄》、《嶺外代答》、《夢粱錄》、《武林舊事》、《蜀中廣記》。或談特產，或談風土，或記歲時，或談風俗，此類可謂不拘一格，多姿多彩。

《東京夢華錄》十卷　宋孟元老撰。元老蓋北宋舊人，於南渡之後，追憶汴京繁盛而作此書。自都城、坊市、節序、風俗及當時典禮、儀衛，靡不賅載。朝章國制，頗錯出其間，所紀與《宋志》頗有異同，可以互相考證，訂史氏之訛舛。伊永文撰《東京夢華錄箋注》（中華書局，2021 年版）。

九、遊記

四庫僅著錄三部：《遊城南記》、《河朔訪古記》、《徐霞客遊記》。

《徐霞客遊記》十二卷　明徐霞客撰。名弘祖，號霞客，江陰人。霞客少負奇氣，年三十出遊，遍歷東南佳山水。自吳、越而閩、楚，北歷齊、魯、燕、冀、嵩、洛，登華山而歸。旋復由閩之粵，又由終南背走峨嵋，訪恒山，又南過大渡河，至黎雅，尋金沙江，從瀾滄北尋盤江，復出石門關數千里，窮星宿海而還。《四庫提要》稱：「弘祖耽奇嗜僻，刻意遠遊，既銳於搜尋，尤工於摹寫，遊記之夥，遂莫過於斯編。雖足跡所經，排日紀載，未嘗有意於為文，然以耳目所親，見聞較確。且黔滇荒遠，輿志多疏。此書於山川脈絡，剖析詳明，尤為有資考證，是亦山經之別乘、輿記之外篇矣。」此書為日記體遊記，含有豐富的地學內容，涉及地貌、地質、水文、氣候、生物、地理等，是岩溶地貌巨著，具有極高的科學價值，也有較高的文學價值。朱惠榮撰《徐霞客遊記校注》（中華書局，2017 年版）。

十、外紀

四庫著錄十七部，有名的有：《佛國記》、《大唐西域記》、《宣和奉使高麗圖經》、《諸蕃志》、《真臘風土記》、《島夷志略》、《朝鮮賦》、《東西洋考》、《職方外紀》、《皇清職貢圖》、《坤輿圖說》（西洋南懷仁撰）。其中以《大唐西域記》最著名。此類書籍對於中西交通史的研究頗有幫助。

《大唐西域記》十二卷　唐釋玄奘譯，辯機撰。宋法顯作《佛國記》，其文頗略。《唐書‧西域列傳》較為詳覈。此書所序諸國，又多為《唐書》所不載。所列凡一百三十八國。《大唐西域記》成於貞觀二十年，為研究中亞、南亞社會歷史和中外交通的珍貴歷史文獻。季羨林認為：「到了玄奘的《大

唐西域記》，佛教僧侶不但對中國地理學的貢獻達到一個前所未有的水平，而且對印度地理學的貢獻也是巨大的。在當時的歷史背景下，這一部書確實是空前的。」朱羡林撰《大唐西域記校注》（中華書局，1985年版）。

《真臘風土記》　元周達觀撰，是研究真臘古史的重要參考資料。真臘，中國古籍中用以稱七至十七世紀吉蔑王國，位於今柬埔寨。其名始見《隋書》。自唐武德以後屢與中國通使。宋元時期中國商人頗有在其地安家經商者。

《職方外紀》五卷　明西洋人艾儒略撰。其書成於天啟癸亥（1623）。所紀皆絕域風土，為自古輿圖所不載，故曰《職方外紀》。其說分天下為五大州：一曰亞細亞州，二曰歐邏巴州，三曰利未亞州，四曰亞墨利加，五曰墨瓦蠟尼加。前冠以《萬國全圖》，後附以《四海總說》。《四庫提要》稱：「所述多奇異不可究詰，似不免多所誇飾。然天地之大，何所不有，錄而存之，亦足以廣異聞也。」趙方撰《職方外紀校釋》（中華書局，1996年版）。

參考文獻

1. 楊明照：《學不已齋雜著》，上海：上海古籍出版社，1985年版。

2. 劉咸炘：《劉咸炘學術論集·子學編》，桂林：廣西師範大學出版社，2007年版。

3. 王欣夫：《蛾術軒篋存善本書錄》，上海：上海古籍出版社，2002年版。

4. 曹道衡、劉躍進：《先秦兩漢文學史料學》，北京：中華書局，2005年版。

5. 王樹民：《史部要籍解題》，北京：中華書局，1980年版。

6. 王樹民：《中國史學史綱要》，北京：中華書局，1980年版。

7. 潘景鄭：《著硯樓讀書記》，瀋陽：遼寧教育出版社，2002年版。

8. 錢大昕：《嘉定錢大昕全集》，南京：江蘇古籍出版社，1997年版。

9. 張元濟：《張元濟古籍書目序跋彙編》，北京：商務印書館，2003年版。

推薦書目

1. 漢司馬遷：《史記》，北京：中華書局，1982年版。

2. 漢班固：《漢書》，北京：中華書局，1987年版。

3. 宋司馬光：《資治通鑒》，北京：中華書局，1956年版。

4. 陳垣：《通鑒胡注表微》，瀋陽：遼寧教育出版社，1997年版。

5. 李步嘉：《越絕書校釋》，武漢：武漢大學出版，1992 年版。

6. 浦起龍：《史通通釋》，上海：上海古籍出版社，1978 年版。

7. 倉修良：《文史通義新編》，杭州：浙江古籍出版社，2005 年版。

8. 陳橋驛：《水經注校釋》，杭州：杭州大學出版社，1999 年版。

9. 後魏楊炫之撰，周祖謨校釋：《洛陽伽藍記校釋》，上海：上海書店出版社，2000 年版。

10. 明徐弘祖：《徐霞客遊記》，上海：上海古籍出版社，1980 年褚紹唐、吳應壽整理本。

11. 唐辯機撰，季羨林等校注：《大唐西域記校注》，北京：中華書局，1985 年版。

第三章 子 部

　　我們對於子部作了較大的調整，僅保留下列各類：儒家類、道家類、釋家類、兵家類、法家類、雜家類、雜學類、小說家類。其他類或調至技藝部，或工具部，或宗教部。

第一節 儒家類

《四庫全書總目‧儒家類序》云：

　　　　古之儒者，立身行己，誦法先王，務以通經適用而已，無敢自命聖賢者。王通教授河汾，始摹擬尼山，遞相標榜，此亦世變之漸矣。迨托克托等修《宋史》，以道學、儒林分為兩傳，而當時所謂道學者，又自分二派，筆舌交攻。自時厥後，天下惟朱、陸是爭，門戶別而朋黨起，恩仇報復，蔓延者垂數百年。明之末葉，其禍遂及於宗社，惟好名好勝之私心不能自克，故相激而至是也。聖門設教之意其果若是乎？

　　　　今所錄者，大旨以濂、洛、關、閩為宗，而依附門牆、藉詞衛道者則僅存其目。金溪、姚江之派亦不廢所長，惟顯然以佛語解經者則斥入雜家。凡以風示儒者，無植黨，無近名，無大言而不慚，無空談而鮮用，則庶幾孔孟之正傳矣。

　　儒家是崇奉孔子學說的重要學派。崇尚「禮樂」和「仁義」，提倡「忠恕」和「中庸」之道。主張「德治」、「仁政」，重視倫常關係。西漢以後，逐漸成為我國封建社會占統治地位的學派。《漢書‧藝文志》云：「儒家者流，蓋出於

司徒之官，助人君順陽陽明教化者也。遊文於六經之中，留意於仁義之際，祖述堯、舜，憲章文、武，宗師仲尼，以重其言，於道最為高。孔子曰：『如有所譽，其有所試。』唐、虞之隆，殷、周之盛，仲尼之業，已試之效者也。然惑者既失精微，而闢者又隨時抑揚，違離道本，苟以譁眾取寵。後進循之，是以五經乖析，儒學浸衰，此闢儒之患。」

「儒者之患，莫大於門戶。後人論定，在協其平。」儒家類四庫著錄一百一十二部，但以時代先後為序，不問其源出某某，大致又分為三段。館臣著濂洛未出以前之諸儒，以見儒家之初軌；著濂洛之學，以見理學之大要；著元明清之儒家，以明儒學之流變。

在濂洛未出以前的儒家名著有：《孔子家語》、《荀子》、《孔叢子》、《新語》、《新書》、《鹽鐵論》、《說苑》、《新序》、《法言集注》、《潛夫論》、《申鑒》、《中論》、《傅子》、《中說》、《帝範》、《家範》、《帝學》。宋代濂洛以後的有：《太極圖說述解‧通書述解‧西銘述解》、《張子全書》、《注解正蒙》、《二程遺書》、《二程外書》、《二程粹言》、《公是先生弟子記》、《近思錄》、《雜學辨》、《小學集注》、《朱子語類》、《知言》、《大學衍義》、《黃氏日鈔》、《孔子集語》、《朱子讀書法》。元、明兩代有：《讀書分年日程》、《辨惑編》、《治世龜鑑》、《理學類編》、《性理大全書》、《大學衍義補》、《困知記》、《人譜》、《榕壇問業》。清代有：《御定資政要覽》、《聖諭廣訓》、《御定孝經衍義》、《御纂性理精義》、《御纂朱子全書》、《榕村語錄》、《讀朱隨筆》。《御定孝經衍義》不入孝經類，而入此類，殊不可解。

《孔子家語》二十一卷　魏王肅注。王肅《自序》云：「鄭氏學行五十載矣，義理不安，違錯者多，是以奪而易之。孔子二十二世孫有孔猛者，家有其先人之書，昔相從學，頃還家方取以來，與予所論，有若重規疊矩。」是此本自王肅始傳也。考《漢書‧藝文志》，有《孔子家語》二十七卷，顏師古《注》云：「非今所有《家語》。」《禮‧樂記》稱：「舜彈五弦之琴以歌南風。」鄭《注》云：「其詞未聞。」孔穎達《疏》載：肅作《聖證論》，引《家語》「阜財解慍」之詩以難康成。又載馬昭之說，謂《家語》王肅所增加，非鄭所見。朱熹云：「《家語》只是王肅編古錄雜記，其書雖多疵，然非肅所作。」〔註1〕故王柏《家語考》曰：「四十四篇之《家語》，乃王肅自取《左傳》、《國語》、《荀》、《孟》、《二戴記》割裂織成之。孔衍之序，亦王肅自為也。」史繩祖《學齋佔

〔註1〕四庫本《御纂朱子全書》卷五十八。

畢》曰：「《大戴》一書，雖列之十四經，然其書大抵雜取《家語》之書，分析而為篇目，其《公冠篇》載成王冠祝辭，內有『先帝』及『陛下』字，周初豈曾有此！《家語》止稱『王』字，當以《家語》為正。」《四庫提要》云：「《家語》襲《大戴》，非《大戴》襲《家語》。反覆考證，其出於肅手無疑。特其流傳已久，且遺文軼事，往往多見於其中，故自唐以來，知其偽而不能廢也。」關於《孔子家語》成書和真偽等問題，歷來眾說紛紜，莫衷一是。《家語》的成書和流傳是個漫長、複雜的過程，自漢至明均有學者對此進行研究。特別是清代學者，因尊鄭玄之故，力排王肅，以此書為偽造，眾口一詞，范家相撰《家語證偽》，孫志祖撰《家語疏證》，歷引古籍，指為剽竊，幾成定案。戴震、崔述等雖未對《家語》進行深入研究，但卻堅持「偽書說」，從而使「偽書說」一直佔據了學術主流。陳士珂撰《家語疏證》，而命意與孫志祖大異。錢馥、譚獻、沈欽韓、劉咸炘、倫明等皆認為《家語》並非偽書。王承略教授有專文重新估價《家語》的史料價值，可以參考。

　　《荀子》二十卷　周荀況撰。荀子之著書，主於明周、孔之教，崇禮而勸學。其中最為口實者，莫過於《非十二子》及《性惡》兩篇。《四庫提要》云：「平心而論，卿之學源出孔門，在諸子之中最為近正，是其所長；主持太甚，詞義或至於過當，是其所短。韓愈大醇小疵之說，要為定論，餘皆好惡之詞也。」荀子的思想在戰國秦漢時有很大的影響，但因為李斯用韓非法家學術禍秦，後遂不為歷代統治者所喜，亦很少有人研究其學說。自唐代楊倞為之作注後，一直到清代才有學者整理其文本，至晚清時荀子地位飆升，研究荀子思想幾成學界主潮。清中葉王念孫《讀書雜志》有研究《荀子》的記載，郝懿行亦撰《荀子補注》（郝氏叢書本）。晚清王先謙撰《荀子集解》（中華書局，1988年版），成為研究《荀子》的主要參考書。今人李滌生亦撰《荀子集釋》（臺北學生書局，1979年版）。梁啟雄撰《荀子簡釋》（中華書局，1983年版），注釋簡要。關於荀子學術史的研究，馬積高撰《荀學源流》（上海古籍出版社，2000年版），江心力撰《20世紀前期的荀學研究》（中國社會科學出版社，2005年版），前者為通史，後者為斷代史，重點介紹了康有為、譚嗣同、梁啟超、劉師培、章太炎、胡適等人的研究。

　　《孔叢子》三卷　舊本題曰孔鮒撰。記載子上、子高、子順之言行，凡二十一篇。又以孔臧所著賦與書上下二篇附綴於末，別名曰《連叢》。朱子曰：「《孔叢子》乃其所注之人偽作。讀其首幾章皆《左傳》句，已疑之，及讀其

後序，乃謂渠好《左傳》便可見。」又曰：「《孔叢子》說話多類東漢人文，其氣軟弱，又全不似西漢人文。兼西漢初若有此等話，何故不略見於賈誼、董仲舒所述，恰限到東漢方突出來，皆不可曉。」〔註2〕陳振孫《書錄題解》亦謂：「案孔光傳，孔子八世孫鮒，魏相順之子，為陳涉博士，死陳下，則固不得為漢人，而其書記鮒之沒，則又安得以為鮒撰？」《四庫提要》認為「其說當矣」。宋濂《諸子辨》云：「其殆孔氏子孫雜記仲尼、子思、子上、子高、子順、子魚之言行者歟？此偽書也！偽之者其宋咸歟？今觀是書《記問篇》所載，有子思與孔子問答語。子思年止六十二，魯穆公同時人；穆公之立，距孔子之沒七十年，子思疑未長也，而何有答問哉！兼之氣質萎弱，不類西京以前文章，其偽妄昭然可見。」〔註3〕姚際恒《古今偽書考》云：「《漢》、《隋》、《唐志》皆無。宋《中興書目》始有。嘉祐中，宋咸注。前人辨：『《孔光傳》，孔子八世孫鮒……為陳涉博士，死於陳，固不得為漢人；而其書記鮒之沒，其第七卷號《連叢子》者又記太常臧而下，迄延光三年季彥之卒，則又安得為鮒撰！』又書中載孔子與子思問答語。子思年六十三，在魯穆公時；穆公之立距孔子七十年，子思尚或未生，安得有問答之事！……朱仲晦以為即注者偽作，其說近是。若為東漢人，《隋》、《唐志》豈應無乎！」〔註4〕方以智認為：「元瑞謂孔氏子孫雜記其先世之言行也。宋景濂因咸注而以為咸偽作，又疑之太過矣。伯魚卒在孔子前，則子思無不見孔子者，《史記》表不足信也。」〔註5〕孔子與子思問答並非全無可能，孔子之子死在其前，子思必定生於孔子未死之前。孔子年逾古稀，得享高齡，因而有可能教育子思。宋咸、洪邁、高似孫、惠棟、王謨、顧實、羅根澤〔註6〕、黃懷信〔註7〕、付亞庶〔註8〕等皆有說。

　　《新語》二卷　漢陸賈撰。《四庫提要》云：「大旨皆崇王道，黜霸術，歸本於修身用人。漢儒自董仲舒外，未有如是之醇正也。」又疑為後人依託，或

〔註2〕四庫本《御纂朱子全書》卷五十八。

〔註3〕宋濂：《諸子辨》，《古籍考辨叢刊》第一集，社會科學文獻出版社，2010 年版，第 637～638 頁。

〔註4〕姚際恒：《古今偽書考》，《古籍考辨叢刊》第一集，社會科學文獻出版社，2010 年版，第 226 頁。

〔註5〕《通雅》卷三，《四庫全書》第 857 冊，第 117 頁。

〔註6〕羅根澤：《孔叢子探源》，《諸子考索》，人民出版社，1958 年版。

〔註7〕黃懷信：《孔叢子的時代與作者》，《西北大學學報》，1987 年第 1 期。

〔註8〕付亞庶：《孔叢子偽書辨》，《東北師範大學學報》，1994 年第 5 期。

後人因不完之本，補綴五篇，以合本傳舊目，失於考證。

《新書》十卷　漢賈誼撰。其書多取誼本傳所載之文，割裂章段，顛倒次序，加以標題，瞀亂無條理。《朱子語錄》曰：「賈誼《新書》，除了《漢書》中所載，餘亦難得粹者，看來只是賈誼一雜記稿耳，中間事事有些個。」陳振孫亦謂其非《漢書》所有者，輒淺駁不足觀，決非誼本書。《四庫提要》云：「其書不全真，亦不全偽。朱子以為雜記之稿，固未覈其實。陳氏以為決非誼書，尤非篤論也。」

《鹽鐵論》十二卷　漢桓寬撰。昭帝始元六年（前 81），詔郡國舉賢良文學之士，問以民所疾苦，皆請罷鹽鐵榷酤，與御史大夫桑弘羊等建議相詰難。桓寬集其所論為書，凡六十篇，篇各標目，實則反覆問答，諸篇皆首尾相屬。書末《雜論》一節，最推中山劉子雍、九江祝生，於桑弘羊、車千秋深著微詞，蓋其著書之大旨。

《中說》十卷　舊本題隋王通撰。所謂文中子者，實有其人；所謂《中說》者，其子福郊、福畤等纂述遺言，虛相誇飾，亦實有其書。第當有唐開國之初，明君碩輔，不可以虛名動。又陸德明、孔穎達、賈公彥諸人，老師宿儒，布列館閣，亦不可以空談惑。故其人其書，皆不著於當時，而當時亦無斥其妄者。至中唐以後，漸遠無徵，乃稍稍得售其欺耳。《四庫提要》云：「大旨要不甚悖於理。且摹擬聖人之語言，自揚雄始，猶未敢冒其名。摹擬聖人之事蹟，則自通始。」

《張子全書》十四卷　宋張載撰。此本不知何人所編，題曰「全書」，而止有《西銘》一卷，《正蒙》二卷，《經學理窟》五卷，《易說》三卷，《語錄抄》一卷，《文集抄》一卷，又《拾遺》一卷。《四庫提要》云：「張子之學，主於深思自得，本不以著作繁富為長。此本所錄。雖卷帙無多，而去取謹嚴。橫渠之奧論微言，其精英業已備採矣。」

《近思錄》十四卷　宋朱熹與呂祖謙同撰。取周、張、二程之《太極圖說》、《易通》、《西銘》、《正蒙》、《經學理窟》、《二程遺書》、《易傳》等書，分類編纂，分道體、為學、致知、存養、克治、家道、出處、治體、治法、政事、教學、警戒、辨別異端、總論聖賢十四門，凡六百六十二條，為後來性理諸書之祖。朱熹題詞曰：「窮鄉晚進有志於學，而無明師良友以先後之者，誠得此而玩心焉，亦足以得其門而入矣。然後求諸四君子之全書，沉潛反覆，優柔厭飫，以致其博而反諸約焉，則其宗廟之美、百官之富，庶乎其有以盡得之。若

憚煩勞，安簡便，以為取足於此而可，則非今日所以纂集此書之意也。」呂祖謙題詞曰：「後出晚進，於義理之本原，雖未容驟語，苟茫然不識其梗概，則亦何所底？列之篇端，特使知其名義，有所向往而已。至於餘卷所載講學之方，日用躬行之實，自有科級，循是而進，自卑升高，自近及遠，庶不失纂集之旨。若乃厭卑近而騖高遠，躐等凌節，流於空虛，迄無所依據，則豈所謂近思者耶！」書以近思名，蓋取切問近思之義，俾學者致力於日用之實，而不使騖於高遠。論者謂為「五經之階梯」。

《朱子語類》一百四十卷　宋黎靖德編。朱子與門人問答之語，門人各錄為編，曰「池錄」，曰「饒錄」，曰「饒後錄」，曰「建錄」，曰「蜀本」，曰「徽本」。諸本既互有出入，其後又翻刻不一，訛舛滋多。靖德乃裒而編之，刪除重複一千一百五十餘條，分為二十六門，清整易觀。

第二節　道家類

《四庫全書總目・道家類序》云：

> 後世神怪之跡多附於道家，道家亦自矜其異，如《神仙傳》、《道教靈驗記》是也。要其本始，則主於清淨自持，而濟以堅忍之力，以柔制剛，以退為進。故《申子》、《韓子》流為刑名之學，而《陰符經》可通於兵。其後長生之說與神仙家合為一，而服餌、導引入之。房中一家近於神仙者亦入之。鴻寶有書，燒煉入之。張魯立教，符籙入之。北魏寇謙之等又以齋醮、章咒入之。世所傳述，大抵多後附之文，非其本旨。彼教自不能別，今亦無事於區分。然觀其遺書，源流遷變之故，尚一一可稽也。

此序不識道家之全體，對其遺書源流遷變之故語焉不詳。

《鬻子》一卷　舊本題周鬻熊撰。宋濂《諸子辨》云：「其文質，其義弘，實為古書無疑。第年代久邈，篇章舛錯，而經漢儒補綴之手，要不得為完書。黃氏疑為戰國處士所託，則非也。序稱熊見文王時年已九十，其書頗及三監、曲阜時事，蓋非熊自著。或者其徒名政者之所記歟？不然，何有稱『昔者文王有問於鬻子』云！」〔註9〕據文義斷定此書不偽；又據史實及稱引懷疑是鬻熊

〔註9〕宋濂：《諸子辨》，《古籍考辨叢刊》第一集，社會科學文獻出版社，2010年版，第622頁。

自著。楊慎云：「鬻子，文王時人，著書二十二篇，子書莫先焉。今其存者十四篇，皆無可取，似後人贗本無疑也。按賈誼《新書》所引《鬻子》七條，如云和可以守……三軍之士莫不失色。今本亦無，知其為偽書矣。曷取賈誼書中七條補之以冠子書，亦愈於傳贗售偽也。」〔註10〕胡應麟《四部正訛》卷中云：「宋太史謂『其文質，其義弘』。余讀之信然。第如王長公所稱『七大夫』，其名姓誠有可疑者，決非商末周初文字。黃東發以戰國依託，近之。但其書體兼儒、雜，既絕不類《列子》所引語，而《列》所引語亦略不見篇中，故知其決非道家。然亦未必小說家之舊。大概後人掇拾殘剩……乃餘則以不惟其書可疑，熊之遇西伯亦偽也。」〔註11〕《四庫提要》稱：「考《漢書‧藝文志》，道家《鬻子》二十二篇，又小說家《鬻子說》十九篇，是當時本有二書。《列子》引《鬻子》凡三條，皆黃老清靜之說，與今本不類，疑即道家二十二篇之文。今本所載與賈誼《新書》所引六條文格略同，疑即小說家之鬻子說也。或唐以來好事之流，依仿賈誼所引，撰為贗本，亦未可知。其篇名冗贅，古無此體。又每篇寥寥數言，詞旨膚淺，決非三代舊文。姑以流傳既久，存備一家耳。」葉夢得、李燾、高似孫、黃震、王世貞、姚際恒、崔述、譚獻皆有說。

　　《道德經》　老子姓李，名耳，字聃，楚國古縣（今河南鹿邑縣）人。老子是道家學說的開山祖師。老子的五千言，一般稱《道德經》，或稱《老子》。全書分《德篇》和《道篇》兩部分，對「道」和「德」與個人、社會和自然的關係做了全面的闡述，成為道學的最高經典。根據史料考證，老子原著是《德篇》在前、《道篇》在後。後代流傳的通行本《道德經》改為《道篇》在前、《德篇》在後。《道德經》一書集中反映了老子的哲學思想，其中最核心的內容就是對「道」的認識和闡述。老子把「道」看作是宇宙本體、萬物之源，又認為「道」是支配自然中事物運動變化的普遍規律，同時認為「道」是人類的生活方式與處世的方法。唐君毅曾將《道德經》中的「道」概括為「虛裏之道」、「形上道體」、「道相之道」、「同德之道」、「修德之道」、「生活之道」、「為事物及心境人格狀態之道」；陳鼓應則認為《道德經》書中的「道」有三種意義：實存意義的「道」、規律性的「道」、生活準則的「道」。總之，「道」是《道德經》一書的

〔註10〕《丹鉛總錄》卷一二，《四庫全書》第 855 冊，第 461 頁。
〔註11〕胡應麟：《四部正訛》，《古籍考辨叢刊》第一集，社會科學文獻出版社，2010
　　　　年版，第 173 頁。

核心，集中顯現了老子對自然、社會、人生的認識，充滿智慧的光芒。

《列子》八卷　舊本題周列禦寇撰。《列子》又名《沖虛經》。《漢書·藝文志》著錄《列子》八卷，早佚。今本《列子》有大量寓言、民間故事、神話傳說等，書中旨意大致歸同於《老》、《莊》。該書按章節分為《天瑞》、《黃帝》、《周穆王》、《仲尼》、《湯問》、《力命》、《楊朱》、《說符》等八篇，每一篇均有多個寓言故事組成，寓道於事。關於其書的真偽問題，歷來爭議較大。唐柳宗元《辨列子》云：「其《楊朱》、《力命》，疑其楊子書；其言魏牟、孔穿，皆出列子後，不可信。」〔註12〕宋邢凱《坦齋通編》對於《列子》引文「西方有聖人」有所考辨，認為與佛無關。〔註13〕葉大慶《考古質疑》卷三亦認為：「《列子》之書大要與《老子》同，不可以其寓言為實也。」〔註14〕宋濂《諸子辨》云：「柳宗元云……其說要為有據。高氏以其書多寓言而並其人疑之，所謂禦寇者有如鴻蒙、列缺之屬，誤矣。書本黃、老言，決非禦寇所自著，必後人會萃而成者。中載孔穿、魏公子牟及『西方聖人』之事，皆出禦寇後。《天瑞》、《黃帝》二篇雖多設辭，而其『離形去智，泊然虛無，飄然與大化遊』，實道家之要言。至於《楊朱》、《力命》則『為我』之意多；疑即古楊朱書，其未亡者剟附於此。禦寇先莊周，周著書多取其說；若書事簡經宏妙則似勝於周。間嘗熟讀其書，又與浮屠言合……豈其得於心者亦有同然歟？近世大儒謂華梵翻譯師皆竊莊、列之精微以文西域之卑陋者，恐未為至論也。」〔註15〕主要從時代、學術思想、書中所載人物事件以及風格等方面考察，既駁斥了「列子抹殺論」，又對「浮屠竊莊列論」提出了質疑。所謂「豈其得於心者亦有同然歟」，語雖未定，但其中西文化觀比清儒稍高一籌。姚際恒《古今偽書考》云：「後人不察，咸以《列子》中有《莊子》，謂莊子用《列子》；不知實列子用《莊子》也。」列為「有真書雜以偽者」，且對柳宗元、高似孫、洪邁、宋濂、王元美之說大加駁斥：「以諸公號能文者而於文字尚不能盡知，況識別古書乎！又況其下者乎！」〔註16〕這實際上是對那些專門從文字風格方面辨偽的針砭，也是辨

〔註12〕柳宗元：《辨列子》，《古籍考辨叢刊》第一集，社會科學文獻出版社，2010年版，第65頁。
〔註13〕《四庫全書》第853冊，第9頁。
〔註14〕《四庫全書》第851冊，第34～36頁。
〔註15〕宋濂：《諸子辨》，《古籍考辨叢刊》第一集，社會科學文獻出版社，2010年版，第628～629頁。
〔註16〕姚際恒：《古今偽書考》，《古籍考辨叢刊》第一集，社會科學文獻出版社，2010年版，第234～235頁。

偽學方法的一大進步之處。楊伯峻《列子集釋》書末附錄《辨偽偽撰輯略》，著錄 24 條資料，末條乃其自撰論文。近年，嚴靈峰、馬達均有專書證其真，程水金也有專文辨其偽。此重公案迄今沒有定論，仍然需要審慎對待。

《莊子》 周莊子撰。名周，宋國蒙城（今河南商丘）人。生活於戰國中期，做過蒙地的漆園吏。莊子是先秦道家的集大成者，莊子承襲了老子的思想，但又進一步發展了老子的思想。莊子及其學派的思想集中在《莊子》一書中。《莊子》內容豐富而深刻，現存 33 篇文章，包括內篇七、外篇十五、雜篇十一。其中的主要篇目有《逍遙遊》、《齊物論》、《養生主》、《人間世》、《大宗師》、《天地》、《天道》、《知北遊》、《寓言》等。

《道德指歸論》六卷 舊本題漢嚴遵撰。他是西漢時期的一位隱士和思想家，生於川西南平原，年輕時外出學道。又稱《道德真經指歸》或《老子指歸》，這部書是對道家經典《道德經》的詮釋，旨在闡發《道德經》的宗旨，並創立了自己由無生有的宇宙演化論、以無為本的本體論和萬物自生化的思想體系。《四庫全書總目》懷疑此書是偽作，然就書中內容來看，指斥秦楚，頌揚神漢，表現了一定的時代特點；書中解說《道德經》又多引《周易》語句，與嚴遵「以卜筮為業」的情況亦相符合。現通過與馬王堆《老子帛書》的比較研究，進一步肯定了這部書是嚴君平所作。嚴遵的學說在漢、唐、宋時期，對許多道家人士和易玄大家的思想都有影響，經過元、明、清三代的沉寂，現在許多習道之人又重新開始發掘其中的奧義。

《老子河上公章句》 《老子河上公章句》是現存成書較早、影響較大的《道德經》注本，相傳為河上公所撰。河上公大概是戰國時代人，而此書則大約成書於東漢中後期。作為東漢黃老學者的著作，《河上公章句》的主要內容是以漢代流行的黃老學派無為治國、清靜善生的觀點解釋《道德經》。天道與人事相通，治國與治身之道相同，二者皆本於清虛無為的自然之道，這是《河上公章句》的基本思想。《河上公章句》極為重視養生，將養生等同於經世治國，甚至比經世治國還要重要，這是他區別於其他道家流派的獨特之處，明顯帶有東漢黃老學的特徵。其中有些注釋和解說已經完全不同於《道德經》原意，甚至與《道德經》相矛盾，也反映出《河上公章句》以黃老思想解說《道德經》的時代特徵。其中談到的行氣、固精、養神三項養生方術，上承漢代黃老道家之學，下啟魏晉神仙道教，為後世道教徒重視。也正因為此，《河上公章句》被看作是從道家向道教轉型的中間環節。

第三節　釋家類

《四庫全書總目·釋家類序》云：

> 梁阮孝緒作《七錄》，以二氏之文別錄於末。《隋書》遵用其例，亦附於志末，有部數卷數而無書名。《舊唐書》以古無釋家，遂並佛書於道家，頗乖名實。然惟錄諸家之書為二氏作者，而不錄二氏之經典，則其義可從。

> 今錄二氏於子部末，用阮孝緒例；不錄經典，用劉昫例也。諸志皆道先於釋，然《魏書》已稱《釋老志》。《七錄》舊目，載於釋道宣《廣弘明集》者，亦以釋先於道，故今所敍錄，以釋家居前焉。

此序過於簡略，僅講編纂體例，未究佛教本末。《四庫全書》不錄二氏之經典，錄不勝錄也。二氏之經典，在《四庫全書》編纂之前，已形成《道藏》、《佛藏》。《四庫全書》意欲與之分庭抗禮，隱然以《儒藏》與之鼎足而立。關於此問題，可參考拙作《四庫全書總目編纂考》之餘論部分。亦可參考李申《中國儒教史》、《儒學與儒教》等書。

第四節　兵家類

《四庫全書總目·兵家類序》云：

> 《史記·穰苴列傳》稱，齊威王使大夫追論古者司馬兵法，是古有兵法之明證。然《風后》以下皆出依託，其間孤虛王相之說，雜以陰陽五行；風雲氣色之說，又雜以占候。故兵家恒與術數相出入，術數亦恒與兵家相出入，要非古兵法也。其最古者，當以《孫子》、《吳子》、《司馬法》為本。大抵生聚訓練之術，權謀運用之宜而已。

> 今所採錄，惟以論兵為主，其餘雜說，悉別存目。古來偽本，流傳既久者，詞不害理，亦並存以備一家。明季遊士撰述，尤為猥雜，惟擇其著有明效，如戚繼光《練兵實紀》之類者，列於篇。

兵家，古代對軍事家或用兵者的通稱，此處指研究兵法的學派。《漢書·藝文志》云：「兵家者，蓋出古司馬之職，王官之武備也。」上古司馬之職掌軍事。四庫著錄二十部，著名者如《六韜》、《孫子》、《吳子》、《司馬法》、《尉繚子》、《黃石公三略》、《素書》、《李衛公問對》、《太白陰經》、《武經總要》、《虎鈐經》、《何博士備論》、《守城錄》、《武編》、《紀效新書》、《練兵實紀》。

又將《十六策》、《將苑》、《心書》、《兵要望江南歌》、《美芹十論》等偽妄之書四十七部列入存目。

《六韜》六卷 舊本題周呂望撰。考《莊子‧徐无鬼篇》稱「金版六弢」。《經典釋文》曰：「司馬彪、崔撰云：『金版、六弢，皆《周書》篇名，本又作六韜，謂太公六韜：文、武、虎、豹、龍、犬也。』」則戰國之初，原有是名。然即以為《太公六韜》，未知所據。《漢書‧藝文志》兵家不著錄，惟儒家有《周史六弢》六篇，班固自注曰：「惠、襄之間，或曰顯王時，或曰孔子問焉。」則《六弢》別為一書。顏師古注以今之《六韜》當之，毋亦因陸德明之說，而牽合附會歟？《三國志‧先主傳注》始稱，閑暇歷觀諸子及《六韜》、《商君書》，益人志意。《隋志》始載《太公六韜》五卷，注曰：「梁六卷，周文王師姜望撰。」唐、宋諸《志》皆因之。今考其文，大抵詞意淺近，不類古書。《周氏涉筆》謂其書並緣吳起，漁獵其詞，而綴輯以近代軍政之浮談，淺駁無可施用。胡應麟《筆叢》亦謂其《文代》、《陰書》等篇為孫、吳、尉繚所不屑道。然晁公武《讀書志》稱，元豐中，以《六韜》、《孫子》、《吳子》、《司馬法》、《黃石公三略》、《尉繚子》、《李衛公問對》，頒武學，號曰「七書」，則其來已久。談兵之家恒相稱述。姚際恒《古今偽書考》云：「其辭鄙俚，偽託何疑。偽撰之人不識陰符之義，以為符節之符也。」〔註17〕

《孫子》一卷 周孫武撰。《史記‧孫子列傳》載孫武之書十三篇，而《漢書‧藝文志》乃載《孫子兵法》八十二篇，圖九卷。故張守節《正義》以十三篇為上卷，又有中、下二卷。杜牧亦謂孫武書本數十萬言，皆曹操削其繁剩，筆其精粹，以成此書。孫武書為百代談兵之祖。葉適以其人不見於《左傳》，懷疑其書為春秋末、戰國初山林處士之所依託。則確定為孫武所自著，非後人嫁名於孫武。《韓非子‧五蠹》云：「今境內之民皆言治，藏商、管之法者家有之，而國愈貧，言耕者眾，執耒者寡也。境內皆言兵，藏孫、吳之書者家有之，而兵愈弱，言戰者多，被甲者少也。」可見孫、吳之書在先秦已成為暢銷書，家弦戶誦，家喻戶曉。宋濂《諸子辨》云：「自始計至用間，凡十三篇。《藝文志》乃言八十二篇。杜牧信之，遂以為武書數十萬言，魏武削其繁剩，筆其精粹，以成此書。按《史記》云：闔閭謂孫武曰：『子之十三篇，吾盡觀之。』其數與此正合。《漢志》出《史記》後，牧之言要非是。葉適以（孫

武）不見於《左傳》，疑其書乃春秋末、戰國初山林處士之所為。予獨不敢謂然。春秋時，列國之事赴告者則書於策，不然則否。二百四十二年之間，大國若秦、楚，小國若越、燕，其行事不見於經傳者有矣，何獨武哉！」〔註18〕以《史記》所載篇數證今本《孫子兵法》之真，其結論已為《四庫提要》所襲用；駁正杜牧、葉適之誤說，其結論已被銀雀山竹簡《吳孫子》所證實。

《吳子》一卷　周吳起撰。凡《說國》、《料敵》、《治兵》、《論將》、《應變》、《勵士》六篇。吳起嘗受學於曾子，耳儒目染，終有典型，所以持論頗正。如對魏武侯曰：「在德不在險。」論制國治軍曰：「教之以禮，勵之以義。」論為將之道曰：「所慎者五，一曰理，二曰備，三曰果，四曰戒，五曰約。」大抵皆尚有先王節制之遺。高似孫《子略》謂其尚禮義，明教訓，或有得於《司馬法》者。宋濂《諸子辨》云：「較之孫武，則起幾於正，武則一乎奇，其優劣判矣。」〔註19〕以其術與《孫子兵法》比較，斷定《吳子》為優。晁公武始稱唐陸希聲類次之，以為唐人所依託。章太炎亦稱：「此書中所載器具，多非當時所有，想是六朝產品。」〔註20〕

《司馬法》一卷　齊司馬穰苴撰。其言大抵據道依德，本仁祖義，三代軍政之遺規，猶藉存什一於千百。胡應麟《筆叢》惜其以穰苴所言參伍於仁義禮樂之中，不免懸疣附贅。然要其大智，終為近正，與一切權謀、術數迥然有別。姚際恒《古今偽書考》云：「《漢志》以此書列於經之禮類，曰《軍禮司馬法》百五十五篇。言軍禮者本於劉歆《七略》，《周禮》大宗伯有吉、凶、軍、賓、嘉五禮之說，故以之入於禮類，而曰軍禮。其實五禮之說謬妄不足據也。《司馬兵法》之書今不可見；其中必多揖讓儀文……但班氏既分子類，依任宏兵家四種，奈何又以《司馬兵法》入於經之禮類乎？此班氏之誤也。當時百五十五篇，《隋志》三卷不分篇，已亡矣；今此書僅五篇，為後人偽造無疑。凡古傳記所引《司馬法》之文，今書皆無之。其篇首但作仁義膚辭，亦無所謂揖讓之文，間襲《戴記》數語而已。」〔註21〕姚際恒從學術分類、著錄數量、引

〔註18〕宋濂：《諸子辨》，《古籍考辨叢刊》第一集，社會科學文獻出版社，2010 年版，第 632～633 頁。

〔註19〕宋濂：《諸子辨》，《古籍考辨叢刊》第一集，社會科學文獻出版社，2010 年版，第 633 頁。

〔註20〕章太炎：《國學概論》，巴蜀書社，1987 年版，第 15 頁。

〔註21〕姚際恒：《古今偽書考》，《古籍考辨叢刊》第一集，社會科學文獻出版社，2010 年版，第 228 頁。

文、因襲等方面考察，認為《司馬法》乃後人偽造之作。

　　《黃石公三略》三卷　相傳其源出於太公，圯上老人以一編書授張良者即此。自漢以來，言兵法者往往以黃石公為名。是書文義不古，當亦後人所依託。姚際恒《古今偽書考》云：「《漢志》無，《隋志》始有。或又以為黃石公所授，故稱之。《隋志》無以名之，乃曰「下邳神人撰」，甚可笑。其偽無疑。」〔註22〕

　　《素書》一卷　舊本題黃石公撰，宋張商英注。分為六篇：一曰原始，二曰正道，三曰求人之志，四曰本德宗道，五曰遵義，六曰安禮。黃震《日鈔》謂其說以道、德、仁、義、禮五者為一體。雖於指要無取，而多主於卑謙損節，背理者寡。張商英妄為訓釋，取老子先道而后德，先德而後仁，先仁而後義，先義而後禮之說以言之，遂與本書說正相反。其意蓋以商英之注為非，而不甚斥本書之偽。商英嘗學浮屠法於從悅，喜講禪理，此數語皆近其所為，前後注文與本文亦多如出一手。《四庫全書總目》認為此書乃張商英所偽撰。晁公武、陳振孫、胡應麟、姚際恒、譚獻皆有辨說。

　　《武經總要》四十卷　宋曾公亮、丁度等奉敕撰。晁公武《讀書後志》稱：「康定中，朝廷恐群帥昧古今之學，命公亮等採古兵法及本朝計謀方略，凡五年奏御。」其書分前後二集，前集制度十五卷、邊防五卷。後集故事十五卷、占候五卷。

　　《虎鈐經》二十卷　宋許洞撰。是書卷首有洞進表及自序，大意謂《孫子兵法》奧而精，學者難於曉用，李筌《太白陰符經》論心術則秘而不言，談陰陽又散而不備，乃演孫、李之要，而撮天時、人事之變，備舉其占，凡六壬、遁甲、星辰、日月、風雲、氣候、風角、鳥情以及宣文、設奠、醫藥之用，人馬相法，莫不具載，積四年書成，凡二百十篇，分二十卷。大都匯輯前人之說，而參以己意。其間亦多迂闊誕渺之說，不足見諸施行。

　　《何博士備論》二卷　宋何去非撰。去非字正通，浦城人。是編皆評論古人用兵之作，其文雄快踔厲，風發泉湧，去蘇氏父子為近。蘇洵作《六國論》，咎六國之賂秦。蘇轍作《六國論》，咎四國之不救。去非所論，乃兼二意，其旨尤相近，故蘇軾屢稱之。

　　《守城錄》四卷　宋右正議大夫陳規在德安禦寇事蹟。規字符則，密州安

〔註22〕姚際恒：《古今偽書考》，《古籍考辨叢刊》第一集，社會科學文獻出版社，2010年版，第228頁。

丘人。事蹟具《宋史》本傳。是書凡分三種：首為規所撰《靖康朝野僉言後序》。《朝野僉言》本夏少曾作，備載靖康時金人攻汴始末。規在順昌見之，痛當日大臣將帥捍禦失策，因條列應變之術，附於各條下，謂之「後序」。次曰《守城機要》，亦規所作，皆論城郭樓櫓制度及攻城備禦之方。次曰《建炎德安守禦錄》，乃瀏陽湯璹所作。

《武編》十卷　明唐順之編。是書皆論用兵指要，分前後二集。前集六卷，自將士行陣至器用、火藥、軍需、雜術，凡五十四門。後集徵述古事，自料敵撫士至堅壁摧標，凡九十七門，體例略如《武經總要》。所錄前人舊說，自孫、吳、穰苴、李筌、許洞諸兵家言及唐、宋以來名臣奏議，無不擷集。「是編雖紙上之談，亦多由閱歷而得，固未可概以書生之見目之矣。」

《武備志》　明茅元儀撰。元儀字止生，歸安人。

《紀效新書》十八卷　明戚繼光撰。是書乃其官浙江參將時前後分防寧波、紹興、台州、金華、嚴州等處練兵備倭時所作。首為申請訓練公移二篇（一任臨觀請創立兵營公移、一新任臺金嚴請任事公移），次為《或問》（即《紀效或問》），繼光恐局外阻撓，敗其成績，故反覆論辨，冠之簡端，蓋為當時文臣而發。其下十八篇：曰束伍，曰操令，曰陣令，曰諭兵，曰法禁，曰比較，曰行營，曰操練，曰出征，曰長兵，曰牌筅，曰短兵，曰射法，曰拳經，曰諸器，曰旌旗，曰守哨，曰水兵，各繫以圖而為之說，皆閱歷有驗之言，故曰《紀效》。其詞率如口語，不復潤飾。此書有 1988 年人民體育出版社本。

《練兵實紀》九卷《雜紀》六卷　明戚繼光撰。此書乃載其練兵實效。一練伍法，二練膽氣，三練耳目，四練手足，五練營陣，六練將。其附載《雜紀》，一儲將通論，二將官到任，三登壇口授，四軍器制解，五車步騎解。繼光為將精於訓練，臨事則飆發電舉，當世稱為「戚家軍」。今以此書考其守邊事蹟無不相符，非泛摭韜略常談者比。繼光初到鎮疏有云：「教兵之法，美觀則不實用，實用則不美觀。」此書有《叢書集成初編》本。

第五節　法家類

《四庫全書總目‧法家類序》云：

> 刑名之學，起於周季，其術為聖世所不取。然流覽遺篇，兼資法戒。觀於管仲諸家，可以知近功小利之隘；觀於商鞅、韓非諸家，可以知刻薄寡恩之非。鑒彼前車，即所以克端治本。曾鞏所謂

「不滅其籍，乃善於放絕」者歟？至於凝、巏所編，桂、吳所錄，
矜慎祥刑，並義取持平，道資弼教。雖類從而錄，均隸法家。然立
議不同，用心各異，於虞廷欽恤亦屬有裨，是以仍準舊史，錄此一
家焉。

　　法家是先秦諸子百家之一，亦在九流十家之列。淵源道家，吸收儒家積極
方面。起源於春秋時的管仲、子產，發展於戰國時的李悝、商鞅、申不害、慎
到等人，戰國末韓非並非如人們所說的「集法家學說之大成」，一部《韓非子》
主要談的是術，而不是法〔註23〕。一般來說，法家主張以法治代替禮治，反對
貴族特權。《史記‧太史公自序》云：「法家不別親疏，不殊貴賤，一斷於法，
則親親尊尊之恩絕矣。」

　　四庫僅著錄八部：《管子》、《管子補注》、《鄧析子》、《商子》、《韓子》、五
代和凝父子《疑獄集》、宋鄭克《折獄龜鑑》、宋桂萬榮《棠陰比事》。前五種
關於刑名之學，後三種關於刑名之術（末二種甚至可以稱之為法醫學著作）。
又將《管子榷》、《刑統賦》十九部列入存目。《漢書‧藝文志》云：「法家者流，
蓋出於理官，信賞必罰，以輔禮制。《易》曰：『先王以明罰飭法。』此其所長
也。及刻者為之，則無教化，去仁愛，專任刑法而欲以致治，至於殘害至親，
傷恩薄厚。」《四庫全書總目》持論與《漢志》相近，站在儒家立場上，以儒
衡法，重視人治，輕視法治，不以法家之術為法，反而引以為戒：「觀於管仲
諸家，可以知近功小利之隘；觀於商鞅、韓非諸家，可以知刻薄寡恩之非。」
表面上是敦厚之論，其實是欺人之談。歷代統治者多是儒法並用，儒為其表，
法為其裏，雙管齊下，兩手皆硬。誠如蘇淵雷所指出的：「荀子的『禮治』，到
韓非手裏變成了『法治』，由『治人』到『治法』正是符合客觀社會發展的要
求。他的學說恰好為秦帝國專制主義的中央集權制度的建立做思想上的準
備。後來到了漢代……緣飾以儒術……儒法這才合流而為當時統一的封建大
帝國和封建專制主義的中央集權統治服務，代表了封建地主統治階級的根本
利益。兩千年來所謂『陽儒陰法』之學，正是長期封建社會君主專制下的必然
產物。」〔註24〕

　　《管子》二十四卷　舊本題管仲撰。劉恕《通鑑外紀》引《傅子》曰：「管
仲之書，過半便是後之好事者所加，乃說管仲死後事，《輕重篇》尤復鄙俗。」

〔註23〕王元化：《韓非論稿》，《文學沉思錄》，上海文藝出版社，1983 年版，第 220 頁。
〔註24〕蘇淵雷：《讀史舉要》，中國人民大學出版社，2009 年版，第 100～101 頁。

蘇轍《古史》卷二十五《管晏列傳第二》云：「管仲既沒，齊國因其遺業常強於諸侯，至戰國之際，諸子著書，因管子之說而益增之。其廢情任法遠於仁義者，多申、韓之言，非管子之正也。至其甚者，言治國則以智欺其民，言治外則以術傾鄰國，於是有不訾之寶、石璧菁茅之謀，使管仲而信然，則天下亦將以欺奪報之，尚何以霸哉？」王應麟《漢藝文志考證》卷六引葉夢得曰：「其間頗多與《鬼谷子》相亂。管子自序其事，亦泛濫不切，疑皆戰國策士相附益。」葉適《習學記言》卷四十五曰：「《管子》非一人之筆，亦非一時之書，莫知誰所為，以其言毛嬙、西施、吳王好劍推之，當是春秋末年。又『持滿定傾，不為人客』等語，亦種、蠡所遵用也。」《朱子語類》卷一百三十七曰：「《管子》之書雜。管子以功業著者，恐未必曾著書。如《弟子職》之篇，全似《曲禮》；它篇有似《莊》、《老》。又有說得也卑，直是小意智處，不應管仲如此之陋。其內政分鄉之制，《國語》載之卻詳。」又曰：「《管子》非仲所著。仲當時任齊國之政，事甚多，稍閒時又有三歸之溺，決不是閒工夫著書底人。著書者是不見用之人也。其書《老》、《莊》說話亦有之。想只是戰國時人，收拾仲當時行事言語之類著之，並附以它書。」宋濂《諸子辨》曰：「是書非仲自著也。其中有絕似《曲禮》者，有近似《老》、《莊》者，有論伯術而極精微者，或小智自私而其言至卑污者，疑戰國時人採掇仲之言行，附以他書成之；不然，『毛嬙、西施』，『吳王好劍』，『威公之死，五公子之亂』，事皆出仲後，不應豫載之也。」〔註25〕《四庫提要》認為：「今考其文，大抵後人附會多於仲之本書。」《偽書通考》又增補了司馬遷、劉向、《漢志》、傅玄、孔穎達、杜佑、蘇轍、葉夢得、朱熹、葉適、黃震、王應麟、宋濂、梅士享、顧炎武、姚際恒、俞正燮、梁章鉅、嚴可均、章學誠、胡適、內藤虎次郎、羅根澤、梁啟超之說。馮友蘭認為：「先秦諸子書，大都是一個學派的著作總集。管子是一個實際的政治家，並不代表一個學派。這部書並不是某一個學派的著作的總集，而是許多學派的著作的總集。所以這部書跟《墨子》等書比較起來，有性質的不同。《管子》可能是齊國稷下學者的著作總集。」〔註26〕白奚《稷下學研究》將《管子》視為稷下齊地之學的代表作品，又稱：「朱熹曰：『仲當時任齊國之政，事甚多，稍閒時又有三歸之溺，決不是閒工夫著書底人。著書者是

〔註25〕 宋濂：《諸子辨》，《古籍考辨叢刊》第一集，社會科學文獻出版社，2010年版，第623頁。

〔註26〕 馮友蘭：《中國哲學史史料學》，江蘇教育出版社，2006年版，第39～40頁。

不見用之人也。」這話極有道理。莫說是管仲當時尚無私家著書之事，即便是諸子百家蜂出並作的時代，有書流傳於後世者如孔、孟、老、莊、墨、荀、韓等，哪一個不是『不見用之人』？而那些『見用』的布衣卿相……又何嘗有誰著書傳世呢？」〔註27〕宋濂也贊成朱熹的說法。其實，這些話似是而非，在邏輯上是難以說得通的。著書者固然需要閒工夫，也多為不見用之人，但這不能排除見用之人也有閒工夫，也能夠忙中偷閒，著書立說。稍微熟悉中國文獻學史的人都知道——那些「見用」的布衣卿相著書傳世者代不乏人，如曹操、曾國藩、毛澤東不過犖犖大者。

《管子》一書文義奧賾，向稱難讀，古來無他注本，唐代始有尹知章注本，明代劉績續有補注。清朝考證之學勃興，乾嘉諸老中如王念孫《讀書雜志》有《管子》校理之記錄，洪頤煊撰《管子義證》八卷（傳經堂本），晚清戴望撰《管子校正》二十四卷（《諸子集成》本），宋翔鳳撰《管子識誤》一卷（原刻本），張佩綸撰《管子學》（影印原稿本）。王欣夫發現戴望《管子校正》「竟宋、明不分，移甲作乙，紛紜迷離，不可究詰，深有校而不正之歎」〔註28〕。郭沫若、聞一多、許維遹撰《管子集校》（科學出版社，1956 年版），黎翔鳳撰《管子校注》（中華書局，2004 年版）。關於此書的研究，羅根澤撰《管子探源》（中華書局，1931 年版），胡家聰撰《管子新探》（中國社會科學出版社，1995 年版）。

《商子》五卷 舊本題秦商鞅撰。《文獻通考》引《周氏涉筆》曰：「《商鞅書》亦多附會後事，擬取他辭，非本所論著也。其精確切要處，《史記》列傳包括已盡，今所存大抵泛濫淫辭，無足觀者，蓋有地不憂貧，有民不憂弱，凡此等語，殆無幾也。此書專以誘耕、督戰為根本。今云使商無得糴，農無得糴。農無糴，則窳惰之農勉。商無糴，則多歲不加樂。夫積而不糴不耕者，誠困矣，力田者何利哉？暴露如丘山，不時焚燒，無所用之。《管子》謂積多而食寡，則民不力，不知當時何以為餘粟地也。貴酒肉之價重，其租令十倍，其樸則商估少，而農不酣，然則酒肉之用廢矣。凡《史記》所不載，往往為書者所附合，而未嘗通行者也。秦方興時，朝廷官爵豈有以貨財取者，而賣權者以求貨，下官者以冀遷，豈孝公前事耶？」宋濂《諸子辨》曰：「今觀其術，以

〔註27〕 白奚：《稷下學研究》，生活・讀書・新知三聯書店，1998 年版，第 216 頁。
〔註28〕 王欣夫：《蛾術軒篋存善本書錄》，上海古籍出版社，2002 年版，第 1586～1589頁。

勸耕、督戰為先務……然不貴學問以愚民，不令豪傑務學《詩》、《書》，其流毒至嬴政，遂大焚《詩》、《書》、百家語以愚天下黔首，鞅實啟之，非特李斯過也。」〔註29〕《四庫提要》以為「法家者流掇鞅餘論以成是編」。清嚴萬里校正五卷本，向推善本（光緒二年浙江書局本）。王時潤撰《商君書集解》（廣益書局，1936 年版），朱師轍撰《商君書解詁》（中華書局，1956 年版），高亨撰《商君書注譯》（中華書局，1974 年版），蔣禮鴻撰《商君書錐指》（中華書局，1986 年版），其中以蔣書最為完備。

《韓子》二十卷　周韓非撰。韓非是先秦諸子中晚出的一位思想家。早期法家一斷於法，而韓非的學說卻融會了法、術、勢三個方面。韓非是一位以君主為本體的愚民政策的倡導者，提倡絕對的封建專制主義。他把術放在法前，《定法》篇曰：「問者曰：『申不害、公孫鞅此二家之言孰急於國？』應之曰：『是不可程也。人不食十日則死，大寒之隆不衣亦死，謂之衣食孰急於人，則是不可一無也，皆養生之具也。今申不害言術，而公孫鞅為法術者，因任而授官，循名而責實，操殺生之柄，課群臣之能者也：此人主之所執也。法者，憲令著於官府，刑罰必於民心，賞存乎慎法，而罰加乎奸令者也：此臣之所師也。君無術則弊於上，臣無法則亂於下，此不可一無，皆帝王之具也。」法是成文的法律。至於術卻要微妙得多，這是一種極其詭秘的權術。韓非在《難三篇》中說：「術者藏之於胸中，以偶眾端而潛御群臣者也。故法莫如顯，而術不欲見。」韓非不但用術去補充法，而且進一步把術跟勢聯繫起來。在韓非學術思想中，法、術、勢三個方面，術是居於中心的地位。三者相互為用，有勢才有法，有術才有勢；法依勢立，勢因術行。〔註30〕法是顯規則，術是潛規則，有勢才能制定遊戲規則，若無勢則無規則可言。統治者往往顯潛並用，根據「工作需要」隨心所欲地制定或者更改規則。晚清王先慎撰《韓非子集解》（中華書局，1998 年版），梁啟雄撰《韓子淺解》（中華書局，1960 年版），陳啟天撰《韓非子校釋》（上海書店，1996 年《民國叢書》本），陳奇猷撰《韓非子集釋》（上海人民出版社，1984 年版）、《韓非子新校注》（上海古籍出版社，2000 年版）。

〔註29〕宋濂：《諸子辨》，《古籍考辨叢刊》第一集，社會科學文獻出版社，2010 年版，第 635 頁。

〔註30〕王元化：《韓非論稿》，《文學沉思錄》，上海文藝出版社，1983 年版，第 219～249 頁。

第六節　雜家類

《四庫全書總目‧雜家類序》云：

> 衰周之季，百氏爭鳴，立說著書，各為流品。《漢志》所列備矣。
> 或其學不傳，後無所述，或其名不美，人不肯居，故絕續不同，不
> 能一概。著錄後人，株守舊文，於是墨家僅《墨子》、《晏子》二書，
> 名家僅《公孫龍子》、《尹文子》、《人物志》三書，縱橫家僅《鬼谷
> 子》一書，亦別立標題，自為支派。此拘泥門目之過也。

> 黃虞稷《千頃堂書目》，於寥寥不能成類者併入雜家。「雜」之
> 義廣，無所不包，班固所謂「合儒、墨，兼名、法」也。變而得宜，
> 於例為善。今從其說，以立說者謂之「雜學」，辯證者謂之「雜考」，
> 議論而兼敘述者謂之「雜說」，旁究物理、臚陳纖瑣者謂之「雜品」，
> 類輯舊文、途兼眾軌者謂之「雜纂」，合刻諸書、不名一體者謂之「雜
> 編」。凡六類。

雜家，為九流之一。《漢書‧敘傳下》云：「劉向司籍，九流以別。」顏師
古注引應劭曰：「儒、道、陰陽、法、名、墨、從橫、雜、農，凡九家。」《漢
書‧藝文志》云：「雜家者流，蓋出於議官，兼儒、墨，合名、法，知國體之
有此，見王治之無不貫，此其所長也。」有人認為：「《荀子》攝取諸家之說，
創立自己的理論，已有雜家的氣味。但真正說得上雜家的，還是《呂氏春
秋》……書中力圖綜合先秦諸子，『兼儒墨』，『合名法』，以『見王治之無不
貫』。」〔註31〕《荀子》以禮為根基，仍然是儒家學派，所謂「攝取諸家之說，
創立自己的理論，已有雜家的氣味」，僅為猜想，不為定論。

雜家者流是否出於議官？議官，《漢語大詞典》解釋為：「言官、諫官。」
值得注意的是，雜家是從《漢書‧藝文志》開始才分出來的，而司馬談《論
六家要旨》中沒有提到雜家，他將雜家放在道家之中。《漢志》所謂雜家「兼
儒、墨，合名、法」，與司馬談《論六家要旨》中道家「採儒、墨之善，撮
名、法之要」語意相等。道家、雜家二派的學說，原來就有相互接近的地方。
雜家的書籍，保存至今的，以《呂氏春秋》和《淮南子》為最著稱。〔註32〕道
家者流出於史官。因為雜家原在道家之中，所以，雜家者流亦出於史官而非
議官。

〔註31〕郭沫若主編：《中國史稿》，人民出版社，1979 年版，第二冊，第 82 頁。
〔註32〕金德建：《司馬遷所見書考》，上海人民出版社，1963 年版，《自序》，第 10 頁。

雜之義廣，但不可能無所不包。《漢志》所謂「兼儒、墨，合名、法」，並非是將儒、墨、名、法四家取消。余嘉錫先生指斥《四庫全書總目》「最誤者莫如合名、墨、縱橫於雜家，使《漢志》九流十家頓亡其三，不獨不能辨章學術，且舉古人家法而淆之矣」。〔註33〕李致忠也發表了相近的看法：「至《四庫總目》的『雜家類』則偷換雜家固有的概念，說什麼『雜之義廣，無所不包，班固所謂合儒、墨，兼名、法也』。班固所謂『合儒、墨，兼名、法』，是說雜家兼有儒、墨、名、法各家之長，博採眾家為一家，形成自己的學說，不是大雜燴的雜類。《四庫總目》偷換概念，將雜家說成雜類，變成無所不包的大雜燴。」〔註34〕

《漢志》對名家、墨家、從橫家分得很清楚：

名家者流，蓋出於禮官。古者名位不同，禮亦異數。孔子曰：「必也正名乎！名不正則言不順，言不順則事不成。」此其所長也。及警者為之，則苟鈎鈲析亂而已。

墨家者流，蓋出於清廟之守。茅屋采椽，是以貴儉；養三老五更，是以兼愛；選士大射，是以上賢；宗祀嚴父，是以右鬼；順四時而行，是以非命；以孝視天下，是以上同；此其所長也。及蔽者為之，見儉之利，因以非禮，推兼愛之意，而不知別親疏。

從橫家者流，蓋出於行人之官。孔子曰：「誦《詩》三百，使於四方，不能顓對，雖多亦奚以為？」又曰：「使乎，使乎！」言其當權事制宜，受命而不受辭。此其所長也。及邪人為之，則上詐諼而棄其信。

《漢書·藝文志》著錄名家七家三十六篇：《鄧析》二篇、《尹文子》一篇、《公孫龍子》十四篇、《成公生》五篇、《惠子》一篇、《黃公》四篇、《毛公》九篇；墨家六家八十六篇：《尹佚》二篇、《田俅子》三篇、《我子》一篇、《隨巢子》六篇、《胡非子》三篇、《墨子》七十一篇；從橫家十二家百七篇：《蘇子》三十一篇、《張子》十篇、《龐　爰》二篇、《闕子》一篇、《蒯子》五篇、《鄒陽》七篇、《主父偃》二十八篇、《徐氏》一篇、《莊安》一篇、《待詔金馬聊蒼》三篇。至編纂《四庫全書》時，此三家確實大都凋零，潰不成軍，不成氣候。館臣可以採取附錄的辦法，將它們附錄在雜家類下，沒有必要吞併它

〔註33〕余嘉錫：《余嘉錫說文獻學》，上海古籍出版社，2001年版，第69～70頁。
〔註34〕李致忠：《三目類序釋評》，北京圖書館出版社，2002年版，第36頁。

們。使古人家法混淆不清，無論怎麼解釋也是難以解釋通的。

四庫雜家類分為雜學、雜考、雜說、雜品、雜纂、雜編六小類，我們做了較大的調整：第一，將雜學之屬易名為「雜論」，保留在雜家類；第二，將雜考、雜說二屬合併之後成為新的雜學類；第三，將雜品之屬歸到技藝部藝術類下；第四，將雜纂之屬升格為雜纂類，置於工具部之下；第五，將雜編之屬升格為叢書類，亦置於工具部之下。因此，本書的雜家類僅分為先秦雜家與雜論兩小類，較四庫之雜家類有極大的不同。

一、先秦雜家

《尉繚子》五卷　周尉繚撰。其人當六國時，不知其本末。《漢志》雜家有《尉繚》二十九篇。羅焌云：「即兵家之尉繚。」〔註35〕劉向《別錄》云：「繚為商君學。」《隋志》作五卷，《唐志》作六卷，亦併入於雜家。而四庫列於兵家，今移至雜家。《四庫提要》稱其書大指主於分本末，別賓主，明賞罰，所言往往合於正。如其論兵云：「兵不攻無過之城，不殺無罪之人。」又云：「兵者所以誅暴亂，禁不義也。兵之所加者，農不離其田業，賈不離其肆宅，士大夫不離其官府，故兵不血刃而天下親。」宋濂《諸子辨》曰：「嗚呼，又何其仁哉！戰國談兵者有言幾此，君子蓋不可不與也！」〔註36〕羅焌云：「此書持論正而用法嚴，即係依託，亦在蕭梁以前。宋儒張載，少喜談兵，曾注《尉繚子》一卷。」〔註37〕銀雀山1號墓所出竹簡中有《尉繚子》。

《尸子》　《漢志》雜家有《尸子》二十篇。師古注云：「名佼，魯人，秦相商君師之。鞅死，佼逃入蜀。」王先謙云：「魯乃晉之訛。」羅焌云：「今案《史記‧孟荀傳》云：『楚有尸子。』疑此魯字乃楚字音近之訛。」〔註38〕《隋志》作二十卷、目一卷。注云：「梁十九卷。秦相衛鞅上客尸佼撰。其九篇亡，魏黃初中續。」《玉海》卷五十三：「《尸子》書，晉人造，二十篇，書凡六萬餘言。《書目》儒家一卷，李淑《書目》所存者四卷，今止存二篇，合為一卷。《後漢書》注一篇，言九州險阻，水泉所起，十九篇陳道德仁義之紀。」宋時全書亡佚。清汪繼培、孫星衍、任兆麟皆有輯本。

〔註35〕羅焌：《諸子學述》，嶽麓書社，1995年版，第48頁。
〔註36〕宋濂：《諸子辨》，《古籍考辨叢刊》第一集，社會科學文獻出版社，2010年版，第634頁。
〔註37〕羅焌：《諸子學述》，嶽麓書社，1995年版，第48頁。
〔註38〕羅焌：《諸子學述》，嶽麓書社，1995年版，第49頁。

《子華子》二卷　舊本題晉人程本撰〔註39〕。《困學紀聞》卷十云：「程子，見《家語》，子華子，見《莊子》。近有《子華子》之書，謂程本字子華，即孔子傾蓋而語者。《後序》謂鬼谷子之師。水心銘鞏仲至，所謂『程子』即此書也。朱文公謂：『詞艱而理淺，近世巧於模擬者所為，決非先秦古書。』」陳振孫《直齋書錄解題》卷十曰：「考前世史志及諸家書目，並無此書，蓋假託也。館閣書目辯之當矣。《家語》有孔子遇程子傾蓋事，而《莊子》亦載子華子見昭僖侯一則，此其姓字之所從出。昭僖與孔子不同時，然莊子固寓言，而《家語》亦未可考信，班固《古今人表》亦無之，使果有其人，遇合於夫子，班固豈應見遺也。其文不古，然亦有可觀者，當出近世能言之流，為此以玩世耳。」胡渭《易圖明辨》卷四曰：「劉牧之徒，偽撰《乾鑿度》以自固其學，而猶未已也。蓋緯書出於西漢，恐不足以厭服天下之心，故又造《子華子》。其人為與孔子傾蓋而語者，以戴九履一、據三持七為河圖，始可以屈洞極經而伸吾之說。然格致凡近，辭義淺陋。序云劉向作，而《漢藝文志》無之。人皆知其出於元豐後三經、《字說》盛行之時，竟何益哉？故曰：『作偽，心勞日拙。』」《四庫提要》稱：「今觀其書，多採掇黃老之言，而參以術數之說。諸子之書偽本不一，然此最有理致文采，辨其為贗則可，以其贗而廢之則不可。陳振孫謂其文不古，而亦有可觀，當出近世能言之流，實為公論。」《偽書通考》又增補劉向上《子華子》序、晁公武、朱熹、《周氏涉筆》、陳振孫、宋濂、焦竑、胡應麟、譚獻及錢穆之說。

《呂氏春秋》二十六卷　舊本題秦呂不韋撰。《漢志》注云：「秦相呂不韋輯智略士作。」考《史記・文信侯列傳》，實其賓客之所集。今本凡十二紀、八覽、六論。《四庫提要》稱：「是書較諸子之言獨為醇正，大抵以儒為主，而參以道家、墨家，故多引六籍之文與孔子、曾子之言。」洪家義《呂不韋評傳》認為，《呂氏春秋》的結構是按照天、地（事）、人（含物）三大系統編纂的。第一部分《十二紀》是配「天」的。八覽：即《有始覽》、《孝行覽》、《慎大覽》、《先識覽》、《審分覽》、《審應覽》、《離俗覽》、《恃君覽》。每覽八篇，《有始覽》缺一篇，共六十三篇。《八覽》部分是配「人」的。六論：即《開春論》、《慎行論》、《貴直論》、《不苟論》、《似順論》、《士容論》。每論六篇，共三十六篇。《六論》部分是配「地」的。十二紀即《禮記》之《月令》云：《禮記》成書較《呂覽》為晚，所以鄭玄認為《月令》是抄合十二紀而成。關於此書的內容

〔註39〕此本偽書，從其所託之時代附錄於此。

與價值：《呂氏春秋》中《勸學》、《尊師》、《誣徒》、《善學》，這些篇都是講教育的；《大樂》、《侈樂》、《適音》、《古樂》、《音律》、《音初》、《制樂》，這些篇是講音樂的；這些都是儒家的思想。十二月的《月令》是陰陽家的思想。《貴生》、《重己》、《情慾》、《盡數》、《審分》，這些篇都是道家，特別是楊朱一派的思想。《振亂》、《禁塞》、《懷寵》、《論威》、《簡選》、《決勝》、《愛士》，這些篇是兵家的思想。《上農》、《任地》、《辯土》，這些篇是農家的思想。這些各家的思想，不能湊成為一個體系，但是都借《呂氏春秋》保存下來。《呂氏春秋》作為一部哲學著作看，價值不大；作為一部先秦哲學史料選輯看，有很大的價值〔註40〕。清畢沅有輯校本，未善。楊寬、沈延國合撰《呂氏春秋集釋》（已收入《新編諸子集成》之中）。

二、雜論

《四庫全書總目》云：「以立說者謂之雜學。」《漢語大詞典》將「雜學」解釋為：「雜亂的學說。」這是典型的望文生義，不足為訓。雜學之「雜」與「純」相對，而非「雜亂」之義。《說文解字》云：「雜，五采相合也。」段玉裁注：「所謂五采彰施於五色作服也。引申為凡參錯之稱，亦借為聚集字。《詩》言雜佩，謂集玉與石為佩也。《漢書》凡言雜治之，猶今云會審也。」《四庫全書總目》云：「古者庠序之教，胥天下而從事六德、六行、六藝，無異學也。周衰而後百氏興。名家稱出於禮官，然堅石白馬之辨，無所謂禮。縱橫家稱出於行人，然傾危變詐，古行人無是詞命。墨家稱出於清廟之守，並不解其為何語。實皆儒之失其本原者。各以私智，變為雜學而已。其傳者寥寥無幾，不足自名一家，今均以雜學目之。其他談理而有出入，論事而參利害，不純為儒家言者，亦均附此類。」〔註41〕四庫館臣明目張膽地以儒家之言衡量群言，合乎儒家言者謂之正，不純為儒家言者謂之雜。這是漢代「罷黜百家，獨尊儒術」的清代版本。如此霸王條款，可以搪塞一時，不足以愚弄萬世。正雜之辨乃中華學術之永恒話題。

《四庫全書》雜學之屬著錄二十二部，著名的有：《淮南子》、《人物志》、《金樓子》、《劉子》、《化書》、《習學記言》等。

《淮南子》二十一卷　漢淮南王劉安撰，高誘注。顏師古注曰：「內篇論道，外篇雜說。」高誘序言：「其旨近《老子》，淡泊無為，蹈虛守靜，出入經

〔註40〕馮友蘭：《中國哲學史史料學》，江蘇教育出版社，2006 年版，第 61 頁。
〔註41〕《四庫全書總目》雜家類雜學之屬案語。

道。言其大也，則橐天載地，說其細也，則淪於無垠，及古今治亂存亡禍福，世間詭異瑰奇之事。其義也著，其文也富，物事之類，無所不載，然其大較歸之於道，號曰《鴻烈》。鴻，大也；烈，明也，以為大明道之言也。故夫學者不論《淮南》，則不知大道之深也。」吳承仕撰《淮南舊注校理》（北京師範大學出版社，1995 年版），劉文典撰《淮南鴻烈集解》（中華書局，1989 年版），張雙棣撰《淮南子校釋》（北京大學出版社，1997 年版），何寧撰《淮南子集釋》（中華書局，1998 年版）。

《人物志》三卷　魏劉劭撰。《四庫提要》稱：「其書主於論辨人才，以外見之符，驗內藏之器，分別流品，研析疑似。故《隋志》以下，皆著錄於名家。然所言究悉物情，而精覈近理，視尹文之說，兼陳黃、老、申、韓、公孫龍之說，惟析堅白同異者，迥乎不同。」《史通·自敘》云：「五常異，百行殊執，能有兼偏，知有長短。苟隨才而任使，則片善不遺，必求備而後用，則舉世莫可，故劉劭《人物志》生焉。」劉咸炘云：「《提要》曰：『其書主於論辨人才……其理則弗乖於儒者也。』按《提要》之說未析也。周末名家有二流：其一為刑名，循名核實，責任臣下，此申不害、韓非之說也；一為名辯，廣辯名實，而不專治道，惠施、桓團、公孫龍之徒是也。名辯之說，莊周、慎到、墨翟、宋銒皆取之，與法家殊異，不可混也。尹文本非名家，雖兼辯名實，與法家殊，今書非其宗旨，尚在可疑，且文生前於申、韓，安得與申、韓同論耶？施、龍之辯，後世已無，必求其流，則南朝玄言尚有其遺。若刑名之家，則自漢以來多有之。此書循名核實，乃刑名之流也。」〔註42〕

《金樓子》六卷　梁孝元皇帝撰。晁公武《讀書志》謂其書十五篇，是宋代尚無闕佚。至宋濂《諸子辨》、胡應麟《九流緒論》，所列子部皆不及是書，知明初漸已湮沒，明末已經散亡。《四庫提要》稱：「其書於古今聞見事蹟治忽貞邪咸為苞載，附以議論，勸誡兼資，蓋亦雜家之流。立言、聚書、著書諸篇，自表其撰述之勤，所紀典籍源流，亦可補諸書所未備。文格綺靡古奧，不出當時風氣。」

《劉子》十卷　《隋志》不著錄，《唐志》作梁劉勰撰，陳振孫《書錄解題》、晁公武《讀書志》俱據唐播州錄事參軍袁孝政序作北齊劉晝撰，《宋史·藝文志》亦作劉晝。余嘉錫先生云：「余嘗取此書反覆讀之，而確信其出於劉

〔註42〕劉咸炘：《劉咸炘學術論集·子學編》，廣西師範大學出版社，2007 年版，第452 頁。

畫，有四證焉。凡《提要》所言，皆不足為依託之證，故曰所疑皆妄也，其為說非也。」〔註43〕《劉子》卷十《九流》云：「儒者，晏嬰、子思、孟軻、荀卿之類也。順陰陽之性，明教化之本，遊心於六藝，留情於五常，厚葬，文服，重樂，有命，祖述堯舜，憲章文武，宗師仲尼，以尊敬其道。然而薄者流廣文繁，難可窮究也。道者，鬻熊、老聃、關尹、莊周之類也。以空虛為本，清淨為心，謙挹為德，卑弱為行，居無為之事，行不言之教，裁成宇宙，不見其跡，亭毒萬物，不有其功。然而薄者全棄忠孝，杜絕仁義，專任清虛，欲以為治也。陰陽者，子韋、鄒衍、桑丘南父之類也。敬順昊天，曆象日月星辰，敬受民時，範三光之度，隨四時之運，知五行之性，通八風之氣，以厚生民，以為政治。然而薄者則拘於禁忌，溺於術數也。名者，宋鈃、尹文、惠施、公孫龍之類也。其道主名，名不正則言不順，故定尊卑，正名分，愛平，尚儉，禁攻，寢兵，故作華山之冠，以表均平之制，則寬宥之說以示區分。然而薄者捐本就末，分折明辯，苟析華辭也。法者，慎到、李悝、韓非、商鞅之類也。其術在於明罰，討陣整法，誘善懲惡，俾順軌度以為治本。然而薄者削仁廢義，專任刑法，風俗刻薄，嚴而少恩也。墨者，尹佚、墨翟、禽滑、胡非之類也。儉嗇，謙愛，尚賢，右鬼，非命，薄葬，無服，不怒，俳鬥。然而薄者其道大蹙，儉而難遵也。縱橫者，闞子、龐煖、蘇秦、張儀之類也。其術本於行仁，譯二國之情，弭戰爭之患，受命不受辭，因事而制權，安危扶傾，轉禍就福。然而薄者則苟尚華詐，而棄忠信也。雜者，孔甲、尉繚、尸佼、淮南之類也。明陰陽，通道德，兼儒墨，合名法，苞縱橫，納農植，觸類取與，不拘一緒。然而薄者則蕪穢蔓衍，無所繫心也。農者，神農、野老、宰氏、氾勝之類也。其術在於務農，廣為墾闢，播植百穀，國有盈儲，家有蓄積，倉廩充實，則禮義生焉。然而薄者若使王侯與庶人並耕於野，無尊卑之別，失君臣之序也。觀此九家之學，雖有深淺，辭有詳略，說殊形反，流分乖隔，然皆同其妙理，俱會治道，跡雖有殊，歸趣無異。猶五行相滅，亦還相生。四氣相反，而共相成。歲淄澠殊，源同歸於海。宮商異聲，俱會於樂。夷惠同操，齊蹤為賢。三子殊行，等跡為仁。道者玄化為本，儒者德教為宗。九流之中，二化為最。夫道以無為化世，儒以六藝濟俗。無為以清虛為心，六藝以禮教為訓。若以教行於大同，則邪偽萌生，使無為化於成康，則氛亂競起何者？澆淳時異，則風化應殊。古今乖舛，則政教宣隔。以此觀之，儒教雖非得真之說，然茲教

〔註43〕余嘉錫：《四庫提要辯證》，雲南人民出版社，2004 年版，第 850～852 頁。

可以導物。道家雖為達情之論，而違禮復不可以救弊。今治世之賢，宜以禮教為先。嘉遁之士，應以無為是務。則操業俱遂，而身名兩全也。」王叔岷撰《劉子集證》（臺北「中央研究院」歷史語言研究所專刊之 44，1994 年），傅亞庶撰《劉子校釋》（中華書局，1998 年版）。

《長短經》九卷　唐趙蕤撰。是書皆談王伯經權之要。《四庫提要》云：「此書辨析事勢其源，蓋出於縱橫家，故以長短為名。雖因時制變，不免為事功之學，而大旨主於實用，非策士詭譎之謀，其言故不悖於儒者，其文格亦頗近荀悅《申鑒》、劉邵《人物志》，猶有魏晉之遺。」

《兩同書》二卷　唐羅隱撰。凡十篇。上卷五篇，皆終之以老氏之言，下卷五篇，皆終之以孔子之言。《崇文總目》謂以老子修身之說為內，孔子治世之道為外，會其旨而同元。《四庫提要》認為「兩同」之名取諸晉人「將無同」之義。

《習學記言》五十卷　宋葉適撰。《四庫提要》稱其書乃輯錄經史百氏，各為論述，條列成編，凡經十四卷、諸子七卷、史二十五卷、文鑒四卷。所論喜為新奇，不屑掇拾陳語，故陳振孫謂其文刻峭精工，而義理未得為純明正大。孫詒讓云：「水心論學，在宋時自為一家，不惟與洛、閩異趣，即於薛文憲、陳文節平生所素與講習者，亦不為苟同。此書論辨縱橫……其淹博尤非陋儒所敢望，未可以陳伯玉所論遽譏其偏駁也。」〔註44〕黃體芳亦云：「水心之書，其說經不同於漢人，而其於宋亦蘇子瞻之流，其為一時憤激之言，而不可以轉相師述者，如謂『太極生兩儀等語淺陋』之屬，《四庫提要》舉之，而近世鄉先輩黃薇香明經為《葉氏經學辨》，於其駁曾子、子思、孟子，皆頗議其誣而推見所以言之故，具在《儆居集》中。體芳以為，水心之才之識，最長於論史事；以其論史之才之識而論諸子，而又論經，豈能無偏？」〔註45〕劉咸炘云：「葉氏學術無所主，黃東發論之最當。其於老、孟皆甚隔膜，於《子華》、《家語》則不知其偽而誤信……其論史法則無所知，所言無不謬，至論史事則頗能留心一時風尚規模，然後漢晉南北朝尤多卓見。論史之外，則可取者稀矣。大抵不善用所長，頗有意讀古書，而無考據之功，無深恕之識，不入而出，但憑武斷，其氣象與章實齋相類，而實相反。夫論史事但憑揣斷，其法不可施之他書，概以施之，強不知以為知，乃宋人之大病，亦蘇軾倡之。」〔註46〕

〔註44〕孫詒讓：《溫州經籍志》，上海社會科學出版社，2005 年版，第 707 頁。
〔註45〕孫詒讓：《溫州經籍志》，上海社會科學出版社，2005 年版，第 709 頁。
〔註46〕劉咸炘：《劉咸炘學術論集・子學編》，廣西師範大學出版社，2007 年版，第 506 頁。

第七節　雜學類

蔡邕《勸學篇》云：「鼯鼠五能，不成一伎。」注曰：「能飛不能過屋，能緣不能窮木，能遊不能渡谷，能穴不能掩身，能走不能先人。」故世人多以之比擬雜學，近時更是以專家相尚。然專家多悖，須藥之以博，再由博返約，最後方能走上康莊之途。筆者主張，正學為體，雜學為用。無正學，難以立其本；無雜學，難以成其大。欲成大宗師，須正雜兼修，技壓群倫。

一、雜說

《四庫全書總目》云：「議論而兼敘述者，謂之雜說。」又云：「雜說之源，出於《論衡》。其說或抒己意，或訂俗訛，或述近聞，或綜古義。後人沿波，筆記作焉。大抵隨意錄載，不限卷帙之多寡，不分次第之先後，興之所至，即可成編。故自宋以來，作者至夥。今總匯之為一類。」《四庫全書》著錄八十六部，著名雜說有：《論衡》、《風俗通義》、《封氏聞見記》、《春明退朝錄》、《筆記》、《麈史》、《夢溪筆談》、《仇池筆記》、《東坡志林》、《嬾真子》、《石林燕語》、《避暑錄話》、《巖下放言》、《卻掃編》、《墨莊漫錄》、《雲麓漫抄》、《老學庵筆記》、《愧郯錄》、《鶴林玉露》、《齊東野語》、《隱居通議》、《草木子》、《居易錄》、《香祖筆記》、《古夫于亭雜錄》等。雜說，顧名思義，即為百家之學說。雜說之屬，為學術性筆記體著作，可謂學問之鄧林，筆記之淵藪。《論衡》、《夢溪筆談》之類，足稱枕中鴻寶，可以雄視古今。

《論衡》三十卷　漢王充撰。《四庫提要》認為是書大旨詳於《自紀》一篇，而劉咸炘認為：「充書大旨在《佚文》、《書解》、《對作》、《自紀》四篇。《佚文》曰：『《論衡》篇以十數，一言曰：疾虛妄。』劉子玄曰：『儒者之書，博而寡要，得其糟粕，失其菁華，而流俗鄙夫，貴遠賤近，傳茲牴牾，自相欺惑，故王充《論衡》生焉。』此言得其本旨，蓋西漢儒生末流專己守殘，識多迂固，充以博採傳記，獨運思考矯之。黃震曰：『其初心發於怨憤，持論至於過激，失理之平正，與自名《論衡》之意相背……欲更時俗之說，而矯枉過正，亦不自覺其衡決。』」〔註47〕《四庫提要》稱大抵訂訛砭俗，中理者多。王欣夫云：「仲任此書，唐以來儒者多相詆斥。清儒於古書無不研誦，獨於是書，錢竹汀指謂小人無忌憚者，惲子居、章實齋等群然和之。蓋其《問孔》、

〔註47〕劉咸炘：《劉咸炘學術論集‧子學編》，廣西師範大學出版社，2007年版，第441頁。

《刺孟》諸篇，在彼時固驚世駭俗之甚者，故多擯不一窺。至晚近章太炎、黃季剛師弟始重其書。」〔註48〕章太炎稱《論衡》「正虛妄，審鄉背；懷疑之論，分析百端；有所發摘，不避上聖。漢得一人焉，足以振恥，至於今鮮有能逮者也」〔註49〕。黃侃《漢唐玄學論》亦云：「東漢作者，斷推王充。《論衡》之作，取鬼神陰陽及凡虛言讕語，摧毀無餘。自西京而降，至此時而有此作，正如久行荊棘，忽得康衢，歡忭寧有量耶？」

《風俗通義》十卷　漢應劭撰。劭字仲遠，汝南人。各卷皆有總題，題各有散目。總題後略陳大意，而散目先詳其事，以「謹案」字樣辯證得失。《四庫提要》稱其書因事立論，文辭清辨，可資博洽。王利器《風俗通義校注‧敘例》云：「其立言之宗旨，取在辯風正俗，觀微察隱，於時流風軌，鄉賢行誼，皆著為月旦，樹之風聲，於隱惡揚善之中，寓責備求全之義。」劉咸炘亦云：「此書以風俗名書，考證辨釋皆主於正俗訛。《史通‧自敘》曰：『民者，冥也，率彼愚蒙，或訛音鄙句，莫究本源，或守株膠柱，動多拘忌，故應劭《風俗通》生焉。』此實得其本旨。《四庫提要》乃謂大致如王充而敘述簡明，勝於充之冗漫。是不知充主思測，劭主典證，充止正雜俗，劭兼議行誼，不可同論也。」〔註50〕吳樹平撰《風俗通義校釋》（天津人民出版社，1980年版），王利器撰《風俗通義校注》（中華書局，1981年版）。

《夢溪筆談》二十六卷　宋沈括撰。凡分十七門：故事、辯證、樂律、象數、人事、官政、權智、藝文、書畫、技藝、器用、神奇、異事、謬誤、譏謔、雜誌、藥議，共二十六卷。又有《補筆談》二卷，《續筆談》一卷。自序稱：「予退處林下，深居絕過從。思平日與客言者，時紀一事於筆，則若有所晤言，蕭然移日。所與談者，唯筆硯而已，謂之《筆談》。聖謨國政，及事近宮省，皆不敢私紀；至於係當日士大夫毀譽者，雖善亦不欲書，非止不言人惡而已。所錄唯山間木蔭，率意談噱，不係人之利害者；下至閭巷之言，靡所不有。亦有得於傳聞者，其間不能無缺謬。以之為言則甚卑，以予為無意於言可也。」《四庫提要》稱「括在北宋學問最為博洽，於當代掌故及天文、算法、鍾律尤所究心」《夢溪筆談》的內容十分豐富，如對活字印刷術、指南針等發明均有詳細記載，被譽為「中國科學史的里程碑」（李約瑟語）。潘景鄭《趙能

〔註48〕 王欣夫：《蛾術軒篋存善本書錄》，上海古籍出版社，2002年版，第1596頁。
〔註49〕 章太炎：《檢論》卷三《學變》。
〔註50〕 劉咸炘：《劉咸炘學術論集‧子學編》，廣西師範大學出版社，2007年版，第449～450頁。

靜閣本夢溪筆談》云：「余謂存中斯書，考證翔實，較之《困學紀聞》、《容齋隨筆》為勝一籌耳，自未可以小說家言目之也。」〔註51〕胡道靜撰《夢溪筆談校證》（上海人民出版社，2011年版）。

二、雜考

《四庫全書總目》云：「辯證者謂之雜考。」又云：「考證經義之書，始於《白虎通義》。蔡邕《獨斷》之類，皆沿其支流。至唐，而《資暇集》、《刊誤》之類為數漸繁。至宋，而《容齋隨筆》之類動成巨帙。其說大抵兼論經、史、子、集，不可限以一類。是真出於議官之雜家也。今匯而編之，命曰雜考。」凡考證之書大抵兼論四部，而不限於某一類的入本類。《四庫全書》著錄五十七部，七百七卷。著名雜考有：《白虎通義》、《獨斷》、《古今注》、《資暇集》、《東觀餘論》、《能改齋漫錄》、《學林》、《容齋隨筆》、《考古編》、《演繁露》、《野客叢書》、《考古質疑》、《賓退錄》、《學齋占畢》、《困學紀聞》、《丹鉛餘錄》、《通雅》、《日知錄》、《義府》、《潛丘劄記》、《白田雜著》、《義門讀書記》等。雜考之屬，實為考證學之大本營。筆者曾以數年之力通讀此屬之書，始覺功力大增。欲治文史考據者，若能選讀《困學紀聞》、《日知錄》等書，繼而泛覽此類書籍，必能大大提升內功。

《白虎通義》四卷　漢班固撰。書中徵引《六經》傳記而外，涉及緯讖，乃東漢習尚使然。《白虎通》是漢代的經學全書。〔註52〕

《容齋隨筆》十六卷，《續筆》十六卷，《三筆》十六卷，《四筆》十六卷，《五筆》十卷　宋洪邁撰。其書先成《隨筆》十六卷，刻於婺州。淳熙間，傳入禁中，孝宗稱其有議論，邁因重編為《續筆》、《三筆》、《四筆》、《五筆》。《續筆》有紹熙三年（1192）自序，《三筆》有慶元二年（1196）自序，《四筆》有慶元三年（1197）自序，亦各十六卷。而《五筆》止十卷，蓋未成而邁遂沒矣。其中自經史諸子百家以及醫卜星算之屬，凡意有所得，即隨手劄記，辯證考據頗為精確。《四庫提要》謂其大致自為精博，南宋說部終當以此為首。淩郁之撰《容齋隨筆箋證》（中華書局，2021年版）。

《困學紀聞》二十卷　宋王應麟撰。是編乃其劄記考證之文，凡說經八卷，天道、地理、諸子二卷，考史六卷，評詩文三卷，雜識一卷。卷首有自敘云：「幼承義方，晚遇艱屯。炳燭之明，用志不分。」《四庫提要》謂應麟博洽

〔註51〕潘景鄭：《著硯樓讀書記》，遼寧教育出版社，2002年版，第394頁。
〔註52〕張榮明：《中國的國教》第九章，中國社會科學出版社，2001年版。

多聞，在宋代罕其倫比。錢泰吉《曝書雜記》卷中：「梅會里李敬堂先生示學徒讀書法，欲舉讀《困學紀聞》會課。謂：『十人為朋，人出朱提十銖，各置一部。丹黃手糅，墨守如心。編為卷二十，日覽卷之半，約十五葉，四十日而畢功。每五日一會，持錢治餐具，如文課。人出五條問對，似射覆，似帖經。疾書格紙，俟甲乙既畢，互勘詰難，以徵得失。一會得五十條，十會得五百條，不洋洋乎大觀也哉！其書簡而愈精，其功約而愈博，不出數寸，不逾百日，而得學問之總龜，古今之元鑒，夫亦何憚而不為也。』全氏（祖望）《困學紀聞》三箋本，兼載程易田、方心醇、屠繼序諸家之說。又有黃岡萬氏《集證》，插架中皆未有也。然有餘姚翁方伯元圻注本，則諸家之精蘊皆備矣。方伯幼嗜此書，中表邵二雲學士教之詳注，用心數十年，凡三易稿而成。讀者欲精熟是書，當以三年為期。然讀此書既畢，而經史百家皆得其端緒，亦何惜三年之力哉！」清翁元圻《困學紀聞注》「蒐採廣博，殊便學者，與黃汝成《日知錄集釋》同為饋貧之糧。而厚齋、亭林之學亦藉以闡發，終為不可廢之書」（王欣夫語）。

《通雅》五十二卷　明方以智撰。是書皆考證名物、象數、訓詁、音聲。首三卷分五子目：曰音義雜論、曰讀書類略、曰小學大略、曰詩說、曰文章薪火，皆不入卷數。書中分四十四門。《四庫提要》稱：「明之中葉，以博洽著者稱楊慎，而陳耀文起而與爭。然慎好偽說以售欺，耀文好蔓引以求勝。次則焦竑，亦喜考證，而習與李贄遊，動輒牽綴佛書，傷於蕪雜。惟以智崛起崇禎中，考據精覈，迥出其上。風氣既開，國初顧炎武、閻若璩、朱彝尊等沿波而起，始一掃懸揣之空談。雖其中千慮一失或所不免，而窮源溯委，詞必有徵，在明代考證家中可謂卓然獨立矣。」

《日知錄》三十二卷　清顧炎武撰。是書卷首顧炎武《與人書》自稱「上篇經術，中篇治道，下篇博聞」。然書中不分門目，而編次先後則略以類從。大抵前七卷皆論經義，八卷至十二卷皆論政事，十三卷論世風，十四卷、十五卷論禮制，十六卷、十七卷皆論科舉，十八卷至二十一卷皆論藝文，二十二卷至二十四卷雜論名義，二十五卷論古事真妄，二十六卷論史法，二十七卷論注書，二十八卷論雜事，二十九卷論兵及外國事，三十卷論天象、術數，三十一卷論地理，三十二卷為雜考證。約略言之，前七卷為上篇，為經義之學；八卷至十二卷為中篇，為資治之學；十三卷至三十二卷為下篇，為考證之學。後世或重其經術，或推其治道，或崇其博聞。其書形式似為排比史料，或借古鑒

今，然其要點仍在融會古今之事，從中總結出可以指導當前行事之原則。其書開清人學術劄記之體，創為清代考據學著作之新範式。顧炎武嘗以鑄錢喻著書，謂古人採銅於山，今人則買舊錢，名之曰廢銅，以充鑄而已。採銅於山者，重視原始材料之發掘也。以廢銅充鑄者，利用二手乃至三手材料，非發明之學也，不過稗販而已矣。此顧氏最為著名之比喻，可謂妙語解頤，片言居要，足以開示來學。是書大旨主實事求是之學，故《四庫提要》云：「炎武學有本原，博贍而能通貫。每一事必詳其始末，參以證佐，而後筆之於書。故引據浩繁，而牴牾者少。非如楊慎、焦竑諸人偶然涉獵，得一義之異同，知其一而不知其二者。」亭林為清初最博之人，與王夫之、黃宗羲並稱「三先生」。其哲學不及船山之精深，史學亦不及梨洲之專門，然繼往開來，屹然為清學正宗，其影響之深遠絕非二氏所能及。彼雖為清代考據學之不祧之祖，實則其學主於明體達用，故其書非僅為純粹之考據學著作，亦非乾嘉以降之純粹考據學家所能效顰也。筆者撰《日知錄集釋校補》即將刊布。

《義門讀書記》五十八卷　清蔣維鈞輯錄何焯校正諸書之文。凡《四書》六卷，《詩》二卷，《左傳》二卷，《公羊》、《穀梁》各一卷，《史記》二卷，《漢書》六卷，《後漢書》五卷，《三國志》二卷，《五代史》一卷，《韓愈集》五卷，《柳宗元集》三卷，《歐陽修集》二卷，《曾鞏集》五卷，蕭統《文選》五卷，《陶潛詩》一卷，《杜甫集》六卷，《李商隱集》二卷。《四庫提要》稱其考證皆極精審。全祖望嘗譏義門為「批尾之學」。王欣夫大不以為然，認為義門「一掃前明之粗疏，而導夫吳學之先路者」。〔註53〕錢竹汀《潛研堂文集》卷三十《跋義門讀書記》云：「義門固好讀書，所見宋、元槧本，皆一一記其異同。又工於楷法，蠅頭朱字，粲然盈帙。好事者得其手校本，不惜善價購之。至其援引史傳，掎摭古人，有絕可笑者。」

《十駕齋養新錄》二十卷《餘錄》三卷　清錢大昕撰。大昕字曉徵，一字及之，號辛楣，又號竹汀。嘉定人。自序謂「養新」二字乃其祖取自宋儒張載《芭蕉》詩：「芭蕉心盡展新枝，新卷新心暗已隨。願學新心養新德，旋隨新葉起新知。」、「養新錄」者，合於孔子「溫故知新」之旨也；「十駕齋」者，以荀子「駑馬十駕，功在不捨」自勉也。阮序稱：「國初以來，諸儒或言道德，或言經術，或言史學，或言天學，或言地理，或言文字音韻，或言金石詩文，專精者固多，兼擅者尚少，惟嘉定錢辛楣能兼其成。」且約舉「九難」之義，

許為當代大儒。是書乃竹汀晚年精心結撰之學術筆記，實為其畢生心得之集中展現，堪稱錢氏晚年定論。卷一論《周易》、《尚書》、《詩經》，如「易韻」條揭示《易象傳》六十四卦皆有韻，「協句即古音」、「以重言釋一言」、「毛傳多轉音」諸條皆發明《詩經》義例。卷二論三禮及《春秋》。卷三論《論語》、《孟子》、《爾雅》及石經，「孟子章指」、「孟子正義非孫宣公作」二條辨《孟子正義》之偽，堪稱定論；「經史當得善本」條，亦為讜論。卷四論文字，如「《說文》舉一反三之例」、「《說文》連上篆字為句」、「《說文》讀若之字或取轉聲」、「二徐私改諧聲字」、「唐人引《說文》不皆可信」，亦多為前人所未道。卷五論聲韻，則發明古今聲變之理，倡「古無輕唇音」、「古無舌上音」、「古人多舌音」之說，尤具卓識，於文字聲韻觀其會通，得古人聲音文字之本。章太炎《與友人書》論近世治聲韻「最精者為錢曉徵，獨明古紐與今紐有異」，是也。卷六論《史記》、《漢書》、《後漢書》、《三國志》、《晉書》、《南齊書》、《唐書》、《五代史》。卷七論《宋史》，所指刻本之誤、南渡諸臣不備、一人重複立傳、編次前後失當、地理志之誤、褒貶不可信、藝文志及列傳之誤，皆深中其失，不可謂之苛論。然「王安石狂妄」條謂：「安石非獨得罪於宋朝，實得罪於名教，豈可以其小有才而未減其狂惑喪心之大惡哉？」此在舊時或可謂之正論，在後世則難免淪為腐論矣。卷八論《宋史》、《遼史》、《金史》，末條以《金史》紀傳證《南遷錄》之偽，首發難端。卷九論《元史》、《明史》，於《元史》匡正尤多。卷十論職官，兼及科舉制度。卷十一論地理，「水經注難盡信」條亦為真實不欺之言。卷十二論姓氏譜諜，標舉古人姓名異同及割裂現象，「家譜不可信」條特別指出「私譜雜誌不敢輕信」。卷十三論版本與史籍，證今本《竹書紀年》、《十六國春秋》、《東家雜記》等書之偽，均可信從；「史通」條深詆劉知幾，目為「名教罪人」，適見其短於持論。卷十四雜論方志、筆記、醫書、天文曆算、文集及書目，「日知錄」條辨正顧炎武訛誤二條，可謂前修未密，後出轉精；「星經」條稱俗傳《甘石星經》為偽撰，但考之未詳；批註《直齋書錄解題》之隨齋，本為程棨，詳見沈叔埏《頤彩堂集·書直齋書錄解題後》，又見錢泰吉《曝書雜記》卷中，而錢氏誤為元時之楊益，則考之未審矣。卷十五論鐘鼎金石。卷十六論詩文，其中「古人文字不宜學」、「文集須良友刪削」二條，堪稱箴言。卷十七論算術、術數。卷十八論學術，大旨主於獨尊儒術，貶抑二氏（見「語錄」、「引儒入釋」等條）；獨尊朱熹（見「朱文公議論平實」條），貶抑宋儒（見「宋儒經學」條）。「士大夫不可以無學」，「有

官君子最忌二事：在己則貪，在公家則聚斂」，「論學術勿為非聖悖道之言，評人物勿為黨同醜正之言」，「文人勿相輕」，皆持論正大，可以垂之久遠。「文人浮薄」、「詩文盜竊」二條，亦切中隱微深痼之疾。卷十九論名物，「引書注卷數」條涉及學術規則。卷二十論地志、人物、墓誌。《餘錄》分為上中下三卷，上卷論經，中卷論史，下卷為雜談。末有嘉慶十一年（1806）其子東塾跋。要之，是書雖不無白璧微瑕，但大體精審工致。書中創新之論，絡繹不絕；真知灼見，所在多有。清代學術筆記如林，一時難見比肩之作。四百年間，惟前之顧炎武《日知錄》、後之錢鍾書《管錐編》與之鼎足而立，故是書不可不謂之「日知後錄、管錐前編」矣。乾嘉諸老，學貴專門，獨竹汀兼通眾藝，打通古今，於文字聲韻、天文曆算、歷史地理、典章制度、氏族譜諜、目錄金石之學，皆造其微，故考證經史，語多精諦。竹汀之學，主於發明，不主於發現，實事求是，信而有徵，博綜群籍，可謂浩博無涯涘。時人推之為一代儒宗（江藩《漢學師承記》），良有以也。初，竹汀與戴東原晤談竟日，東原嘗謂人曰：「當代學者，吾必以曉徵為第二人。」蓋東原毅然以第一人自居。此雖一時興到之戲言，亦的論也。竹汀博大過於東原，而精深不及東原遠甚。東原以極具思想深度之《孟子字義疏證》冠冕當代，而竹汀竟缺少與之抗衡之思想論著。論者或以鄭康成、顧寧人擬之，則未免推之過高矣。王國維云：「國初之學大，乾嘉之學精，而道咸以降之學新。」（《沈乙庵先生七十壽序》）洵諦論也。國初之學，以顧寧人為開山，大而未精；乾嘉之學，以竹汀為巨擘，精則精矣，未見明體達用之大學問大氣象矣。竹汀與紀昀為同年，亦為好友，名望亦相埒，故當時又有「南錢北紀」之說。以考據而論，文達斷不可望竹汀之項背；以批評而論，竹汀亦決非文達之勁敵。平心而論，二氏各有千秋，各擅勝場。揚此抑彼，是丹非素，皆非通論焉。

第八節　小說家類

一、小說家類概說

《四庫全書總目·小說家類序》云：

張衡《西京賦》曰：「小說九百，本自虞初。」《漢書·藝文志》載《虞初周說》九百四十三篇，注稱武帝時方士，則小說興於武帝時矣。故《伊尹說》以下九家，班固多注依託也。然屈原《天問》，

雜陳神怪，多莫知所出，意即小說家言。而《漢志》所載《青史子》
五十七篇，賈誼《新書・保傅篇》中先引之，則其來已久，特盛於
虞初耳。

　　跡其流別，凡有三派：其一敘述雜事，其一記錄異聞，其一綴
輯瑣語也。唐、宋而後，作者彌繁，中間誣謾失真，妖妄熒聽者，
固為不少。然寓勸誡、廣見聞、資考證者亦錯出其中。班固稱：「小
說家流，蓋出於稗官。」如淳注謂：「王者欲知閭巷風俗，故立稗官
使稱說之。」然則博採旁搜，是亦古制，固不必以冗雜廢矣。今甄錄
其近雅馴者，以廣見聞，惟猥鄙荒誕，徒亂耳目者，則黜不載焉。

《漢書・藝文志》云：「小說家者流，蓋出於稗官。街談巷語，道聽途說
者之所造也。」顏師古注：「稗官，小官。如淳曰：『細米為稗，街談巷說，其
細碎之言也。王者欲知閭巷風俗，故立稗官使稱說之。』」劉勰《文心雕龍・
諧隱》云：「然文辭之有諧隱，譬九流之有小說。蓋稗官所採，以廣視聽。」
《四庫全書總目》於此類探本索源，將小說家分為三派：其一敘述雜事，其一
記錄異聞，其一綴輯瑣語。

　　小說實際上是一種十分重要的文學體式，它通過完整的故事情節和具體
的環境描寫來反映社會生活，具有重要的價值，但是在其發展過程中長期沒有
受到重視。直到清末民初，梁啟超大力倡導「小說界革命」，小說理論面目一
新，小說的地位空前提高，乃至被奉為「國民之魂」、「正史之根」、「文學之最
上乘」。

　　小說的起源可以追溯到上古的神話傳說，這些神話傳說以神、怪或者超乎
常人的英雄為中心，想像奇特瑰麗，情節離奇誇張，充滿浪漫主義精神，對於
後代文學尤其是小說，不僅提供了大量創作素材，而且積累了豐富的藝術表現
技巧，直接孕育並開啟了魏晉志怪小說的萌生。另外，寓言故事也為古代小說
的發展提供了豐富的營養，如《莊子》、《孟子》、《韓非子》、《呂氏春秋》等著
作中採用的大量寓言故事，形象生動、寓意深遠，為後代小說創造提供了可資
借鑒的經驗和題材。再則，先秦、兩漢的史傳文學，其敘事的完整性與連貫
性，人物塑造的個性化與典型化，都對古代長篇小說尤其是歷史演義小說產生
重要影響。

　　經過長期的孕育，魏晉時期中國古代小說終於破土而出，一大批文言短篇
小說相繼問世。魯迅將這一時期的小說分為志怪小說和志人小說兩大類，前者

以干寶《搜神記》為代表，後者以劉義慶《世說新語》為代表。從隋、唐到元末，中國古代小說不斷成長並走向成熟，出現了大量優秀的作品，如《南柯太守傳》、《李娃傳》、《柳毅傳》等，還有很多小說總集，如《太平廣記》、《玄怪錄》、《酉陽雜俎》等。明清時期，中國古代小說正式進入全面成熟期，無論是長篇短製，或是文言白話，都出現一派繁盛景觀，並誕生了一大批影響深遠的小說：羅貫中《三國演義》、施耐庵《水滸傳》、吳承恩《西遊記》、蘭陵笑笑生《金瓶梅》、馮夢龍編集的《三言》、《二拍》、蒲松齡《聊齋誌異》、吳敬梓《儒林外史》、曹雪芹《紅樓夢》等，現擇其要予以簡要介紹。

明代胡應麟將小說分為志怪、傳奇、雜錄、叢錄、辯訂、箴規六類。與之相比，《四庫全書總目》已大大縮小了小說家的領域，僅保留了志怪、雜錄二類，將傳奇取消，將叢錄、辯訂等類放到雜家類裏。《四庫全書總目》雖然肯定唐、宋以後的小說有「寓勸誡、廣見聞、資考證者」，但對「誣謾失真，妖妄熒聽者」，「猥鄙荒誕，徒亂耳目者」一概黜而不載，對通俗小說（如宋之平話、元明之演義）概予排斥。明代正統文人認為：「經史子集之外，博聞多知，不可無雜記錄。今人讀書，而全不閱覽小說家，終是寡陋俗學。宇宙之變，名物之煩，多出於此。第如鬼物妖魅之說，如今之《燃犀錄》、《睽車志》、《幽怪錄》等書，野史蕪穢之談，如《水滸傳》、《三國演義》等書，焚之可也。」〔註54〕明末之世家子弟竟然如此偏激。

二、雜事

此類即胡應麟之雜錄。或以為筆記小說。此屬著錄八十六部，五百八十卷。如《西京雜記》、《世說新語》、《朝野僉載》、《大唐新語》、《唐國史補》、《劉賓客嘉話錄》、《因話錄》、《大唐傳載》、《教坊記》、《幽閒鼓吹》、《松窗雜錄》、《雲溪友議》、《金華子》、《開元天寶遺事》、《南唐近事》、《北夢瑣言》、《唐摭言》、《南部新書》、《涑水紀聞》、《歸田錄》、《龍川略志》、《後山談叢》、《孫公談圃》、《孔氏談苑》、《東軒筆錄》、《泊宅編》、《鐵圍山叢談》、《唐語林》、《聞見前錄》、《清波雜志》、《雞肋編》、《聞見後錄》、《桯史》、《癸辛雜識》等皆屬此類。上述各種大都具有較高的史料價值，現在被學術界視為唐、宋史料筆記。《四庫全書總目》於此類亦頗感棘手：「紀錄雜事之書，小說與雜史最易相淆，諸家著錄亦往往牽混。今以述朝政軍國者入雜史，其參以里

〔註54〕汪砢玉：《珊瑚網》卷十七。

巷閒談、詞章細故者則均隸此門。《世說新語》，古俱著錄於小說，其明例矣。」〔註55〕

《世說新語》三卷　宋劉義慶撰，梁劉孝標注。所記分三十八門，上起後漢，下迄東晉，皆軼事瑣語，足為談助。劉應登序云：「晉人樂曠多奇情，故其言語文章別是一色，《世說》可睹已。說為晉作，及於漢、魏者，其餘耳。雖典雅不如《左氏》、《國語》，馳騖不如諸《國策》，而清微簡遠，居然玄勝。概舉如衛虎渡江，安石教兒，機鋒似沈滑稽，又冷類入人夢思，有味有情，咽之愈多，嚼之不見。蓋於時諸公專以一言半句為終身之目，未若後來人士俛焉下筆，始定名價。臨川善述，更自高簡有法。反正之評，戾實之載，豈不或有？亦當頌之，使與諸書並行也。晚後淺俗，奈解人正不可得。」然義慶所述，劉知幾《史通》深以為譏。《史通》卷一《六家第一》云：「昔之所忽，而今之所要，如君懋《隋書》，雖欲祖述商周，憲章虞夏，觀其體制，乃似孔氏《家語》、臨川《世說》，可謂畫虎不成反類犬也。」《史通》卷五《採撰第十五》云：「晉世雜書，諒非一族。若《語林》、《世說》、《幽明錄》、《搜神記》之徒，其所載或恢諧小辨，或神鬼怪物，其事非聖，揚雄所不觀，其言亂神，宣尼所不語。唐朝所撰晉史，多採以為書。夫以干、鄧之所糞除，王、虞之所糠粃，持為逸史，用補前傳，此何異魏朝之撰《皇覽》，梁世之修《遍略》，務多為美，聚博為功。雖取悅小人，終見嗤於君子矣。」《史通》卷五《補注第十七》云：「次有好事之子，思廣異聞，而才短力微，不能自達，庶憑驥尾，千里絕群，遂乃掇眾史之異詞，補前書之所闕，若裴松之《三國志》，陸澄、劉昭兩《漢書》，劉彤《晉紀》，劉孝標《世說》之類是也。」《史通》卷八《書事第二十九》云：「自魏晉已降，著述多門，語林、笑林、世說、俗說，皆喜載喎謔小辨，嗤鄙異聞。雖為有識所譏，頗為無知所悅。而斯風一扇，國史多同。」《史通》卷十四《申左第五》云：「《語林》、《世說》，競造異端，強書他事。夫以傳自委巷，而將班馬抗衡，訪諸古老，而與子孫並列，斯則難矣。」《史通》卷十六：「夫編年敘事，混雜難辨，紀傳成體，區別易觀。昔讀太史公書，每怪其所採多是《周書》、《國語》、《世本》、《戰國策》之流。近見皇家所撰晉史，其所採亦多是短部小書，省功易閱者若《語林》、《世說》、《搜神記》、《幽明錄》之類是也。」《史通》卷十七：「近者宋臨川王義慶著《世說新書》，上敘兩漢、三國及晉中朝。江左事劉峻注釋，摘其瑕疵，偽跡昭然，理難文飾。而皇家撰

晉史多取此書，遂採康王之妄言，違孝標之正說，以此書事，奚其厚顏？」高氏《緯略》云：「宋臨川王義慶採擷漢晉以來佳事佳話，為《世說新語》，極為精絕，而猶未為奇也。梁劉孝標注此書，引援詳確，有不言之妙。如引漢、魏、吳諸史及子傳地理之書皆不必言，只如晉氏一朝史及晉諸公列傳譜錄文章，凡一百六十六家，皆出於正史之外。記載特詳，聞見未接，寔為注書之法。」《四庫提要》稱：「然義慶本小說家言，而知幾繩之以史法，擬於不倫，未為通論。孝標所注，特為典贍。所引諸書，今已佚其十之九，惟賴是注以傳，故與裴松之《三國志注》、酈道元《水經注》、李善《文選注》同為考證家所引據。」余嘉錫先生撰《世說新語校箋》（中華書局，1983 年版），范子燁撰《世說新語研究》（黑龍江教育出版社，1998 年版）。

　　《涑水記聞》十六卷　宋司馬光撰。是編雜錄宋代舊事，起於太祖，訖於神宗。每條皆注其述說之人，故曰「記聞」。其中所記國家大政為多，而亦間涉瑣事。《文獻通考》「溫公日記」條下引李燾之言曰：「文正公初與劉道原共議，取實錄正史，旁採異聞，作《資治通鑒後紀》，今世所傳《記聞》及《日記》並《朔記》，皆《後紀》之具也。」

　　《唐語林》八卷　宋王讜撰。以唐小說五十家，仿《世說新語》，分三十五門，又益十七門為五十二門。《四庫提要》稱：「是書雖仿《世說》，而所紀典章故實，嘉言懿行，多與正史相發明，視劉義慶之專尚清談者不同。且所採諸書，存者亦少，其裒集之功，尤不可沒。」周勳初撰《唐語林校證》（中華書局，1987 年版）。

三、異聞

　　此類即胡應麟之志怪小說，敘事較有條貫。如《山海經》、《穆天子傳》、《神異經》、《漢武故事》、《漢武帝內傳》、《拾遺記》、《搜神記》、《異苑》、《集異記》、《博異記》、《杜陽雜編》、《劇談錄》、《宣室志》、《唐闕史》、《稽神錄》、《江淮異人錄》、《太平廣記》、《夷堅支志》等皆屬此類。魯迅認為：「蘇鶚有《杜陽雜編》記唐世故事，而多誇遠方珍異，參蓼子高彥休之《唐闕史》，雖間有實錄，而亦言見夢升仙，故架傳奇，但稍遷變。至於康駢《劇談錄》之漸多世務，孫棨《北里志》之專敘狹邪，范攄《雲溪友議》之特重歌詠，仍以傳奇為骨者也。」〔註56〕異聞之屬著錄三十二部，七百二十四卷。

〔註56〕魯迅：《中國小說史略》，人民文學出版社，1981 年版，第 93 頁。

　　《山海經》十八卷　晉郭璞注。卷首有劉秀校上奏，稱為伯益所作。《四庫提要》云：「觀書中載夏后啟、周文王及秦、漢長沙、象郡、餘暨、下雋諸地名，斷不作於三代以上，殆周秦間人所述，而後來好異者又附益之歟？郭璞注是書，見於《晉書》本傳。隋、唐二《志》又有郭璞《山海經圖贊》二卷，今其贊猶載璞集中；其圖則《宋志》已不著錄，知久佚矣。舊本所載劉秀奏中，稱其書凡十八篇，與《漢志》稱十三篇者不合。《七略》即秀所定，不應自相牴牾，疑其贋託。然璞序已引其文，相傳既久，今仍並錄焉。書中序述山水，多參以神怪，故《道藏》收入太玄部競字號中。究其本旨，實非黃、老之言。然道里山川，率難考據。案以耳目所及，百不一真。諸家並以為地理書之冠，亦為未允。核實定名，實則小說之最古者爾。」蒙文通認為：「《山海經》十八篇雖是一部離奇神怪的書，但它絕不能如《四庫提要》所擬議的那樣，是一部閉門臆造的小說。春秋戰國時代，各國都有它所流傳的代表它的傳統文化的典籍，鄒魯有《六藝》，齊有《五官技》，楚有《三墳》、《五典》、《八索》、《九丘》，孔子之宋而得《坤乾》，之杞而得《夏時》，巴蜀之地當也有它自己的作品，《山海經》就可能是巴蜀地域所流傳的代表巴蜀文化的典籍。」〔註57〕關於《山海經》的作者，自劉歆以迄王充、顏之推，皆謂是虞夏之際禹、益所作，其說恐不可信。現代學者大抵認為此書並非一人之作，各篇產生時代並不一樣。如《山經》五篇，一般認為出現最早，有人認為出現於春秋或更早，有人則認為出現於春秋戰國之際；「海外」、「海內」諸經，一般認為出現於戰國；至於「大荒」諸經則有人認為作於戰國，也有人認為作於西漢。諸家之說雖有不同，但大體上以《山經》部分為最早，海經諸篇次之，大荒經諸篇最晚則似較一致。不過這種看法，亦多有推測成分，尚不能論定。〔註58〕劉宗迪撰《失落的天書》《眾神的山川》，嘗試重建上古地理、歷史及神話。

　　《穆天子傳》六卷　晉郭璞注。此書所紀雖多誇言寡實，然較《山海經》、《淮南子》猶為近實。其注此書，頗引志怪之談。《四庫提要》云：「《穆天子傳》舊皆入起居注類。徒以編年紀月，敘述西遊之事，體近乎起居注耳。實則恍惚無徵，又非《逸周書》之比。以為古書而存之可也，以為信史而錄之，則史體雜，史例破矣。今退置於小說家，義求其當，無庸以變古為嫌也。」關於

〔註57〕蒙文通：《先秦諸子與理學》，廣西師範大學出版社，2006 年版，第 253 頁。
〔註58〕曹道衡、劉躍進：《先秦兩漢文學史料學》，中華書局，2005 年版，第 180 頁。

《穆天子傳》的性質，繆文遠認為：「《四庫提要》對《穆傳》的看法，並未獲得多少支持者。近代學者劉師培論證了《穆傳》中許多名物制度如『六師』、『七萃之士』、『墨乘』、『工布』等和古代禮書所記大體相符。日本學者小川琢治也認為《穆傳》記事兼記言……殆無可疑。《穆傳》不是小說，它應是一部『其敘簡而法，其謠雅而風，其事侈而核』，內容豐富的歷史典籍。當然，《四庫提要》所言也有合理的因素。我以為如把《穆傳》看成『小說』固然不妥，但若把它視作周穆王實際的行程紀事也不恰當。西周時期，穆王的車轍馬跡能否遠涉西域，甚至到達蔥嶺和帕米爾，是很令人懷疑的。如把《穆傳》看成是反映戰國時中原和西域交通史實的作品，則大致符合實際。」〔註59〕清朱一新《無邪堂答問》云：「《穆天子傳》人多疑其荒忽，而道里風俗，證以今之地望，大致皆合。」歷舉巨蒐即《禹貢》之渠搜諸條為證，謂地猶可考，非齊諧志怪之比也。蓋此二書者實為古地理要籍，而簿錄家列之小說家者誤矣。常熟鄒介修認為《穆天子傳》所述山川道里一一可稽，以古證今無不密合，曾著專書，其稿藏常熟圖書館〔註60〕。張公量《穆傳山經合證》也把《穆傳》當作地理著作，而茅盾《中國神話ABC》把它視為神話，林庚《中國文學簡史》認為它是「後來野史的先河，筆記小說的開端」，曹道衡認為：「此書對研究古代史，正如楊樹達、唐蘭等先生所說，仍有一定的史料價值。至於在先秦文學史上，此書尤有其特殊的地位，因為它標誌著我國的小說脫胎於史書的特點。後來的《吳越春秋》、《越絕書》等書，亦有這個特點，最後發展為《三國演義》等歷史小說。」〔註61〕關於此書的真偽，童書業《穆天子傳疑》、黎光明《穆天子傳的研究》認為《穆天子傳》是晚出偽書，而劉師培《穆天子傳補釋》、顧實《穆天子傳西征講疏》則認為是西周史官所記，衛聚賢《穆天子傳研究》則斷定是戰國時代的作品。顧實《穆天子傳西征講疏》認為：「《穆傳》何人所作，則周史也。何時所作，則穆王十三及十四年西征往還之際也，皆萬無可疑者也。」此種說法未必合乎事實。周穆王確實有過西征之事，後人根據這些史實，加上一部分想像而作《穆天子傳》。因此此書不可能全屬虛構，但恐亦非全屬信史。

　　《太平廣記》五百卷　宋李昉奉敕監修。凡分五十五部，所採書三百四十

〔註59〕繆文遠：《穆天子傳是一部什麼樣的書》，《文史知識》，1985年第11期，第29～30頁。

〔註60〕王欣夫：《蛾術軒篋存善本書錄》，上海古籍出版社，2002年版，第1342頁。

〔註61〕曹道衡、劉躍進：《先秦兩漢文學史料學》，中華書局，2005年版，第1805頁。

五種,古來軼聞瑣事、僻笈遺文咸在,可謂小說家之淵海。《四庫提要》稱:「其書雖多談神怪,而採摭繁富,名物典故錯出其間,詞章家恒所採用,考證家亦多所取資。又唐以前書,世所不傳者,斷簡殘編尚間存其什一,尤足貴也。」錢鍾書先生《管錐編》第二冊有關於《太平廣記》的 215 條劄記,多從文學角度探討。若從史學角度切入,可能發掘出更多的寶貴史料。

四、瑣語

此類亦胡應麟之志怪小說,敘事較為細碎。瑣語之屬著錄五部,如《博物志》、《述異記》、《酉陽雜俎》、《清異錄》、《續博物志》。我們已將《博物志》、《續博物志》移至雜纂類纂物之屬。

《酉陽雜俎》二十卷《續集》十卷 唐段成式撰。自序云:「凡三十篇,為二十卷。」《四庫提要》稱:「其書多詭怪不經之談,荒渺無稽之物,而遺文秘籍亦往往錯出其中,故論者雖病其浮誇,而不能不相徵引。自唐以來推為小說之翹楚,莫或廢也。」魯迅亦稱:「或錄秘書,或敘異事,仙佛人鬼以至動植,彌不畢載,以類相聚,有如類書。雖源或出於張華《博物志》,而在唐時,則猶之獨創之作矣。」〔註62〕許逸民《酉陽雜俎校箋》(中華書局,2015 年版)。曾雪梅撰《酉陽雜俎校釋》(山東人民出版社,2018 年版)。劉傳鴻撰《酉陽雜俎校證》(北京大學出版社,2015 年版)。

五、講史

《三國演義》一百二十回 羅貫中撰。《三國演義》是中國小說史上最早的一部長篇歷史小說,根據陳壽《三國志》和裴松之《三國志注》兼採民間平話加工而成,既把高文典冊的史書通俗化,也將正史變成小說〔註63〕。小說描寫了東漢末年和整個三國時代,曹操、劉備、孫權為首的魏、蜀、吳三個政治、軍事集團之間的矛盾和鬥爭。《三國演義》塑造了一大群鮮明生動、呼之欲出的人物形象,其中最為成功的是諸葛亮、曹操、關羽三人,號稱「三絕」,即曹操「奸絕」,因其奸詐過人,故有點被醜化〔註64〕;關羽「義絕」,以其「義重如山」,但也被神化;孔明「智絕」,如祭東風、草船借箭、三氣周瑜、

〔註62〕魯迅:《中國小說史略》,人民文學出版社,1981 年版,第 93 頁。
〔註63〕聶紺弩:《三國演義前言》,《三國演義》,嶽麓書社,1986 年版。
〔註64〕曹操乃千古奸雄,郭沫若為曹操翻案,譁眾取寵,別有用心。有人從曹操、劉備、孫權三人悟出「厚黑學」,可謂獨具隻眼。

罵死王朗、空城計、七星燈等細節，無不機智過人，庶幾近乎妖人。這應該是
其成功刻畫人物的絕好例證。善於在驚心動魄的軍事、政治鬥爭場景中，在尖
銳複雜的矛盾衝突中塑造人物形象。對於主要人物，往往通過一系列的故事情
節和人物語言，運用誇張、對比、襯托等方法來表現其複雜的性格，使人物的
形象、性格十分典型、突出。《三國演義》中的戰爭描寫也是別具一格。全書
描寫了大大小小四十多次戰爭，其中官渡之戰、赤壁之戰、夷陵之戰最為出
色。作者以人物為中心，寫出戰爭雙方的戰略戰術、力量對比、地位轉化等等，
波瀾起伏、跌宕跳躍，充分體現了戰爭的複雜性和多樣性。

六、擬古

《聊齋誌異》十二卷　清蒲松齡撰。蒲松齡字留仙，一字劍臣，號柳泉居
士，世稱聊齋先生。《聊齋誌異》，簡稱《聊齋》，俗名《鬼狐傳》。全書共有短
篇小說 491 篇，內容十分廣泛，多談狐、仙、鬼、妖，以此來反映當時的社會
現實。全書內容分為以下幾類：一是才子佳人式的愛情故事；二是人與人或
非人之間的友情故事；三是不滿黑暗社會現實的反抗故事；四是諷刺不良品
行的道德訓誡故事。小說雖然是通過幻想的形式談狐說鬼，但內容卻深深地
扎根於現實生活的土壤之中，曲折地反映了當時社會的黑暗政治和種種腐朽
現象，尤其是對官場吏治的腐敗醜惡進行了無情的抨擊。同時，小說對青年
男女違背封建禮教，反抗封建勢力，大膽追求戀愛婚姻自由也給予肯定和讚
頌。《聊齋誌異》用傳奇的手法，來表現志怪式的題材或內容，成功地塑造了
眾多的藝術典型，人物形象鮮明生動，故事情節曲折離奇，結構布局嚴謹巧
妙，將文言小說創作推向了巔峰。其卓越不凡的藝術成就得到了眾多好評，
郭沫若評價說：「寫鬼寫妖高人一等，刺貪刺虐入骨三分。」老舍評價說：「鬼
狐有性格，笑罵成文章。」惟獨紀昀頗有微詞，以為《聊齋》是才子之筆而非
著書者之筆。

七、諷刺

《儒林外史》五十六回　吳敬梓撰。敬梓字敏軒，一字文木，號粒民。全
書約四十萬字，描寫了近二百個人物，展示了康乾時期科舉制度下讀書人及
官紳的精神面貌，是一部著名的長篇諷刺小說。魯迅在《中國小說史略》中指
出：「迨吳敬梓《儒林外史》出，乃秉持公心，指謫時弊，機鋒所向，尤在士

林。其文又戚而能諧,婉而多諷。於是說部中乃始有足稱諷刺之書。」〔註65〕
這是對《儒林外史》進步思想內容和諷刺藝術的較好概括。作者描寫了八股制
度下眾多儒林人士的悲劇性命運,進而展開了一幅封建科舉時代的社會風情
畫,抨擊了腐朽的制度和黑暗的社會,使《儒林外史》成為中國古典諷刺小說
中的傑出代表。魯迅曾斷言:「是後亦鮮有以公心諷世之書如《儒林外史》者。」
〔註66〕不過這話說得有點過頭。現代學者錢鍾書先生的《圍城》一書即是《儒
林外史》之嗣響。此外,《儒林外史》所傳人物大都實有其人。何澤翰先生特
撰《儒林外史人物本事考略》一書,以樸學方法治小說,多可信從,故其說多
為後來者所襲取。

八、人情

《紅樓夢》一百二十回　一般認為前八十回為曹雪芹撰,後四十回為高鶚
續作。書中以賈、史、王、薛四大家族為背景,以賈寶玉、林黛玉愛情悲劇為
主線,著重描寫賈、史、王、薛四大家族尤其是賈家榮、寧兩府由盛到衰的過
程。全面地展示了封建社會末世的人性世態及種種無法調和的矛盾。全書結構
嚴謹、布局精妙,人物性格鮮明生動,事件描繪生動細緻、波瀾起伏,堪稱我
國古典小說的高峰之作。魯迅《中國小說史略》云:「全書所寫,雖不外悲喜
之情,聚散之跡,而人物事故,則擺脫舊套,與在先之人情小說甚不同。蓋敘
述皆存真,聞見悉所親歷,正因寫實,轉成新鮮。」〔註67〕不同的人可以讀出
不同的《紅樓夢》,同一個人在人生的不同時期,對《紅樓夢》的感受也完全
不同。讀不盡的《紅樓夢》,品不完的《紅樓夢》。但我們也不得不承認,紅學
是被紅學家弄玄的,早已經變了味。

參考文獻

1. 馮友蘭:《中國哲學史史料學》,南京:江蘇教育出版社,2006年版。

2. 劉咸炘:《劉咸炘學術論集·子學編》,桂林:廣西師範大學出版社,2007
  年版。

3. 王欣夫:《蛾術軒篋存善本書錄》,上海:上海古籍出版社,2002年版。

〔註65〕魯迅:《中國小說史略》,人民文學出版社,1981年版,第220頁。
〔註66〕魯迅:《中國小說史略》,人民文學出版社,1981年版,第225頁。
〔註67〕魯迅:《中國小說史略》,人民文學出版社,1981年版,第233～234頁。

4. 蒙文通：《先秦諸子與理學》，桂林：廣西師範大學出版社，2006 年版。

5. 曹道衡、劉躍進：《先秦兩漢文學史料學》，北京：中華書局，2005 年版。

推薦書目

1. 清王先謙：《荀子集解》，北京：中華書局，1988 年版。

2. 宋黎靖德編：《朱子語類》，北京：中華書局，1994 年版。

3. 清孫詒讓：《墨子閒詁》，北京：中華書局，1986 年版。

4. 朱謙之：《老子校釋》，北京：中華書局，1984 年版。

5. 清郭慶藩：《莊子集釋》，北京：中華書局，1961 年版。

6. 楊伯峻：《列子集釋》，北京：中華書局，1979 年版。

7. 黃暉：《論衡校釋》，北京：中華書局，1990 年版。

8. 王利器《風俗通義校注》，北京：中華書局，1981 年版。

9. 王利器《新語校注》，北京：中華書局，1986 年版。

10. 王利器《鹽鐵論校注》，北京：中華書局，1992 年版。

11. 王利器《文子疏義》，北京：中華書局，2000 年版。

12. 胡道靜：《夢溪筆談校正》，上海：上海古籍出版社，1982 年版。

13. 宋王應麟：《困學紀聞》，瀋陽：遼寧教育出版社，1998 年版。

14. 清黃汝成：《日知錄集釋》，長沙：嶽麓書社，1994 年版。

15. 陳垣：《日知錄校注》，合肥：安徽大學出版社，2007 年版。

16. 清錢大昕：《十駕齋養新錄》，南京：江蘇古籍出版社，2000 年版。

17. 清王念孫：《讀書雜志》，南京：江蘇古籍出版社，1985 年版。

18. 羅貫中：《三國演義》，通行本。

19. 施耐庵：《水滸傳》，通行本。

20. 吳承恩：《西遊記》，通行本。

21. 曹雪芹、高鶚：《紅樓夢》，通行本。

22. 蒲松齡：《聊齋誌異》，通行本。

23. 吳敬梓：《儒林外史》，通行本。

第四章　集　部

　　《四庫全書總目‧集部總敘》云：「集部之目，楚辭最古，別集次之，總集次之，詩文評又晚出，詞曲則其閏餘也。」本書保留了《四庫全書》原有的楚辭類、別集類、詩文評類和詞曲類，而將總集類移至工具部。

第一節　楚辭類

一、楚辭類概說

　　《四庫全書總目‧楚辭類序》云：

　　　　裒屈、宋諸賦，定名《楚辭》，自劉向始也。後人或謂之「騷」，故劉勰品論《楚辭》，以「辨騷」標目。考史遷稱：「屈原放逐，乃著《離騷》。」蓋舉其最著一篇。《九歌》以下，均襲騷名，則非事實矣。《隋志》集部以「楚辭」別為一門，歷代因之。蓋漢、魏以下，賦體既變，無全集皆作此體者，他集不與《楚辭》類，《楚辭》亦不與他集類，體例既異，理不得不分著也。

　　　　楊穆有《九悼》一卷，至宋已佚。晁補之、朱子皆嘗續編，然補之書亦不傳，僅朱子書附刻《集注》後。今所傳者，大抵注與音耳。注家由東漢至宋，遞相補苴，無大異詞。迨於近世，始多別解，割裂補綴，言人人殊。錯簡說經之術，蔓延及於詞賦矣。今並刊除，杜竄亂古書之漸也。

　　《楚辭》是我國最早的騷體類辭賦總集。楚辭，亦作「楚詞」，本為楚地歌謠。戰國楚人屈原吸收其營養，創作出《離騷》等巨製鴻篇，後人仿傚，名

篇繼出，成為一種有特點的文學作品，通稱「楚辭」。其語尾多用「兮」字，如「路漫漫其修遠兮，吾將上下而求索」，「世溷濁而不分兮，好蔽美而嫉妒」，「世溷濁而嫉賢兮，好蔽善而稱惡」。

　　西漢劉向輯錄屈原之所作《離騷》、《九歌》、《天問》、《九章》、《遠遊》、《卜居》、《漁父》，宋玉《九辨》、《招魂》，景差《大招》，而以賈誼《惜誓》、淮南小山《招隱士》、東方朔《七諫》、嚴忌《哀時命》、王褒《九懷》和劉向自作的《九歎》，共為《楚辭》十六卷。

二、《楚辭》內容簡介

　　《楚辭》以屈原賦為主，王逸《楚辭章句》前七卷所載共二十五篇，與《漢志》所記篇數相合。歷代對哪些作品屬屈原存在爭議，我們在介紹時重點關注真偽問題。

　　《離騷》　王逸《楚辭章句》卷一稱：「《離騷經》者，屈原之所作也。屈原執履忠貞而被讒衺，憂心煩亂，不知所愬，乃作《離騷經》。離，別也。騷，愁也。經，徑也。言已放逐離別，中心愁思，猶陳直徑以風諫君也。」又稱：「《離騷》之文，依詩取興，引類譬諭，故善鳥香草以配忠貞，惡禽臭物以比讒佞，靈修美人以媲於君，宓妃佚女以譬賢臣，虬龍鸞鳳以託君子，飄風雲霓以為小人。其詞溫而雅，其義皎而朗。凡百君子，莫不慕其清高，嘉其文采，哀其不遇，而閔其志焉。」

　　《九歌》　分為11篇：《東皇太一》、《雲中居》、《湘君》、《湘夫人》、《大司命》、《少司命》、《東君》、《河伯》、《山鬼》、《國殤》、《禮魂》。《九歌》作者為誰？王逸《楚辭章句》卷二稱：「《九歌》者，屈原之所作也。昔楚國南郢之邑，沅湘之間，其俗信鬼而好祀，其祠必作歌樂鼓舞以樂諸神。屈原放逐，竄伏其域，懷憂苦毒，愁思怫鬱。出見俗人祭祀之禮，歌舞之樂，其詞鄙陋，因為作九歌之曲，上陳事神之敬，下以見己之冤結，託之以風諫，故其文意不同，章句雜錯，而廣異義焉。」他肯定了《九歌》是屈原所作。朱熹以下，皆無異詞。惟獨胡適懷疑屈原這個人有不有，更否定《九歌》為屈原所作。其說疑古過勇，不足為據。

　　《天問》　王逸《楚辭章句》卷三：「《天問》者，屈原之所作也。何不言問天？天尊不可問，故曰天問也。屈原放逐，憂心愁悴，彷徨山澤，經歷陵陸，嗟號旻昊，仰天歎息，見楚有先王之廟及公卿祠堂，圖畫天地山川神靈，

琦瑋僪佹，及古賢聖怪物行事。周流罷倦，休息其下，仰見圖畫，因書其壁，呵而問之，以渫憤懣，舒瀉愁思。楚人哀惜屈原，因共論述，故其文義不次敘云爾。」此篇在屈原賦中自是一篇奇作，涉及宇宙起源、自然現象、神話傳說、歷史等各個方面，共 170 多個問題，文有錯簡，向稱難讀，注家雖多，亦難免癡人說夢之譏。

《九章》　分為《惜誦》、《涉江》、《哀郢》、《抽思》、《懷沙》、《思美人》、《惜往日》、《橘頌》、《悲回風》。屈原作。王逸《楚辭章句》卷四：「《九章》者，屈原之所作也。屈原放於江南之野，思君念國，憂心罔極，故復作《九章》。章者，著也，明也，言已所陳忠信之道甚著明也。卒不見納，委命自沉。楚人惜而哀之，世論其詞以相傳焉。」朱熹認為《九章》「必非出於一時之作」。劉永濟《屈賦通箋》認為《思美人》、《惜往日》、《橘頌》、《悲回風》都是偽作，而陳子展《楚辭直解》一一予以反駁〔註1〕，又將其篇次調整為：《橘頌》、《惜誦》、《思美人》、《抽思》、《涉江》、《惜往日》、《哀郢》、《悲回風》、《懷沙》〔註2〕。

《遠遊》　王逸《楚辭章句》卷五：「《遠遊》者，屈原之所作也。屈原履方直之行，不容於世上，為讒佞所譖毀，下為俗人所困極，章皇山澤，無所告訴，乃深惟元一，修執恬漠，思欲濟世，則意中憤然，文采秀發，遂敘眇思，託配仙人，與俱遊戲，周歷天地，無所不到，然猶懷念楚國，思慕舊故，忠信之篤，仁義之厚也。是以君子珍重其志，而瑋其辭焉。」廖平、郭沫若、劉永濟等人懷疑《遠遊》為屈原所作，而陳子展《楚辭直解》一一予以反駁〔註3〕。

《卜居》　王逸《楚辭章句》卷六：「《卜居》者，屈原之所作也。屈原履忠貞之性，而見嫉妒。念讒佞之臣，承君順非而蒙富貴；己執忠直而身放棄，心迷意惑，不知所為，乃往至太卜之家，稽問神明，決之蓍龜，卜已居世何所宜行，冀聞異策，以定嫌疑，故曰《卜居》也。」朱熹《楚辭章句》卷五批評王逸之說：「《卜居》者，屈原之所作也。屈原哀憫當世之人，習安邪佞，違背正直，故陽為不知二者之是非可否，而將假蓍龜以決之，遂為此詞，發其取捨之端，以警世俗。說者乃謂原實未能無疑於此，而姑將問諸卜人，則亦誤矣。」許多學者懷疑《卜居》、《漁父》不是屈原的作品，而郭沫若認為不

〔註1〕陳子展：《楚辭直解》，復旦大學出版社，1996 年版，第 544～546 頁。
〔註2〕陳子展：《楚辭直解》，復旦大學出版社，1996 年版，第 548 頁。
〔註3〕陳子展：《楚辭直解》，復旦大學出版社，1996 年版，第 634～655 頁。

偽〔註4〕，陳子展亦有專文證真〔註5〕。

《漁父》 王逸《楚辭章句》卷七：「《漁父》者，屈原之所作也。屈原放逐，在江湘之間，憂愁歎吟，儀容變易，而漁父避世隱身，釣魚江濱，欣然自樂，時遇屈原川澤之域，怪而問之，遂相應答。楚人思念屈原，因敘其辭以相傳焉。」信疑並存，遂啟疑端。

《九辨》 宋玉作。王逸《楚辭章句》卷八：「《九辯》者，楚大夫宋玉之所作也。辯者，變也，謂陳道德以變說君也。九者，陽之數，道之綱紀也。故天有九星，以正璣衡，地有九州，以成萬邦，人有九竅，以通精明。屈原懷忠貞之性，而被讒邪，傷君暗蔽，國將危亡，乃援天地之數，列人形之要，而作九歌九章之頌，以諷諫懷王，明己所言與天地合度，可履而行也。宋玉者，屈原弟子也。閔惜其師忠而放逐，故作《九辯》以述其志。至於漢興，劉向、王褒之徒，咸悲其文，依而作詞，故號為《楚辭》，亦承其九以立義焉。」焦竑、陳第、梁啟超、劉永濟等人皆認為《九辯》為屈原所作，陳子展認為《九辯》是宋玉憫屈之作〔註6〕。

《招魂》 宋玉作。王逸《楚辭章句》卷九：「《招魂》者，宋玉之所作也。招者，召也，以手曰招，以言曰召。魂者，身之精也。宋玉憐哀屈原忠而斥棄，愁懣山澤，魂魄放佚，厥命將落，故作《招魂》，欲以復其精神，延其年壽，外陳四方之惡，內崇楚國之美，以諷諫懷王，冀其覺悟而還之也。」

《大招》 景差作。王逸《楚辭章句》卷十：「《大招》者，屈原之所作也。或曰景差，疑不能明也。屈原放流九年，憂思煩亂，精神越散，與形離別，恐命將終，所行不遂，故憤然大招其魂。盛稱楚國之樂，崇懷、襄之德，以比三王。能任用賢公卿，明察能薦舉人；宜輔佐之，以興至治。因以風諫，達己之志也。」此處留下千古疑案：《大招》到底屈原為招自己生魂而作，還是景差所作？

《惜誓》 賈誼作。王逸《楚辭章句》卷十一：「《惜誓》者，不知誰所作也。或曰賈誼，疑不能明也。惜者，哀也。誓者，信也，約也。言哀惜懷王與已信約而復背之也。古者君臣將共為治，必以信誓相約，然後言乃從而身以親也。蓋刺懷王有始無終也。」

〔註4〕陳子展：《楚辭直解》，復旦大學出版社，1996 年版，第 661～662 頁。
〔註5〕陳子展：《楚辭直解》，復旦大學出版社，1996 年版，第 676～690 頁。
〔註6〕陳子展：《楚辭直解》，復旦大學出版社，1996 年版，第 701～710 頁。

《招隱士》 淮南小山作。王逸《楚辭章句》卷十二：「《招隱士》者，淮南小山之所作也。昔淮南王安，博雅好古，招懷天下俊偉之士。自八公之徒，咸慕其德而歸其仁，各竭才智，著作篇章，分造辭賦，以類相從。故或稱小山，或稱大山，其義猶《詩》有小雅、大雅也。小山之徒，閔傷屈原，又怪其文，昇天乘雲，役使百神，似若仙者。雖身沉沒，名德顯聞，與隱處山澤無異。故作《招隱士》之賦以章其志也。」

《七諫》 東方朔作。王逸《楚辭章句》卷十三：「《七諫》者，東方朔之所作也。諫者，正也，謂陳法度以諫正君也。古者人臣三諫不從，退而待放。屈原與楚同姓，無去之義，故加為七諫，慇懃之意，忠厚之節也。或曰，七諫者，法天子有爭臣七人也。東方朔追愍屈原，故作此辭，以述其志，所以昭忠信矯曲朝也。」分為《初放》、《沉江》、《怨世》、《怨思》、《自悲》、《哀命》、《謬諫》。

《哀時命》 嚴忌作。王逸《楚辭章句》卷十四：「《哀時命》者，嚴夫子之所作也。夫子名忌，與司馬相如俱好辭賦。客遊於梁，梁孝王甚奇重之。忌哀屈原，受性忠貞，不遭明君，而遇暗世，斐然作辭，歎而述之，故曰《哀時命》也。」

《九懷》 王褒作。王逸《楚辭章句》卷十五：「《九懷》者，諫議大夫王褒之所作也。懷者，思也，言屈原雖見放逐，猶思念其君，憂國傾危，而不能忘也。褒讀屈原之文，嘉其溫雅藻采敷衍，執握金玉，委之污瀆，遭世溷濁，莫之能識，追而愍之，故作《九懷》以裨其詞。」分為《匡機》、《通路》、《危俊》、《昭世》、《尊嘉》、《蓄英》、《思忠》、《陶壅》、《株昭》。

《九歎》 西漢劉向所作。王逸《楚辭章句》卷十六：「《九歎》者，護左都水使者光祿大夫劉向之所作也。向以博古敏達，典校經書，辯章舊文，追念屈原忠信之節，故作《九歎》。歎者，傷也，息也，言屈原放在山澤，猶傷念君，歎息無已，所謂贊賢以輔志，騁詞以曜德者也。」分為《逢紛》、《靈懷》、《離世》、《怨思》、《遠逝》、《惜賢》、《憂苦》、《愍命》、《思古》。

三、《楚辭》整理與研究

四庫楚辭類著錄 6 部：《楚辭章句》、《楚辭補注》、《楚詞集注》、《離騷草木疏》、《欽定補繪蕭雲從離騷全圖》、《山帶閣注楚辭》。又存目 17 部。楚辭類可追溯至《七略》，《詩賦略》之賦一即《楚辭》，《七錄》首列「楚辭部」，《隋

志》以下歷代因之。實則《楚辭》為總集之一種，把它作為「總集類」下一子目為宜。《七錄》以下「楚辭類」與「總集類」並列，似無理據。《四庫全書總目》云：「《三百篇》既列為經，王逸所裒又僅《楚辭》一家，故體例所成，以摯虞《流別》為始。」《四庫全書總目》既然把總集的源頭已溯至《詩經》、《楚辭》，《詩經》已列入經部，《楚辭》似當為總集之龍頭。

《楚辭章句》　東漢王逸撰。逸字叔師，南郡宜城（今湖北宜城）人。劉向裒集《楚辭》，編定十六卷本。王逸以此為依據，又加上他自己所做的《九思》，撰成《楚辭章句》一書。各篇皆有解題，又分章加注，全面解說，是現存最早、最完整的《楚辭》注本。他生於楚地，熟悉楚國文化、語言、風俗，加之去屈原時代未遠，與聞民間傳說，又身校書郎中，有機會博覽官方藏書，故其注本可信度甚高。後來注本甚多，但大抵有益於訓釋和考證，於原始資料均無所補益。

《楚辭補注》十七卷　宋洪興祖撰。興祖字慶善，丹陽人。《楚辭補注》主要是補《楚辭章句》所未備。其書體例：先列王逸注於前，而一一疏通證明，匡其不逮，補注於後。考證詳明，徵引宏富，對於王逸注多所闡發，補充了不少珍貴資料，又皆以「補曰」二字別之，使與原文不亂。《四庫提要》稱其於《楚辭》諸注之中特為善本。游國恩亦稱「是一部極有價值的《楚辭》注本」〔註7〕。

《楚辭集注》八卷《辯證》二卷《後語》六卷　宋朱子撰。其書體例：將原作分為若干章，然後逐章為注，先注字音，後釋字義，並通解章內大意。朱熹認為王逸《楚辭章句》、洪興祖《楚辭補注》二書詳於訓詁，未得意旨，於是隱括舊編，探求言外之意，闡發微辭奧旨。但也因此導致穿鑿迂曲的毛病，書中凡談到君臣關係、義理性情的地方，常常不免此病。朱熹「以理學家的義理眼光為《楚辭》作注，故與以前的《楚辭》注本比較，可謂面目一新，進了一大步」〔註8〕。

《楚辭通釋》十四卷　清王夫之撰。因王逸《楚辭章句》而刪去《七諫》以下五篇，而加入江淹的《山中楚辭》、《愛遠山》二篇及自己作的《九昭》一篇，共為四十四篇。每篇前有題解，或說明背景，或闡發微旨。明清易代之際，注釋《楚辭》的人甚多，往往寄託哀國之痛。船山與屈原有過相近的遭遇，其

〔註7〕游國恩：《游國恩學術論文集》，中華書局，1989年版，第238頁。
〔註8〕曾棗莊：《集部要籍概述》，江蘇教育出版社，2007年版，第8頁。

《九昭自序》云：「有明王夫之，生於屈子之鄉，而邅関戡志，有過於屈者。」
他借注《楚辭》，委婉曲折地寄託其憂國之思、哀民之情。

　　《山帶閣注楚辭》六卷《楚辭餘論》二卷《楚詞說韻》一卷　清蔣驥撰。
驥字涑塍，江蘇武進人。注前冠以《史記・屈原列傳》、沈亞之《屈原外傳》
及《楚世家節略》，以考屈原事蹟本末。次以《楚辭地理》五圖，以考屈原涉
歷之後先。所注即據事蹟年月、道里遠近，推定所作之時地。《餘論》二卷，
駁正注之得失，考證典故之同異。《四庫提要》稱：「其間詆訶舊說，頗涉輕
薄。汰其冗蕪，簡其精要，亦自瑕不掩瑜。」此書以知人論世之法，闡發作品
內容，受到後學推重。

　　現代學者重要的研究成果有：

　　聞一多：《楚辭校補》，北京古籍出版社，1956 年版。

　　聞一多：《離騷解詁》，上海古籍出版社，1985 年版。

　　聞一多：《九歌解詁》，上海古籍出版社，1985 年版。

　　劉永濟：《屈賦通箋》，人民文學出版社，1961 年版。

　　劉永濟：《屈賦音義詳解》，上海古籍出版社，1983 年版。

　　游國恩：《游國恩學術論文集》，中華書局，1989 年版。

　　朱季海：《楚辭解詁》，中華書局上海編輯所，1963 年版。

　　陳子展：《楚辭直解》，復旦大學出版社，1996 年版。

　　姜亮夫：《楚辭通故》，齊魯書社，1985 年版。

　　湯炳正：《楚辭今注》，上海古籍出版社，1996 年版。

　　金開誠等：《屈原辭校注》，中華書局，1996 年版。

第二節　別集類

一、別集概說

　　《四庫全書總目・別集類序》云：

　　　　集始於東漢。荀況諸集，後人追題也。其自製名者，則始於張
　　融《玉海》。其區分部帙，則江淹有前集，有後集；梁武帝有詩賦集，
　　有文集，有別集；梁元帝有集，有小集；謝朓有集，有逸集；與王
　　筠之一官一集，沈約之正集百卷，又別選集略三十卷者，其體例均
　　始於齊、梁。蓋集之盛，自是始也。唐、宋以後，名目益繁。然隋、

唐《志》所著錄,《宋志》十不存一。《宋志》所著錄,今又十不存
一。新刻日增,舊編日減,豈數有乘除歟?

　　文章公論,歷久乃明。天地英華,所聚卓然不可磨滅者,一代
不過數十人。其餘可傳不可傳者,則繫乎有幸有不幸。存佚靡恒,
不足異也。今於元代以前,凡論定諸編,多加甄錄。有明以後,篇
章彌富,則刪薙彌嚴。非曰沿襲恒情,貴遠賤近。蓋閱時未久,珠
礫並存,去取之間,尤不敢不慎云爾。

　　別集,同總集相對而言,即收錄個人詩文的集子。《四庫全書總目·集部
總敘》云:「四部之書,別集最雜。」四部分類不嚴密,各部之書易於混雜;
文體分類龐雜,文集編者即可各隨所欲,這就是造成「四部之書,別集最雜」
的原因。〔註9〕

　　關於別集是否始於東漢的爭論。《隋書·經籍志》云:「別集之名,蓋漢
東京之所創也。自靈均已降,屬文之士眾矣,然其志尚不同,風流殊別。後
之君子,欲觀其體勢而見其心靈,故別聚焉,名之為集。」《四庫全書總目》
亦云:「集始於東漢。」而章學誠則認為東漢無集之名,「文集之名,實昉於
晉代」。

　　關於別集的編纂類型,有後人追題者,有自編自製者,有子孫、親友、門
生編次者,有自編、他編相結合者,有原集久佚、為後人重新編輯者。自編自
製者往往較他人所編者為謹嚴。古人愛惜羽毛,往往悔其少作,刪汰甚嚴,大
匠不肯以璞示人。例如鄭板橋自編文集,刪汰極嚴,且一再聲明,後人若有將
其刪汰之文重新編輯成冊者,他必化為厲鬼以擊其首。但也有少數人敝帚自
珍,片紙隻字搜羅無遺,難免「米湯大全」之譏。

　　別集名目甚繁雜。有前集,有後集;有詩賦集,有文集,有別集;有小集,
有逸集;有一官一集,有一地一集,有一年一集。有的「全集」實為叢書,有
的「集」實為總集,有的「集」實為子書。

　　《四庫全書總目》所謂「天地英華,所聚卓然不可磨滅者,一代不過數十
人」,比較符合文學史的實際。兩漢別集為後人追錄,可以不論。

二、魏晉南北朝別集

　　此期重要的別集有:三國魏曹操《魏武帝集》、曹丕《魏文帝集》、曹植

〔註9〕曾棗莊:《集部要籍概述》,江蘇教育出版社,2007年版,第88頁。

《曹子建集》、晉代陶淵明《陶淵明集》、劉宋謝靈運《謝康樂集》、鮑照《鮑參軍集》、南齊謝朓《謝宣城集》、梁沈約《沈隱侯集》、江淹《江文通集》。

《江湖小集》卷四十五敖陶孫《詩評》謂：「魏武帝如幽燕老將，氣韻沉雄；曹子建如三河少年，風流自賞；鮑明遠如饑鷹獨出，奇矯無前；謝康樂如東海揚帆，風日流麗；陶彭澤如絳雲在霄，舒卷自如。」所評生動傳神。

《魏武帝集》　魏曹操撰。操字孟德，小名阿瞞，故而有曹阿瞞之說。鍾嶸《詩品》云：「曹公古直，甚有悲涼之句。」其《蒿里行》、《觀滄海》等篇，抒發政治抱負，並反映漢末人民的苦難生活，氣魄雄偉，慷慨悲涼。《魏書》云：「太祖御軍三十餘年，手不捨書。晝則講武策，夜則思經傳。登高必賦，及造新詩，被之管絃，皆成樂章。」曹操一生著作很多，但是散佚也很嚴重。中華書局1959年排印本是現存《曹操集》最完整、文字最準確的本子，1979年中華書局又出版有《曹操集譯注》。

《曹子建集》十卷　魏曹植撰。植字子建。由於他曾被封為陳王，死後諡號是「思」，故而又稱之為陳思王。鍾嶸《詩品》評曹植詩：「其源出於《國風》，骨氣奇高，詞采華茂，情兼雅怨，體被文質。粲溢今古，卓爾不群。」謝靈運也說：「天下才有一石，曹子建獨佔八斗，我得一斗，天下共分一斗。」曹植的一生以曹丕稱帝為界，分為明顯的前後兩期，這種變化也反映在他的作品中。前期作品主要表現他追求理想和穎脫不群的性格；後期因為備受迫害和壓抑，所以作品更多地表現了壯志難酬的憤激不平之情。人民文學出版社1957年出版了黃節《曹子建詩注》，1984年又出版了趙幼文的《曹植集校注》。

《陶淵明集》八卷　晉陶潛撰。潛字淵明，世號靖節先生。年輕時胸懷大志，欲濟蒼生，隨著在現實中的碰壁，又採取了回歸田園的態度。他是田園詩的開創者，詩風樸素，自然雋永，影響深遠。關於陶集的整理與研究，逯欽立校注《陶淵明集》（中華書局，1979年版），王瑤注《陶淵明集》（人民文學出版社，1957年版），郭維森等撰《陶淵明集全譯》（貴州人民出版社，1992年版），龔斌撰《陶淵明集校箋》（上海古籍出版社，1996年版），袁行霈撰《陶淵明集箋注》（中華書局，2003年版）。

《謝康樂集》　宋謝靈運撰。東晉末襲封康樂公，後人稱之為謝康樂。鍾嶸《詩品》卷上云：「其源出於陳思，雜有景陽之體，故尚巧似，而逸蕩過之，頗以繁蕪為累。嶸謂若人興多才高博，寓目輒書，內無乏思，外無遺物，其繁

富宜哉！然名章迥句，處處間起，麗典新聲，絡繹奔會。」鮑照曾評價他的詩「如初發芙蓉，自然可愛」，嚴羽《滄浪詩話》更推之為「無一篇不佳」。今注有黃節《謝康樂詩注》（人民文學出版社，1958 年版）、顧紹伯《謝靈運集校注》（中州古籍出版社，1988 年版）。

《鮑明遠集》十卷　宋鮑照撰。照字明遠，東海（今江蘇漣水）人。鮑照一生不得志，但其詩文辭賦成就頗高，或感歎身世，或揭露現實，與顏延之、謝靈運並稱「元嘉三大家」。鍾嶸《詩品》卷中云：「宋參軍鮑照詩其源出於二張，善製形狀寫物之詞，得景陽之諔詭，含茂先之靡嫚，骨節強於謝混，驅邁疾於顏延，總四家而擅美，跨兩代而孤出。嗟其才秀入微，故取湮當代，然貴尚巧似，不避危仄，頗傷清雅之調，故言險俗者多以附照。」錢仲聯在錢振倫、黃節注本的基礎上，增加了補注，作《鮑參軍集注》（上海古籍出版社，1990 年版），蘇瑞隆撰《鮑照詩文研究》（中華書局，2006 年版）。

《謝宣城集》五卷　齊謝朓撰。朓字玄暉，陳郡陽夏（今河南太康）人。因與南朝謝靈運同族，詩風又相近，故有「小謝」之稱。《顏氏家訓·文章篇》記載，劉孝綽雖有盛名，但「唯服謝朓，常以謝詩置几案間，動輒諷味」。《四庫全書總目》指出：「本傳稱朓長於五言詩，沈約嘗云二百年來無此詩。鍾嶸《詩品》乃稱其『微傷細密，頗在不倫，一章之中，自有玉石』，又稱其『善自發端，而末篇多躓』。過毀過譽，皆失其真。趙紫芝詩曰：『輔嗣《易》行無漢學，玄暉詩變有唐風。』斯於文質升降之間為得其平矣。」郝立權撰《謝宣城詩注》（1936 年版），曹融南撰《謝宣城集校注》（上海古籍出版社，1991 年版）。

《江文通集》四卷　梁江淹撰。淹字文通，濟陽考城人。歷仕宋、齊、梁三朝，官至金紫光祿大夫，封醴陵侯，故其集或稱《江光祿集》，或稱《江醴陵集》。鍾嶸《詩品》卷中云：「齊光祿江淹詩文通詩體總雜，善於摹擬，筋力於王微，成就於謝朓。初，淹罷宣城郡，遂宿冶亭，夢一美大夫，自稱郭璞，謂淹曰：『吾有筆在卿處多年矣，可以見還。』淹探懷中，得五色筆以授之，爾後為詩，不復成語，故世傳江淹才盡。」代表作有《別賦》、《恨賦》。李長路、趙威點校的《江文通集匯注》（中華書局，1984 年版）是較為完備的注本。吳丕績撰《江淹年譜》（商務印書館，1939 年版）。

《庾子山集》十六卷　北周庾信撰。信字子山，南陽新野人。與徐陵均為宮體文學的代表作家，共創「徐庾體」。庾信的文學創作，以他四十二歲時出

使西魏為界，分為兩個時期。前期在梁，作品多為宮體性質，輕豔流蕩，富於辭采之美。羈留北朝以後，詩賦大量抒發了自己懷念故國鄉土的情緒，以及對身世的感傷，風格也轉變為蒼勁、悲涼。所以杜甫《戲為六絕句》有云：「庾信文章老更成，凌雲健筆意縱橫。」原有文集二十卷，久佚，今本為後人所輯。1980年中華書局出版了許逸民校點的《庾子山集注》。

三、隋唐五代別集

重要的別集有：《東皋子集》，《盈川集》，《盧升之集》，《駱丞集》，《陳拾遺集》，《李太白集》，《杜工部集》，《王右丞集》，《高常侍集》，《孟浩然集》，《元次山集》，《韋蘇州集》，《昌黎先生文集》，《柳先生文集》，《劉賓客文集》，《孟東野集》，《昌谷集》，《元氏長慶集》，《白氏長慶集》，《樊川文集》，《李義山詩集》，《溫飛卿集》，《孫可之集》，《浣花集》。

《江湖小集》卷四十五敖陶孫《詩評》謂：「王右丞如秋水芙蕖，倚風自笑；韋蘇州如園客獨繭，暗合音徵；孟浩然如洞庭始波，木葉微脫；杜牧之如銅丸走阪，駿馬注坡；白樂天如山東父老課農桑，言言皆實；元微之如李龜年說天寶遺事，貌悴而神不傷；劉夢得如鏤冰雕瓊，流光自照；李太白如劉安雞犬，遺響白雲，覈其歸存，恍無定處；韓退之如囊沙背水，惟韓信獨能；李長吉如武帝食露盤，無補多欲；孟東野如埋泉斷劍，臥壑寒松；張籍如優工行鄉飲，酬獻秩如，時有詼氣；柳子厚如高秋獨眺，霽晚孤吹；李義山如百寶流蘇，千絲鐵網，綺密瑰妍，要非適用。獨唐杜工部如周公製作，後世莫能擬議。」

《東皋子集》三卷 唐王績撰。績字無功，自號東皋子，絳州龍門（今山西河津）人。隋大業中歸隱北山東皋，唐初為太樂丞，後解官歸里，放浪於山林。《四庫全書總目》云：「績為王通之弟，而志趣高雅，不隨通聚徒講學，獻策干進，其人品亦不可及矣。史稱其簡放嗜酒，嘗作《醉鄉記》、《五斗先生傳》、《無心子傳》。其《醉鄉記》為蘇軾所稱，然他文亦疏野有致。其詩惟《野望》一首為世傳誦，然如《石竹詠》，意境高古；《薛記室收過莊見尋詩》二十四韻，氣格遒健，皆能滌初唐俳偶板滯之習，置之開元、天寶間，弗能別也。」1987年上海古籍出版社出版韓理洲校點本《王無功文集五卷本會校》，金榮華撰《王績詩文集校注》（臺北新文豐出版公司1999年版）。

《王子安集》十六卷 唐王勃撰。勃字子安，絳州龍門（今山西河津）人。與楊炯、盧照鄰、駱賓王合稱「初唐四傑」。他的著名詩句如《送杜少府之任

蜀州》中「海內存知己,天涯若比鄰」,《滕王閣序》中「落霞與孤鶩齊飛,秋水共長天一色」等,至今仍膾炙人口。楊炯《王勃集序》稱其詩文「壯而不虛,剛而能潤,雕而不碎,按而彌堅」。胡應麟《詩藪》則云:「興象婉然,氣骨蒼然,實首啟盛(唐)、中(唐)妙境。」針對當時有一些人士指責「四傑」用駢儷作記序碑碣、尚有浮豔之病,杜詩《戲為六絕句》之二云:「王楊盧駱當時體,輕薄為文哂未休。爾曹身與名俱滅,不廢江河萬古流。」《四庫提要》亦稱:「夫一行、段成式,博洽冠絕古今,杜甫、韓愈,詩文亦冠絕古今,而其推勃如是。枵腹白戰之徒,掇拾語錄之糟粕,乃沾沾焉而動其喙,殆所謂蚍蜉撼樹者歟?」

《盈川集》十卷 唐楊炯撰。華州華陰人。《舊唐書》、《新唐書》皆有傳。《四庫提要》稱:「《舊唐書》本傳最稱其《盂蘭盆賦》。然炯之麗制,不止此篇,劉昫殆以為奏御之作,故特加紀錄歟?傳又載其《駁太常博士蘇知幾冕服議》一篇,引援經義,排斥遊談,炯文之最有根柢者。知其詞章瑰麗,由於貫穿典籍,不止涉獵浮華。而《新唐書》本傳刪之不載,蓋猶本紀不載詔令之意,是宋祁之偏見,非定評也。」

《盧升之集》十卷 唐盧照鄰撰。字升之,自號幽憂子,幽州范陽(今北京大興)人。照鄰初為鄧王府典簽,調新都尉,以病棄官。後手足攣廢,自沉穎水而死。身世極為坎坷,故所作大抵歡寡愁殷,有騷人遺響。史又稱王、楊、盧、駱以文章齊名。楊炯嘗稱:「愧在盧前,恥居王後。」張說則曰:「盈川文如懸河,酌之不竭,優於盧而不減王。恥居後,信然;愧在前,謙也。」《四庫提要》亦稱:「今觀照鄰之文,似不及王、楊、駱三家之宏放,疑說之論為然。然所傳篇什獨少,未可以一斑概全豹。杜甫均以『江河萬古』許之,似難執殘編斷簡以強定低昂。」

《駱丞集》四卷 唐駱賓王撰。賓王字觀光,婺州義烏人。仕至侍御史,左遷臨海丞,後與徐敬業傳檄討武后,兵敗不知所終。孟棨《本事詩》云:「賓王落髮,遍遊名山。宋之問《遊靈隱寺作》詩,嘗為續『樓觀滄海日,門對浙江潮』之句。」《四庫提要》以為孟棨失考。吳之器稱:「五言氣象雄傑,構思精沉,含初包盛,卓然鮮儷。七言綴錦貫珠,汪洋洪肆。《帝京》、《疇昔》,特為擅長;《靈妃》、《豔情》,尤極淒靡。」萬曼云:「宋、元舊槧,在清代都接連發現。明人所不見的十卷本《駱賓王集》,乃得後見於世間。」〔註10〕此外

〔註10〕萬曼:《唐集敘錄》,中華書局,1980年版,第26~29頁。

還有《四部叢刊》影印明刻十卷本。清陳熙晉撰《駱臨海集箋注》十卷（上海古籍出版社，1985 年修訂本）。

《陳拾遺集》十卷　唐陳子昂撰。字伯玉，梓州射洪人。官至左拾遺，人稱陳拾遺。事蹟具《唐書》本傳及盧藏用所為《別傳》。《四庫提要》稱：「唐初文章，不脫陳、隋舊習。子昂始奮發自為，追古作者。韓愈詩云：『國朝盛文章，子昂始高蹈。』柳宗元亦謂：『張說工著述，張九齡善比興，兼備者子昂而已。』馬端臨《文獻通考》乃謂：『子昂惟詩語高妙，其他文則不脫偶儷卑弱之體。韓、柳之論，不專稱其詩，皆所未喻。』今觀其集，惟諸表序猶沿排儷之習，若論事書疏之類，實疏樸近古。韓、柳之論，未為非也。」其文言之有物，平實流暢，質樸無華，為唐代詩歌革新的先驅。其《感遇》詩三十八首，指斥時弊，慨歎身世，洗盡六朝鉛華。其《登幽州臺歌》云：「前不見古人，後不見來者。念天地之悠悠，獨愴然而涕下。」短短二十二個字，感歎懷才不遇，蒼涼悲壯，寄意深遠，堪稱絕唱。

《李太白集》　唐李白撰。白字太白，號青蓮居士。李白號稱「詩仙」，在中國詩壇上佔有極其重要的地位。《分類補注》三十本，宋楊齊賢集注，而元蕭士贇所刪補。清代王琦輯注的《李太白全集》是一部集大成的李白詩文輯注作品，在注釋、評解、輯佚上都有很高水平，是我們解讀李白及其詩歌的重要資料。王琦在跋中也全面公正地評價了李白：「世之論太白者，毀譽多過其實。譽之者以其脫子儀之刑，責俾得奮起，而遂以成中興之功，辱高力士於上前，而稱其氣蓋天下，作清平調宮中行樂詞，得國風諷諫之體。毀之者謂十章之詩，言婦人與酒者有九，而議其人品污下。又謂其當王室多難，海宇橫潰之日，作為歌詩，不過豪俠任氣，狂醉花月之間，視杜少陵之憂國憂民，不可同年而語。讀者當盡去一切偏曲泛駁之說，惟深溯其源流，熟參其指趣，反覆玩味於二體六義之間，而明夫敷陳情理，託物比興之各有攸當，即事感時，是非美刺之不可淆混，更考其時代之治亂，合其生平之通塞，不以無稽之毀譽，入而為主於中，庶幾於太白之歌詩，有以得其情性之真，太白之人品，亦可以得其是非之實矣。」

《杜工部集》　唐杜甫撰。杜甫號稱「詩聖」，是中國詩歌史上影響最大的詩人之一，「子美集開詩世界」，留給我們一千四百多首詩。杜甫生活在唐王朝由盛而衰、戰亂頻仍的年代，一生都在漂泊流離、艱難困苦中度過，他用詩歌的形式、真實地反映了玄宗、肅宗、代宗三朝的社會生活，故有「詩

史」之稱。樊晃在《杜工部集小序》中說：「時方用武，斯文將墜，故（杜詩）不為人所知。江左詞人所傳誦者，皆公之戲題劇論耳，曾不知君有大雅之作，當今一人而已。」此後元稹、白居易特別推崇杜詩，北宋中葉以後才真正普遍重視杜詩，江西詩派更是把杜甫作為自己的祖師爺。注釋杜詩之風也漸起，號稱「千家注杜」，比較突出的如清仇兆鰲《杜詩詳注》、清楊倫《杜詩鏡詮》等。

《王右丞集》二十八卷　唐王維撰。維字摩詰，河東（今山西永濟）人。他是唐代山水田園詩的代表詩人，其詩清新秀雅，兼善各體，體物精細，刻畫傳神，悠閒自適，富有禪趣。他亦精通繪畫，尤以潑墨山水及松石叢竹畫為精，因其詩善描繪，畫能寄情，故蘇軾《書摩詰藍田煙雨圖》云：「味摩詰之詩，詩中有畫；味摩詰之畫，畫中有詩。」清人趙殿成以大半生精力從事王維集的校勘，但其注本全失宋本面目。陳鐵民重新整理，撰《王維集校注》（中華書局，1997 年版）。

《高常侍集》十卷　唐高適撰。適字達夫，行三十五。曾任刑部侍郎、散騎常侍。他是唐代著名的邊塞詩人，與岑參齊名。其詩多胸臆語，氣勢豪邁，嚴羽名其詩為「高達夫體」。以高雅氣質，每一篇出，皆為好事者傳佈。《燕歌行》最為膾炙人口。劉開揚撰《高適詩集編年箋注》（中華書局，1981 年版），孫欽善撰《高適集校注》（上海古籍出版社，1984 年版）。

《孟浩然集》四卷　唐孟浩然撰。襄州襄陽人。浩然終於布衣，淪落平生，但名重當時，李白贈詩曰：「吾愛孟夫子，風流天下聞。」孟詩與王維齊名，人稱「王孟」。他的詩歌多描寫自然風光，清新淡雅，為唐代山水田園詩的傑出代表。《唐音癸籤》卷五稱其詩祖建安，宗淵明，沖澹中有壯逸之氣。李景白撰《孟浩然詩集校注》（巴蜀書社，1988 年版），徐鵬撰《孟浩然集校注》（人民文學出版社，1989 年版），佟培基撰《孟浩然詩集箋注》（上海古籍出版社，2000 年版）。

《元次山集》十二卷　唐元結撰。結字次山，世居太原，移居魯山。初居商餘山，自稱季。及逃難猗玕洞，稱猗玕子。又或稱浪士，或稱聱叟，或稱漫叟。為官或稱漫郎，頗近於古之狂。《四庫提要》稱：「結性不諧俗，亦往往跡涉詭激，然制行高潔，而深抱閔時憂國之心。文章戛戛自異，變排偶綺靡之習。杜甫嘗和其《舂陵行》，稱其可為天地萬物吐氣。晁公武謂其文如古鐘磬，不諧俗耳。高似孫謂其文章奇古，不蹈襲。蓋唐文在韓愈以前毅然自為者

自結始，亦可謂耿介拔俗之姿矣。」皇甫湜嘗題其《浯溪中興頌》曰：「次山有文章，可愜只在碎。然長於指敘，約潔有餘態。心語適相應，出句多分外。於諸作者間，拔戟成一隊。」其品題亦頗近實。

　　《韋蘇州集》十卷　唐韋應物撰。應物，京兆長安人。吳興沈作喆為作補傳，稱尚俠任氣，放浪不羈，後折節讀書。李觀集有上應物書，深言其褊躁，而李肇《國史補》云應物性高潔，所居必焚香掃地而坐。《四庫提要》稱：「狷潔之過，每傷峭刻，亦事理所兼有也。其詩不如五言，近體不如古體，五言古體源出於陶，而鎔化於三謝，故真而不樸，華而不綺，但以為步趨柴桑，未為得實。」詩歌體裁廣泛，田園詩最為有名。孫望撰《韋應物詩集繫年校箋》（中華書局，2002 年版），陶敏與王友勝合撰《韋應物集校注》（上海古籍出版社，1998 年版）。

　　《昌黎先生文集》四十卷　唐韓愈撰。因其在古文運動與正統儒學復興運動中的領袖地位，韓愈的詩文一直受到世人推崇。蘇東坡云：「杜詩、韓文、顏書、左史，皆集大成也。」又云：「唐之古文自韓愈始。其後學韓而不至者，為皇甫湜。學皇甫湜而不至者，為孫樵。自樵以降，無足觀矣。」山谷與王觀復書云：「老杜作詩，退之作文，無一字無來處。」又答洪駒父云：「諸文皆好，但少古人繩墨耳。可更熟讀司馬子長、韓退之文章。」馬其昶撰《韓昌黎文集校注》（上海古典文學出版社，1957 年版），錢仲聯撰《韓昌黎詩繫年集釋》（上海古籍出版社，1957 年版），劉真倫撰《韓愈全集校注》（四川大學出版社，1996 年版）、《韓愈集宋元傳本研究》（中國社會科學出版社，2004年版）。

　　《柳先生文集》四十五卷　唐柳宗元撰。字子厚，祖籍河東，世稱柳河東。因晚年貶死柳州，故又稱柳柳州。與韓愈齊名，世稱「韓柳」。他力主古文革新，提出了較為系統的文學主張。楊萬里《誠齋詩話》云：「五言古詩句雅淡而味深長者，陶淵明、柳子厚也。」陳衍《石遺室論文集》云：「柳之不易及者數端：出筆遣詞，無絲毫俗氣，一也；結構成自己面目，二也；天資高，識見頗不猶人，三也；根據真，言人所不敢言，四也；記誦優，用字不從抄撮塗抹來，五也。」整理本主要有吳文治等點校《柳宗元集》（中華書局，1979 年版）、王國安《柳宗元詩箋釋》（上海古籍出版社，1993 年版）。

　　《劉賓客文集》三十卷《外集》十卷　唐劉禹錫撰。禹錫字夢得，洛陽人。白居易推之為「詩豪」，謂「其詩在處應有神靈護持」。楊慎云：「元和以

後，詩人全集之可觀者數家，當以劉禹錫為第一。」《四庫提要》稱：「其古文則恣肆博辨，於昌黎、柳州之外，自為軌轍。其詩則含蓄不足，而精銳有餘。氣骨亦在元、白上，均可與杜牧相頡頏。而詩尤矯出。陳師道稱蘇軾詩初學禹錫，呂本中亦謂蘇轍晚年令人學禹錫詩，以為用意深遠，有曲折處。」其《竹枝詞》十一首，詞意高妙，韻味深厚。

《孟東野集》十卷　唐孟郊撰。郊字東野，武康（今浙江德清）人。詩與賈島齊名，稱「郊寒島瘦」。《四庫提要》稱：「郊詩託興深微，而結體古奧，唐人自韓愈以下莫不推之。自蘇軾詩『空螯小魚』之誚，始有異詞。元好問《論詩絕句》乃有『東野窮愁死不休，高天厚地一詩囚』之句。當以蘇尚俊邁，元尚高華，門徑不同，故是丹非素。究之郊詩品格，不以二人之論減價也。」

《元氏長慶集》六十卷《補遺》六卷　唐元稹撰。劉麟《元氏長慶集序》云：「元微之有盛名於元和、長慶間，觀其所論奏，莫不切當時務，詔誥歌詞，自成一家，非大手筆曷臻是哉！」元稹詩長於樂府，反映了當時的社會現實。古文成就也很突出，《舊唐書·元稹傳》云：「元之制策，白之奏議，極文章之之壺奧，盡治亂之根荄。」其《鶯鶯傳》也是唐傳奇佳作。

《白氏長慶集》七十一卷　唐白居易撰。與元稹唱酬，世稱「元白」。又與劉禹錫齊名，世稱「劉白」。白居易思想雜儒釋道，而以儒家思想為主，繼承《詩經》和漢魏樂府的現實主義精神，掀起新樂府運動，自擬新題寫作樂府詩，反映時政，抨擊時弊。提倡語言須質樸通俗，議論須直白顯露，形式須流利暢達。元稹《白氏長慶集序》云：「禁省、觀寺、郵候牆壁之上無不書，王公妾婦、牛童馬走之口無不道，至於繕寫模勒，衒賣於市井，或持之以交酒茗者，處處皆是。」足見其詩流傳之廣。

《樊川文集》二十卷《外集》一卷《別集》一卷　唐杜牧撰。牧字牧之，京兆萬年（今陝西西安）人。《白孔六帖》卷二十八「不為齷齪小謹」條稱：「杜牧剛直有奇節，不為齷齪小謹。」《宣和書譜》卷九《大司寇帖》亦云：「杜牧字牧之，樊川人也。……敢論列大事，指陳利病，尤切時務。於詩情致豪邁，人號小杜，以別杜甫。其作《阿房宮賦》，辭采尤麗，有詩人規諫之風，至今學者稱之。作行草，氣格雄健，與其文章相表裏。大抵書法至唐，自歐、虞、柳、薛振起衰陋，故一時詞人墨客落筆便有佳處，況如杜牧等輩耶？」杜牧於詩、賦、文都深有造詣，其詩風格清逸俊爽，自成一家；杜牧學有淵源，於文章具有本末。集中有《冬至日寄小侄阿宜詩》曰：「經書刮根本，史書閱

興亡。高摘屈宋濃，濃薰班馬香。李杜泛浩浩，韓柳摩蒼蒼。近者四君子，與古爭強梁。」乾隆帝《御製讀杜牧集》：「茂學本工文，清辭每出群。雖稱有奇節，未覺副高聞。錦字常懸壁，朱樓喜夢雲。所輸老杜者，一飯不忘君。」於小杜、老杜有所抑揚。然老杜集中亦有惡詩，如《徐卿二子歌》：「君不見，徐卿二子生絕奇，感應吉夢相追隨。孔子釋氏親抱送，盡是天上麒麟兒。大兒九齡色清澈，秋水為神玉為骨。小兒五歲氣食牛，滿堂賓客皆回頭。吾知徐卿百不憂，積善袞袞生公侯。丈夫生兒有如此，二雛者名位豈肯卑微休。」未免肉麻！

　　《李義山詩集》三卷　唐李商隱撰。商隱字義山，號玉谿生，懷州河內（今河南沁陽）人。其詩情思婉轉、用典精工、隱晦曲折、耐人尋味。《四庫提要》稱：「商隱詩與溫庭筠齊名，詞皆縟麗。然庭筠多綺羅脂粉之詞，而商隱感時傷事，尚頗得風人之旨。故《蔡寬夫詩話》載王安石之語，以為唐人能學老杜而得其藩籬者，惟商隱一人。自宋楊億、劉子儀等沿其流波，作《西崑唱酬集》，詩家遂有西崑體，致令官有撏扯之譏。劉攽載之《中山詩話》，以為口實。元祐諸人起而矯之，終宋之世，作詩者不以為宗。胡仔《漁隱叢話》至摘其《馬嵬詩》、《渾河中詩》，詆為淺近。後江西一派漸流於生硬粗鄙，詩家又返而講溫李。」

　　《浣花集》十卷《補遺》一卷　唐韋莊撰。莊字端己，杜陵人。唐昭宗之天復三年，莊方得杜甫草堂，故以名集。其詩內容充實，多緣情而發，感傷離亂；其詞多敘男女離別之情，清新流暢、情思深遠。陳廷焯《白雨齋詞話》云：「韋端己詞，似直而紆，似達而鬱，最為詞中勝境。」1958年人民文學出版社出版新校本《韋莊集》，復旦大學聶安福撰《韋莊集箋注》（上海古籍出版社，2002年版）。

四、宋代別集

　　宋代重要的別集有：《小畜集》、《文正集》、《河南集》、《蔡忠惠集》、《蘇學士集》、《傳家集》、《元豐類稿》、《宛陵集》、《忠肅集》、《擊壤集》、《周元公集》、《文忠集》、《嘉祐集》、《臨川集》、《王荊公詩注》、《東坡全集》、《補注東坡編年詩》、《欒城集》、《山谷集》、《後山集》、《淮海集》、《長興集》、《宗忠簡集》、《梁溪集》、《浮溪集》、《石林居士建康集》、《簡齋集》、《鴻慶居士集》、《岳武穆遺文》、《茶山集》、《蘆川歸來集》、《于湖集》、《太倉稊米集》、《夾

濚遺稿》、《晦庵集》、《文忠集》、《東萊集》、《止齋文集》、《攻媿集》、《象山集》、《浪語集》、《石湖詩集》、《誠齋集》、《劍南詩稿》、《渭南文集》、《水心集》、《石屏集》、《南軒集》、《龍川文集》、《西山文集》、《白石詩集》、《滄浪集》、《後村集》、《文山集》、《疊山集》、《魯齋集》、《須溪集》、《湖山類稿‧水雲集》。

　　《江湖小集》卷四十五敖陶孫《詩評》謂：「蘇東坡如屈注天潢，倒連滄海，變眩百怪，終歸雄渾；歐公如四瑚八璉，止可施之宗廟；荊公如鄧艾縋兵入蜀，要以嶮絕為功；山谷如陶弘景祇詔入宮，析理談玄，而松風之夢故在；梅聖俞如關河放溜，瞬息無聲；秦少游如時女步春，終傷婉弱；後山如九皋獨唳，深林孤芳，沖寂自妍，不來識賞；韓子蒼如梨園按樂，排比得倫；呂居仁如散聖安，禪自能奇逸。」

　　《小畜集》三十卷《小畜外集》七卷　宋王禹偁撰。禹偁字元之，鉅野人。他是宋代詩文革新運動的先驅，針對宋初古文雕琢艱澀的狀況，提倡杜甫和白居易的詩，提出傳道明心、易道易曉之說，開始形成宋文平易流暢的風格。《四庫提要》稱：「宋承五代之後，文體纖儷，禹偁始為古雅簡淡之作。其奏疏尤極剴切，《宋史》採入本傳者，議論皆英偉可觀。在詞垣時，所為應制駢偶之文，亦多宏麗典贍，不愧一時作手。」

　　《文正集》二十卷《別集》四卷《補編》五卷　宋范仲淹撰。仲淹字希文，其先邠人，徙蘇州。官至樞密副使參知政事。《四庫提要》稱：「仲淹人品、事業，卓絕一時，本不借文章以傳，而貫通經術，明達政體，凡所論著，一一皆有本之言，固非虛飾詞藻者所能，亦非高談心性者所及。蘇軾稱其天聖中所上執政萬言書，天下傳誦。考其平生所為，無出此者。蓋行求無愧於聖賢，學求有濟於天下，古之所謂大儒者有體有用，不過如此，初不必說太極，衍先天，而後謂之能聞聖道，亦不必講封建，議井田，而後謂之不愧王佐也。觀仲淹之人與仲淹之文，可以知空言、實傚之分矣。」

　　《蘇學士集》十六卷　宋蘇舜欽撰。舜欽字子美，其先梓州人，移家開封。《四庫提要》稱：「宋文體變於柳開、穆修，舜欽與尹洙實左右之。然修作洙墓誌，僅稱其簡而有法。蘇轍作修碑，又載修言『文得尹洙、孫明復猶以為未足』。而修作是集序獨曰：『子美齒少於余，而余作古文反在其後。』推挹之甚至。劉克莊《後村詩話》稱其歌行雄放於梅堯臣，軒昂不羈，如其為人，及蟠屈為近體，則極平夷妥帖。其論亦允。」錢鍾書先生認為：「他的觀察力

雖沒有梅堯臣那樣細密，情感比較激昂，語言比較暢達，只是修詞上也常犯粗
糙生硬的毛病。」〔註11〕

　　《元豐類稿》五十卷　宋曾鞏撰。曾鞏子固，南豐人。其文學成就主要在
散文方面。他的散文涉及邊防、水利、財政、教育、宗教等各個方面，在藝術
上以古雅平正見長，思致明晰，議論周詳，章法嚴謹，敘事委曲，節奏舒緩，
語言質樸。詩風與其文風相近，古樸典雅，清新自然。〔註12〕

　　《宛陵集》六十卷　宋梅堯臣撰。堯臣字聖俞，宣城人。官屯田都官員外
郎。《四庫提要》稱：「宋初詩文尚沿唐末五代之習，柳開、穆修欲變文體，王
禹偁變詩體，皆力有未逮。歐陽修崛起為雄，力復古格，於時曾鞏、蘇洵、蘇
軾、蘇轍、陳師道、黃庭堅等皆尚未顯，其佐修以變文體者尹洙，佐修以變詩
體者則堯臣也。曾敏行《獨醒雜志》載，王曙知河南日，堯臣為縣主簿，袖所
為詩文呈覽，曙謂其詩有晉宋遺風，自杜子美沒後，二百餘年不見此作。然堯
臣詩旨趣古淡，知之者希。」錢鍾書先生認為：「王禹偁沒有發生多少作用，
西崑體起來了，愈加脫離現實，注重形式，講究華麗的詞藻。梅堯臣反對這種
意義空洞語言晦澀的詩體，主張平淡，在當時有極高聲望，起極大的影響。不
過他的『平』得常常沒有勁，『淡』得往往沒有味。可以說是從坑裏跳出來，
不小心又恰恰掉在井裏去了。」〔註13〕

　　《文忠集》一百五十三卷　宋歐陽修撰。歐陽修字永叔，自號醉翁，又號
六一居士。歐陽修曾自言：「《集古錄》一千卷，藏書一萬卷，有琴一張，棋一
局，酒一壺，一翁老於其間。」歐陽修是北宋詩文革新運動的領袖，在他的大
力提倡下，古文蔚然興盛。其詩詞亦為一時之冠，散文說理暢達，抒情委婉；
詩風與散文近似，重氣勢而能流暢自然；詞作深婉清麗，承襲南唐餘風。

　　《臨川集》一百卷　宋王安石撰。字介甫，臨川人。錢鍾書先生認為：「他
比歐陽修淵博，更講究修詞的技巧。他的詩往往是搬弄詞彙和典故的遊戲、測
驗學問的思考；借典故來講當前的情事，把不經見而有出處的或者看起來新鮮
而其實古舊的詞藻來代替常用的語言。」〔註14〕朱子《楚辭後語》卷六云：「公
以文章節行高一世，而尤以道德、經濟為己任，被遇神宗，致位宰相，世方仰
其有為，庶幾復見二帝三王之盛。而公乃汲汲以財利兵革為先務，引用凶邪，

〔註11〕錢鍾書：《宋詩選注》，人民文學出版社，1989年版，第21頁。
〔註12〕曾棗莊：《集部要籍概述》，江蘇教育出版社，2007年版，第145頁。
〔註13〕錢鍾書：《宋詩選注》，人民文學出版社，1989年版，第14頁。
〔註14〕錢鍾書：《宋詩選注》，人民文學出版社，1989年版，第41頁。

排擯忠直，躁迫強戾，使天下之人囂然喪其樂生之心。卒之，群奸嗣虐，流毒四海。至於崇、宣之際，而禍亂極矣。公又以女妻蔡卞，此其所予之詞也。然其言平淡簡遠，翛然有出塵之趣，視其平生行事心術，略無毫髮肖似。」四庫館臣以為千古之定評。李壁的《王荊公詩箋注》不夠精確，也沒有辨別誤收的作品，清代沈欽韓的《補注》並未充分糾正這些缺點〔註15〕。

《東坡全集》一百十五卷　宋蘇軾撰。蘇軾字子瞻，自號東坡居士。眉山人。他一向被推為宋代最偉大的文人，在詩詞、散文、書畫等方面都有極高的成就，是中國歷史上少有的文學藝術天才與全才。其詩歌與黃庭堅並稱「蘇黃」，散文與歐陽修並稱「歐蘇」。在詞壇上，他開闢了豪放詞風，同辛棄疾並稱為「蘇辛」。在書法方面，與黃庭堅、米芾、蔡襄並稱「宋代四大家」。在繪畫方面，善作墨竹、枯木怪石等。《東坡全集》卷九十三《書吳道子畫後》：「知者創物，能者述焉，非一人而成也。君子之於學，百工之於技，自三代歷漢至唐而備矣。故詩至於杜子美，文至於韓退之，書至於顏魯公，畫至於吳道子，而古今之變、天下之能事畢矣。道子畫人物，如以燈取影，逆來順往，旁見側出，橫斜平直，各相乘除，得自然之數，不差毫末，出新意於法度之中，寄妙理於豪放之外，所謂遊刃餘地，運斤成風，蓋古今一人而已。」所謂「出新意於法度之中，寄妙理於豪放之外」，正是他自己詩歌藝術理論的最好概括。錢鍾書先生認為：「他在風格上的最大特色是比喻的豐富、新鮮和貼切，而且在他的詩裏還看得到宋代講究散文的人所謂『博喻』或者西洋人所稱道的莎士比亞式的比喻，一連串把五花八門的形象來表達一見事物的一個方面或一種狀態。蘇軾的主要毛病是在詩裏鋪排古典成語，所以批評家嫌他『用事博』、『見學矣然似絕無才』、『事障』、『如積薪』、『窒、積、蕪』、『獺祭』。」〔註16〕蘇軾之所以能夠在詩文創作上善於使用「車輪戰法」，除了駕馭語言的天才外，也得益於早年「八面受敵」的讀書方法。

《山谷集》三十卷《外集》十四卷《別集》二十卷　宋黃庭堅撰。庭堅字魯直，自號山谷道人，又號涪翁，分寧人。詩風奇崛瘦硬，力擯輕俗之習，為江西詩派之開山。詞與秦觀齊名，詞風疏宕，深於感慨，豪放秀逸，時有高妙。《山谷集》卷十九《答洪駒父書三首》：「自作語最難。老杜作詩，退之作文，無一字無來處，蓋後人讀書少，故謂韓、杜自作此語耳。古之能為文章

〔註15〕錢鍾書：《宋詩選注》，人民文學出版社，1989年版，第44頁。
〔註16〕錢鍾書：《宋詩選注》，人民文學出版社，1989年版，第61～63頁。

者，真能陶冶萬物，雖取古人之陳言入於翰墨，如靈丹一粒，點鐵成金也。文章最為儒者末事，然索學之又不可不知其曲折，幸熟思之。至於推之使高如泰山之崇，崛如垂天之雲，作之使雄壯如滄江八月之濤海，運吞舟之魚，又不可守繩墨，令儉陋也。」這段話可以看作江西詩派之綱領。錢鍾書先生認為：「『無一字無來處』，就是鍾嶸《詩品》所謂『句無虛語，語無虛字』。鍾嶸早就反對的這種『貴用事』、『殆同書鈔』的形式主義，到了宋代，在王安石的詩裏又透漏跡象，在『點瓦為金』的蘇軾的詩裏愈加發達，而在『點鐵成金』的黃庭堅的詩裏登峰造極。讀書多的人或者看得出他句句都是把『古人陳言』點鐵成金，明白他講些什麼；讀書少的人只覺得碰頭絆腳無非古典成語，仿佛眼睛裏擱了金沙鐵屑，張都張不開，別想看東西了。黃庭堅曾經把道聽塗說的藝術批評比於『隔廉聽琵琶』，這句話正可以形容他自己的詩。正像《文心雕龍·隱秀》篇所說：『晦塞為深，雖奧非隱』；這種『耐人思索』是費解，不是含蓄。」〔註17〕

　　《淮海集》四十卷《後集》六卷《長短句》三卷　宋秦觀撰。李清照云：「王介甫、曾子固文章似西漢，若作小歌詞，則人必絕倒不可讀也，乃知別是一家，知之者少。後晏叔原、賀方回、秦少游、黃魯直出，始能知之。又晏苦無鋪敍，賀苦少典重。秦即專主情致，而少故實，譬如貧家美女，非不妍麗，而終乏富貴。黃即尚故實，而多疵病，如良玉有瑕，價自減半矣。」〔註18〕本傳稱文麗而思深。《苕溪漁隱叢話》載蘇軾薦觀於王安石，安石答書述葉致遠之言，以為「清新婉麗，有似鮑、謝」。敖陶孫《詩評》則謂其詩如時女步春，終傷婉弱。元好問《論詩絕句》因有「女郎詩」之譏。《四庫提要》稱：「今觀其集，少年所作，神鋒太俊或有之，概以為靡曼之音，則詆之太甚。呂本中《童蒙訓》曰：『少游雨砌墮危芳，風檐納飛絮之類，李公擇以為謝家兄弟不能過也。過嶺以後詩高古嚴重，自成一家，與舊作不同。』斯公論矣。」其古文在當時亦頗為有名，故陳善《捫虱新話》曰：「呂居仁嘗言少游從東坡遊，而其文字乃自學西漢。以余觀之，少游文格似正，所進策論，頗若刻露，不甚含蓄，若比東坡，不覺望洋而歎，然亦自成一家。」錢鍾書先生認為：「秦觀的詩內容上比較貧弱，氣魄也顯得狹小，修詞卻非常精緻。『時女遊春』的詩境未必不好。藝術之宮是重樓複室、千門萬戶，決不僅僅是一

〔註17〕錢鍾書：《宋詩選注》，人民文學出版社，1989 年版，第 97～98 頁。
〔註18〕徐釚：《詞苑叢談》卷一。

個大間敞廳。」〔註19〕

《于湖集》四十卷　宋張孝祥撰。孝祥字安國，歷陽烏江人。《四庫提要》稱：「前有門人謝堯仁及其弟華文閣直學士孝伯序。堯仁序稱，孝祥每作詩文，輒問門人視東坡何如。而堯仁謂其《水車詩》活脫似東坡，然較蘇氏《畫佛入滅》、《次韻水官》、《韓幹畫馬》等數篇尚有一二分劣；又謂以先生筆勢，讀書不十年，吞東坡有餘矣。今觀集中諸作，大抵規摹蘇詩，頗具一體，而根柢稍薄，時露竭蹶之狀。堯仁所謂讀書不十年者，隱寓微詞，實定論也。然其縱橫兀傲，亦自不凡。」《桯史》載王阮之語，稱其平日氣吐虹霓，陳振孫亦稱其天才超逸。

《石湖詩集》三十四卷　宋范成大撰。成大字致能，自號石湖居士，吳縣人。在南宋中葉與尤袤、楊萬里、陸游齊名。《四庫提要》稱：「袤集久佚，今所傳者僅尤侗所輯之一卷，篇什寥寥，未足定其優劣。今以楊、陸二集相較，其才調之健不及萬里，而亦無萬里之粗豪；氣象之闊不及游，而亦無游之窠臼。初年吟詠，實沿溯中唐以下。觀第三卷《夜宴曲》下注曰「以下二首效李賀」，《樂神曲》下注曰『以下四首效王建』，已明明言之。其他如《西江有單鵠行》、《河豚歎》，則雜長慶之體。《嘲里人新婚詩》、《春晚三首》、《隆師四圖》諸作，則全為晚唐五代之音，其門徑皆可復案。自官新安掾以後，骨力乃以漸而遒，蓋追溯蘇、黃遺法，而約以婉峭，自為一家，伯仲於楊、陸之間，固亦宜也。」錢鍾書先生認為：「范成大的風格很輕巧，用字造句比楊萬里來得規矩和華麗，卻沒有陸游那樣勻稱妥貼。」〔註20〕

《誠齋集》一百三十二卷　宋楊萬里撰。萬里字廷秀，號誠齋，吉水人。立朝多大節，丰采令人想望。《四庫提要》稱：「其生平乃特以詩擅名。方回《瀛奎律髓》稱其一官一集，每集必變一格。雖沿江西詩派之末流，不免有頹唐粗俚之處，而才思健拔，包孕富有，自為南宋一作手，非後來四靈、江湖諸派可得而並稱。周必大嘗跋其詩曰：『誠齋大篇短章，七步而成，一字不改，皆掃千軍、倒三峽、穿天心、出月脅之語。至於狀物姿態，寫人情意，則鋪敘纖悉，曲盡其妙，筆端有口，句中有眼。』是亦細大不捐、雅俗並陳之一證也。南宋詩集傳於今者，惟萬里及陸游最富。以詩品論，萬里不及游之鍛鍊工細；以人品論，則萬里倜乎遠矣。」錢鍾書先生認為：「南宋時所

〔註19〕錢鍾書：《宋詩選注》，人民文學出版社，1989年版，第76～77頁。
〔註20〕錢鍾書：《宋詩選注》，人民文學出版社，1989年版，第195頁。

推重的『中興四大詩人』是尤袤、楊萬里、范成大和陸游四位互相佩服的朋友；楊和陸的聲名尤其大，儼然等於唐詩裏的李白和杜甫。在當時，楊萬里卻是詩歌轉變的主要樞紐，創闢了一種新鮮潑辣的寫法，襯得陸和范的風格都保守或者穩健。他最初學江西派，後來學王安石的絕句，又轉而學晚唐人的絕句，最後『忽若有悟』，誰也不學。他的詩多聰明、很省力、很有風趣，可是不能沁人心靈；他那種一揮而就的即景寫法也害他寫了許多草率的作品。」〔註21〕

《劍南詩稿》八十五卷　宋陸游撰。陸游字務觀，號放翁，山陰人。《四庫提要》稱：「游詩法傳自曾幾，而所作《呂居仁集序》，又稱源出居仁，二人皆江西派也。然游詩清新刻露，而出以圓潤，實能自闢一宗，不襲黃、陳之舊格。劉克莊號為工詩，而《後村詩話》載游詩僅摘其對偶之工，已為皮相。後人選其詩者，又略其感激豪宕、沉鬱深婉之作，惟取其流連光景、可以剽竊移掇者，轉相販鬻，放翁詩派遂為論者口實。夫游之才情繁富，觸手成吟，利鈍互陳，誠所不免。故朱彝尊《曝書亭集》有是集跋，摘其自相蹈襲者至一百四十餘聯。是陳因窠臼，游且不能自免，何況後來。然其託興深微，遣詞雅雋者，全集之內指不勝屈，安可以選者之誤並集矢於作者哉！今錄其全集，庶幾知劍南一派自有其真，非淺學者所可藉口焉。」

《渭南文集》五十卷　宋陸游撰。游晚封渭南伯，故以名集。《四庫提要》稱：「此集雖子遹所刊，實游所自定也。游以詩名一代，而文不甚著。集中諸作，邊幅頗狹，然元祐黨家世承文獻，遣詞命意，尚有北宋典型，故根柢不必其深厚，而修潔有餘，波瀾不必其壯闊，而尺寸不失。士龍清省，庶乎近之，較南渡末流以鄙俚為真切，以庸杳為詳盡者，有雲泥之別矣。」

《水心集》二十九卷　宋葉適撰。適字正則，自號水心居士，永嘉人。《四庫提要》稱：「適文章雄贍，才氣奔逸，在南渡卓然為一大宗。其碑版之作，簡質厚重，尤可追配作者。適嘗自言：『譬如人家觴客，雖或金銀器照座，然不免出於假借，惟自家羅列者，即僅瓷缶瓦杯，然都是自家物色。』其命意如此，故能脫化町畦，獨運杼軸，韓愈所謂文必己出者，殆於無忝。」劉咸炘云：「葉氏論揚雄《反離騷》曰：『自立於淺，而不足以知人之深，固學者之大患；自處於深，而不知人之未易以淺量也，則其患蓋有甚矣。』斯言固不啻自

〔註21〕錢鍾書：《宋詩選注》，人民文學出版社，1989 年版，第 158〜126 頁。

評也已。」〔註22〕

　　《白石道人詩集》二卷　宋姜夔撰。夔字堯章，自號白石道人，鄱陽人。
《四庫提要》稱：「卷首有夔自序二篇，其一篇稱：『三薰三沐師黃太史氏，
居數年，一語噤不敢吐，始大悟——學即病，不若無所學者之為得。』其一
篇稱：『作詩求與古人合，不如求與古人異。求與古人異，不如不求與古人合
而不能不合，不求與古人異而不能不異。』其學蓋以精思獨造為宗。故序中
又述千巖、誠齋、石湖，咸以為與己合，而己不欲與合，其自命亦不凡矣。
今觀其詩，運思精密，而風格高秀，誠有拔於宋人之外者。傲視諸家，有以
也。」錢鍾書先生認為：「他早年學江西派，後來又受了晚唐詩的影響；在一
切關於他的詩歌的批評裏，也許他的朋友項安世的話比較切近實際：『古體黃
陳家格律，短章溫李氏才情。』當然在他的近體裏還遺留著些黃、陳的習氣，
七律又受了楊萬里的薰陶，而且與其說溫、李也還不如說皮、陸。他的字句
很精心刻意，可是讀起來很自然，不覺很纖巧，這尤其是詞家的詩裏所少有
的。」〔註23〕

　　《後村集》五十卷　宋劉克莊撰。克莊字潛夫，自號後村居士，莆田人。
《四庫全書簡明目錄》云：「克莊從真德秀講學，年至八十乃媚附於賈似道，
人品、詩品遂並頹唐。然時出清新，亦未可盡廢。文體雅潔，較詩為勝。題跋
諸作乃獨擅勝場。」錢鍾書先生認為：「他是江湖派裏最大的詩人。他原來採
用了《初學記》的辦法，事先把搜集的故典成語分門別類作好了些對偶，題目
一到手就馬上拼湊成篇。」〔註24〕以類書之法作詩，唐宋不乏其人。

　　《文山集》二十一卷　宋文天祥撰。天祥字履善，又字宋瑞，自號文山，
廬陵人。《四庫提要》稱：「天祥平生大節，照耀今古。而著作亦極雄贍，如長
江大河，浩瀚無際。其廷試對策及上理宗諸書，持論剴直，尤不愧肝膽如鐵石
之目。故長谷真逸《農田餘話》曰：宋南渡後，文體破碎，詩體卑弱，惟范石
湖、陸放翁為平正，至晦庵諸子，始欲一變時習，模仿古作。故有神頭鬼面之
論。時人漸染既久，莫之或改。及文天祥留意杜詩，所作頓去當時之凡陋。觀
《指南前後錄》可見，不獨忠義貫於一時，亦斯文閒氣之發見也。」錢鍾書先
生認為，其前期作品可以說全部都草率平庸，後期大多是直書胸臆，不講究修

〔註22〕劉咸炘：《劉咸炘學術論集・子學編》，廣西師範大學出版社，2007 年版，第
　　　　508 頁。
〔註23〕錢鍾書：《宋詩選注》，人民文學出版社，1989 年版，第 216 頁。
〔註24〕錢鍾書：《宋詩選注》，人民文學出版社，1989 年版，第 249 頁。

辭，然而有極沉痛的好作品。〔註25〕如《揚子江》：「幾日隨風北海遊，回從揚子大江頭。臣心一片磁鍼石，不指南方不肯休。」取法杜甫，亦成詩史。

五、金元兩代的別集

金、元兩代重要的別集有：《拙軒集》、《滹南遺老集》、《遺山集》、《湛然居士集》、《桐江續集》、《清容居士集》、《道園學古錄》、《文安集》、《滋溪文稿》、《東山存稿》、《東維子集》。

《拙軒集》六卷　金王寂撰。寂字元老，薊州玉田（今屬天津）人。《四庫提要》稱：「寂詩境清刻鑱露，有戛戛獨造之風。古文亦博大疏暢，在大定、明昌間，卓然不愧為作者。金朝一代文士，見於《中州集》者不下百數十家，今惟趙秉文、王若虛二集尚有傳本，余多湮沒無存。獨寂是編，幸於沉薶晦蝕之餘復顯於世，而文章體格亦足與《滹南》、《滏水》相為抗行。」

《滹南遺老集》四十五卷　金王若虛撰。若虛字從之，自號慵夫，槁城人。《四庫提要》稱：「其《五經辨惑》頗詰難鄭學，於《周禮》、《禮記》及《春秋》三傳，亦時有所疑，然所攻者，皆漢儒附會之詞，亦頗樹偉觀。其自稱不深於《易》，即於《易》不置一詞，所論實止四經，則亦非強所不知者矣。《史記辨惑》、《諸史辨惑》、《新唐書辨》，皆考證史文，掊擊司馬遷、宋祁，似未免過甚，或乃毛舉故細，亦失之煩瑣。然所摘遷之自相牴牾與祁之過於雕斫，中其病者亦十之七八。《雜辨》、《君事實辨》、《臣事實辨》皆所作史評，《議論辨惑》、《著述辨惑》皆品題先儒之是非，其間多持平之論，頗足破宋人之拘攣。《雜辨》二卷，於訓詁亦多訂正。《文辨》宗蘇軾，而於韓愈間有指謫。《詩話》尊杜甫，而於黃庭堅多所訾議。蓋若虛詩文不尚劖削鍛鍊之格，故其論如是也。統觀全集，偏駁之處誠有，然金、元之間，學有根柢者實無人出若虛右。吳澄稱其博學卓識，見之所到，不苟同於眾，亦可謂不虛美矣。」劉咸炘認為，提要評價「不免過譽」，他將王若虛的卓特之處歸納為三點：「詳審於文句之法；論文重意重體而輕詞采；論事以平實近情愜理為主，而力反宋人矯激疏率小慧之說。」〔註26〕郭紹虞持論與劉氏相近〔註27〕。

《遺山集》四十卷　金元好問撰。好問字裕之，秀容（今山西忻縣）人。

〔註25〕錢鍾書：《宋詩選注》，人民文學出版社，1989年版，第279頁。
〔註26〕劉咸炘：《劉咸炘學術論集·子學編》，廣西師範大學出版社，2007年版，第510～518頁。
〔註27〕郭紹虞：《中國文學批評史》，百花文藝出版社，2008年版，下卷，第86～90頁。

《四庫提要》稱:「好問才雄學贍,金元之際,屹然為文章大宗。所撰《中州集》,意在以詩存史,去取尚不盡精。至所自作,則興象深邃,風格遒上,無宋南渡末江湖諸人之習,亦無江西流派生拗粗獷之失。至古文繩尺嚴密,眾體悉備,而碑版誌銘諸作,尤為具有法度。晚年嘗以史筆自任,構野史亭,採金源君臣遺言往行,裒輯紀錄,至百餘萬言。今《壬辰雜編》諸書雖已無傳,而元人纂修《金史》多本所著,故於三史中獨稱完善,亦可知其著述之有裨實用矣。」姚奠中主編有《元好問全集》(山西人民出版社,1990年版)。

《湛然居士集》十四卷 元耶律楚材撰。楚材字晉卿,遼東丹王八世孫,金尚書右丞履之子。《四庫提要》稱:「今觀其詩,語皆本色,惟意所如,不以研煉為工。雖時時出入內典,而大旨必歸於風教。」耶律楚材的政治主張主要反映在他向窩闊台提出的陳時務十策中,一曰信賞罰,二曰正名分,三曰給俸祿,四曰封功臣,五曰考殿最,六曰定物力,七曰汰工匠,八曰務農桑,九曰定土貢,十曰置水運。他反對大規模的遷民和屠殺,並在漢族地區建立一套戶籍法和課稅法,大力提倡儒家學說,進用了一批漢族知識分子。文集中還保存了不少不見於正史的重要史料。如關於窩闊台的醫官鄭景賢的事蹟,就是一例。文集中提到有關鄭景賢的詩,幾乎佔了全書數量的十分之一,可補正史之闕。其《西域河中十詠》是歷史上歌詠西域的名篇,也是研究中亞地區歷史的重要史料。

《桐江續集》三十七卷 元方回撰。回字萬里,號虛谷,歙縣人。《四庫提要》稱:「回人品卑污,見於周密《癸辛雜識》者,殆無人理。然觀其集中諸文,學問議論,一尊朱子,崇正辟邪,不遺餘力,居然醇儒之言。就文言文,要不可謂其悖於理也。其詩專主江西,平生宗旨悉見所編《瀛奎律髓》中。雖不免以粗率生硬為老境,而當其合作,實出宋末諸家上,更不能以其人廢矣。」郭紹虞認為:「即就《瀛奎律髓》一書而言,一般人的毀譽亦不太一致。吳之振序此書稱其學術之正,詮釋之善,論世則使作者之心千載猶見,評詩則使風雅之軌後學可尋,推尊備至,極言其不可廢。而紀昀於《瀛奎律髓刊謬序》則又謂其選詩之弊有三:一曰矯語古淡,一曰標題句眼,一曰好尚生新;論詩之弊亦有三:一曰黨援,一曰攀附,一曰矯激。詆諆攻擊又不遺餘力。實則又不免失之過偏。惟近人方孝岳所著《中國文學批評》一書,較能闡述虛谷論詩之旨。」〔註28〕

〔註28〕郭紹虞:《中國文學批評史》,百花文藝出版社,2008年版,下卷,第107頁。

　　《清容居士集》五十卷　元袁桷撰。《四庫提要》稱：「桷少從戴表元、王
應麟、舒岳祥諸遺老遊，學問淵源，具有所自。其在朝，踐歷清華，再入集
賢，八登翰苑。凡朝廷製冊、勳臣碑版，多出其手。故其文章博碩偉麗，有盛
世之音，尤練習掌故，長於考據。集中如《南郊十議》、《明堂郊天異制議》、
《祭天無間歲議》、《郊不當立從祀議》、《郊非辛日議》諸篇，皆成宗初所上。
其援引經訓，元元本本，非空談聚訟者所能。當時以其精博，並採用之。其詩
格俊邁高華，造語亦多任務煉，卓然能自成一家。蓋桷本舊家文獻之遺，又當
大德、延祐間，為元治極盛之際，故其著作宏富，氣象光昌，蔚為承平雅頌之
聲。文采風流，遂為虞、楊、范、揭等先路之導。其承前啟後，稱一代文章之
鉅公，良無愧矣。」

　　《文安集》十四卷　元揭傒斯撰。傒斯字曼碩，龍興富州（今江西豐城）
人。與虞集、楊載、范梈同為「元詩四大家」。《四庫提要》稱：「其文章敘事
嚴整，語簡而當。凡朝廷大典冊及碑版之文，多出其手，一時推為鉅製。獨於
詩則清麗婉轉，別饒風韻，與其文如出二手。然神骨秀削，寄託自深，要非嫣
紅姹紫、徒矜姿媚者所可比也。虞集嘗目其詩如『三日新婦』，而自目所作如
『漢庭老吏』。傒斯頗不平，故作《憶昨》詩，有『學士詩成每自誇』句。集
見之，答以詩曰：『故人不肯宿山家，夜半驅車踏月華。寄語旁人休大笑，詩
成端的向誰誇？』且題其後曰：『今日新婦老矣。』是二人雖契好最深，而甲
乙間乃兩不相下。考楊維楨《竹枝詞序》曰：『揭曼碩文章居虞之次，如歐之
有蘇、曾。』其殆定論乎？」

　　《滋溪文稿》三十卷　元蘇天爵撰。《四庫提要》稱：「天爵少從學於安
熙，然熙詩文粗野不入格，天爵乃詞華淹雅，根柢深厚，蔚然稱元代作者。其
波瀾意度，往往出入於歐、蘇，突過其師遠甚。至其序事之作，詳明典核，尤
有法度。集中碑版幾至百有餘篇，於元代制度、人物，史傳闕略者多可藉以考
見。《元史》本傳稱其身任一代文獻之寄，亦非溢美。虞集《賦蘇伯修滋溪書
堂》詩有曰：『積學抱沉默，時至有攸行。抽簡魯史存，采詩商頌並。』蓋其
文章原本由沉潛典籍、研究掌故，而不盡受之於熙也。』」

　　《雁門集》三卷《集外詩》一卷　元薩都剌撰。薩都剌字天賜，號直齋，
西域人。其詩多寫自然景物，間有反映民間疾苦之作。他的詩風與「元詩四大
家」平和圓潤的詩風不同，以清而不佻、麗而不縟、奇峻峭拔佔據詩壇，因而
顧嗣立《元詩選》說他是「真能於袁（桷）、趙（孟頫）、虞（集）、楊（載）

之外別開生面者」。詞亦工，風格遒勁，頗似蘇軾。

《東維子集》三十卷　元楊維禎撰。維禎字廉夫，號鐵崖，又號東維子、鐵笛道人。《四庫提要》稱：「維禎以詩文奇逸，凌跨一時。朱國楨《湧幢小品》載，王彝嘗詆維禎為文妖。今觀所傳諸集，詩歌、樂府，出入於盧仝、李賀之間，奇奇怪怪，溢為牛鬼蛇神者，誠所不免。至其文則文從字順，無所謂翦紅刻翠以為塗飾，聱牙棘口以為古奧者也。觀其於句讀疑似之處，必旁注一句字，使讀者無所岐誤，此豈故為險僻、欲使人讀不可解者哉！」錢謙益云：「余觀廉夫，問學淵博，才力橫軼，掉鞅詞壇，牢籠當代。古樂府其所自負，以為前無古人。征諸句曲，良非誇大。以其詩體言之，老蒼奡兀，取道少陵，未見脫換之工；窈眇娟麗，希風長吉，未免刻畫之誚。承學之徒，流傳沿襲，槎牙鉤棘，號為鐵體，靡靡成風，久而未艾。」〔註29〕紀昀云：「從變化之說，最著者無過鐵崖，怪怪奇奇，不能方物，而卒不能解『文妖』之目。」〔註30〕郭紹虞云：「實則楊氏影響何止限於當代，即在明代前、後七子與公安派，也都是『鐵崖體』的變相。」〔註31〕孫小力撰《楊維禎全集校箋》（上海古籍出版社，2019年版）。

六、明代別集

重要的有：《宋學士全集》、《誠意伯文集》、《說學齋稿》、《大全集》、《鳧藻集》、《鳴盛集》、《南村詩集》、《遜志齋集》、《文毅集》、《東里全集》、《于忠肅集》、《白沙集》、《石田詩選》、《懷麓堂集》、《空同集》、《王文成全書》、《對山集》、《大復集》、《升菴集》、《遵巖集》、《荊川集》、《滄溟集》、《弇州山人四部稿》、《震川文集》、《少室山房類稿》、《劉蕺山集》、《鈐山堂集》、《徐文長集》、《袁中郎集》。

《宋學士全集》三十六卷　明宋濂撰。濂字景濂，浦江人。《四庫提要》稱：「元末文章，以吳萊、柳貫、黃溍為一朝之後勁。濂初從萊學，既又學於貫與溍，其授受具有源流。又早從聞人夢吉講貫五經，其學問亦具有根柢。《明史》濂本傳稱，其自少至老，未嘗一日去書卷，於學無所不通，為文醇深演迤，與古作者並。在朝郊社宗廟山川百神之典，朝會燕饗律曆衣冠之制，四裔貢賦賞勞之儀，旁及元勳鉅卿碑記刻石之詞，咸以委濂，為開國文臣之首。

〔註29〕錢謙益：《列朝詩集小傳》，上海古籍出版社，1983年版，第20頁。
〔註30〕紀昀：《紀曉嵐詩文集》，江蘇廣陵古籍刻印社，1997年版，第176頁。
〔註31〕郭紹虞：《中國文學批評史》，百花文藝出版社，2008年版，下卷，第124頁。

士大夫造門乞文者後先相踵，外國貢使亦知其名，高麗、安南、日本至出兼金購其文集。劉基傳中又稱基所為文章，氣昌而奇，與濂本為一代之宗。今觀二家之集，濂文雍容渾穆，如天閒良驥，魚魚雅雅，自中節度。基文神鋒四出，如千金駿足，飛騰飄瞥，驀澗注坡，雖皆極天下之選，而以德以力，則略有間矣。方孝孺受業於濂，努力繼之，然較其品格，亦終如蘇之與歐。蓋基講經世之略，所學不及濂之醇。方孝孺自命太高，意氣太盛，所養不及濂之粹也。」郭紹虞認為：「他可以說是集以前正統派的大成，使古文道學合而為一，所以能有兼收並蓄的現象。『六經皆心學也』，這可以說是他的創見。」〔註32〕

　　《誠意伯文集》二十卷　明劉基撰。劉基字伯溫，青田人。《四庫提要》稱：「基遭逢興運，參預帷幄，秘計深謀，多所裨贊，世遂謬謂為前知，凡讖緯術數之說，一切附會於基，神怪謬妄，無所不至。方技家遞相熒惑，百無一真，惟此一集尚真出基手。其詩沉鬱頓挫，自成一家，足與高啟相抗。其文閎深肅括，亦宋濂、王褘之亞。大抵其學問智略如耶律楚材、劉秉忠，而文章則非二人所及也。」

　　《大全集》十八卷　明高啟撰。啟字季迪，長洲人。與楊基、張羽、徐賁被譽為「吳中四傑」。《四庫提要》云：「啟天才高逸，實據明一代詩人之上。其於詩，擬漢魏似漢魏，擬六朝似六朝，擬唐似唐，擬宋似宋，凡古人之所長，無不兼之，振元末纖穠縟麗之習，而返之於古，啟實為有力。然行世太早，殞折太速，未能鎔鑄變化，自為一家，故備有古人之格，而反不能名啟為何格，此則天實限之，非啟過也。特其摹仿古調之中，自有精神意象存乎其間。譬之褚臨禊帖，究非硬黃雙鉤者比，故終不與北地、信陽、太倉、歷下同為後人詬病焉。」紀昀《鶴街詩稿序》亦云：「自漢魏以至今日，其源流正變，勝負得失，雖相競者非一日，而撮其大概，不過擬議變化之兩塗。從擬議之說，做著者無過青丘，仿漢魏似漢魏，仿六朝似六朝，仿唐似唐，仿宋似宋，而青丘之體裁如何，則莫能舉也。從變化之說，最著者無過鐵崖，怪怪奇奇，不能方物，而卒不能解文妖之目。其亦勞而鮮功乎？」〔註33〕可見「擬議變化」之說，實出紀昀之理論總結。後來錢鍾書先生《談藝錄》亦有此調，可謂嗣響。

〔註32〕郭紹虞：《中國文學批評史》，百花文藝出版社，2008 年版，下卷，第 127～131 頁。
〔註33〕紀昀：《紀曉嵐詩文集》，江蘇廣陵古籍刻印社，1997 年版，第 175～176 頁。

　　《空同集》六十六卷　明李夢陽撰。李夢陽字獻吉，號空同。慶陽人。他提倡「文必秦漢，詩必盛唐」，為前七子之首。《四庫提要》稱：「夢陽為戶部郎中時，疏劾劉瑾，遘禍幾危，氣節本震動一世。又倡言復古，使天下毋讀唐以後書，持論甚高，足以竦當代之耳目，故學者翕然從之，文體一變。厥後摹擬剽賊，日就窠臼，論者追原本始，歸獄夢陽，其受詬厲亦最深。考明自洪武以來，運當開國，多昌明博大之音。成化以後，安享太平，多臺閣雍容之作。愈久愈弊，陳陳相因，遂至啴緩冗沓，千篇一律。夢陽振起痿痺，使天下復知有古書，不可謂之無功。而盛氣矜心，矯枉過直。平心而論，其詩才力富健，實足以籠罩一時，而古體必漢魏，近體必盛唐，句擬字摹，食古不化，亦往往有之，所謂武庫之兵，利鈍雜陳者也。其文則故作聱牙，以艱深文其淺易，明人與其詩並重，未免怵於盛名。」

　　《升菴集》八十一卷　明楊慎撰。慎字用修，號升菴。新都人。嘉靖三年（1524），眾臣因「大禮議」，違背明世宗意願而受廷杖，楊慎謫戍雲南永昌衛。因居滇三十餘年，所以思鄉、懷歸之詩佔有很大比重。另外一些描寫雲南景物、反映民生疾苦的詩篇也很有特色。《四庫提要》稱：「慎以博洽冠一時，其詩含吐六朝，於明代獨立門戶。文雖不及其詩，然猶存古法，賢於何、李諸家窒塞艱澀、不可句讀者。蓋多見古書，薰蒸沉浸，吐屬自無鄙語，譬諸世祿之家，天然無寒儉之氣矣。」

　　《甫田集》三十五卷　明文徵明撰。徵明初名璧，以字行，號衡山，長洲人。《四庫提要》稱：「徵明與沈周皆以書畫名，亦並能詩。周詩揮灑淋漓，但自寫其天趣，如雲容水態，不可限以方圓。徵明詩則雅飭之中，時饒逸韻。朱彝尊《靜志居詩話》記其告何良俊之言曰：『吾少年學詩從陸放翁入，故格調卑弱，不若諸君皆唐音也。』此所謂如魚飲水，冷暖自知，皎然不誣其本志。然周天懷坦易，其畫雄深而蒼莽，詩格如之。徵明秉志雅潔，其畫細潤而蕭灑，詩格亦如之，要亦各肖其性情，不盡由於所仿傚也。」

　　《滄溟集》三十卷　明李攀龍撰。攀龍字于鱗，號滄溟，歷城人。他與謝榛、王世貞等倡導文學復古運動，為「後七子」的主要代表人物。《四庫提要》稱：「明代文章，自前後七子而大變。前七子以李夢陽為冠，何景明附翼之；後七子以攀龍為冠，王世貞應和之。後攀龍先逝，而世貞名位日昌，聲氣日廣，著述日富，壇坫遂躋攀龍上。然尊北地、排長沙，續前七子之焰者，攀龍實首倡也。」殷士儋作李攀龍墓誌，稱文自西漢以來，詩自天寶以下，若為其

毫素污者，輒不忍為。故所作一字一句，摹擬古人。驟然讀之，斑駁陸離，如見秦漢間人；高華偉麗，如見開元、天寶間人。至萬曆間，公安派領袖袁宏道兄弟始以「贗古」詆之。天啟中，臨川艾南英排之尤力。《四庫提要》又稱：「今觀其集，古樂府割剝字句，誠不免剽竊之譏；諸體詩亦亮節較多，微情差少；雜文更有意詰屈其詞，塗飾其字，誠不免如諸家所譏。然攀龍資地本高，記誦亦博，其才力富健，凌轢一時，實有不可磨滅者。汰其膚廓，擷其英華，固亦豪傑之士。譽者過情，毀者亦太甚矣。」

《弇州山人四部稿》一百七十四卷《續稿》二百七卷　明王世貞撰。世貞字元美，號鳳洲，又號弇州山人。太倉人。《四庫提要》稱：「考自古文集之富，未有過於世貞者。其摹秦仿漢，與七子門徑相同，而博綜典籍，諳習掌故，則後七子不及，前七子亦不及，無論廣、續諸子也。惟其早年自命太高，求名太急，虛憍恃氣，持論遂至一偏。又負其淵博，或不暇檢點，貽議者口實。故其盛也，特尊之者遍天下；及其衰也，攻擊之者亦遍天下。平心而論，自李夢陽之說出，而學者剽竊班、馬、李、杜；自世貞之集出，學者遂剽竊世貞。故艾南英《天傭子集》有曰：『後生小子不必讀書，不必作文，但架上有前後《四部稿》，每遇應酬，頃刻裁割，便可成篇，驟讀之，無不濃麗鮮華，絢爛奪目，細案之，一腐套耳。』其指陳流弊，可謂切矣。然世貞才學富贍，規模終大，譬諸五都列肆，百貨具陳，真偽駢羅，良楛淆雜。而名材瑰寶，亦未嘗不錯出其中。知末流之失，可矣；以末流之失而盡廢世貞之集，則非通論也。」

《震川文集》三十卷《別集》十卷　明歸有光撰。字熙甫，別號震川。當時文壇領袖王世貞以秦漢之文倡，天下文士無不靡然從風。而歸有光提倡唐、宋古文，獨抱唐、宋諸家遺集，與二三弟子講授於荒江老屋之間，毅然與之分庭抗禮，至詆王世貞為庸妄鉅子。王世貞起初也予以反擊，到了晚年才為之心折，故其題有光遺像贊曰：「風行水上，渙為文章。風定波息，與水相忘。千載惟公，繼韓歐陽。余豈異趣，久而自傷。」《四庫提要》稱：「自明季以來，學者知由韓、柳、歐、蘇沿洄以溯秦漢者，有光實有力焉，不但以制藝雄一代也。」

《袁中郎集》四十卷　明袁宏道撰。袁宏道字中郎，號石公。湖北公安人。他反對「文必秦漢，詩必盛唐」的風氣，提出「獨抒性靈，不拘格套」的性靈說。錢謙益云：「萬曆中年，王、李之學盛行，黃茅白葦，彌望皆是。文

長、義仍，嶄然有異。中郎以通明之資，學禪於李龍湖，讀書論詩，橫說豎說，心眼明而膽力放，於是乃昌言擊排，大放厥辭，以為唐自有詩，不必選體也。初、盛、中、晚皆有詩，不必初、盛也。歐、蘇、陳、黃各有詩，不必唐也。唐人之詩，無論工不工，第取讀之，其色鮮豔，如旦晚脫筆研者。今人之詩雖工，拾人飣餖，才離筆研，已成陳言死句矣。唐人千載而新，今人脫手而舊，豈非流自性靈與出自剽擬者所從來異乎！空同未免為工部奴僕，空同以下皆重儓也。論吳中之詩，謂先輩之詩，人自為家，不害其為可傳；而詆呵慶、歷以後，沿襲王、李一家之詩。中郎之論出，王、李之雲霧一掃，天下之文人才士始疏淪心靈，搜剔慧性，以盪滌摹擬塗澤之病，其功偉矣。」又云：「機鋒側出，矯枉過正，於是狂瞽交扇，鄙俚公行，風華掃地。竟陵以起，以淒清幽獨矯之，而海內之風氣復大變。」〔註34〕《四庫提要》稱：「其詩文所謂公安派也。蓋明自三楊倡臺閣之體，遞相摹仿，日就庸膚。李夢陽、何景明起而變之，李攀龍、王世貞繼而和之。前後七子，遂以仿漢摹唐，轉移一代之風氣。迨其末流，漸成偽體，塗澤字句，鉤棘篇章，萬喙一音，陳因生厭。於是公安三袁又乘其弊而排抵之。三袁者，一庶子宗道，一吏部郎中中道，一即宏道也。其詩文變板重為輕巧，變粉飾為本色，致天下耳目於一新，又復靡然而從之。然七子猶根於學問，三袁則惟恃聰明。學七子者不過贗古，學三袁者乃至矜其小慧，破律而壞度。名為救七子之弊，而弊又甚焉。觀於是集，亦足見文體遷流之故矣。」

七、清代別集

清代重要的別集有：《牧齋集》、《梅村集》、《精華錄》、《堯峰文抄》、《曝書亭集》、《西陂類稿》、《望溪集》。

《牧齋集》　清錢謙益撰。謙益字受之，號牧齋，晚號蒙叟，常熟人。他反對明代「復古派」的模擬、「竟陵派」的狹窄，也不滿「公安派」的膚淺，一面倡「情真」、「情至」以反對模擬，一面倡學問以反對空疏。牧齋既是文壇領袖，又是學林泰斗。凌鳳翔《初學集序》云：「前後七子而後，詩派即衰微矣。牧齋宗伯起而振之，而詩家翕然宗之，天下靡然從風，一歸於正。其學之淹博、氣之雄厚，誠足以囊括諸家，包羅萬有。其詩清而綺，和而壯，感歎而不促狹，論事廣肆而不誹排，洵大雅元音，詩人之冠冕也！」因為乾隆帝十分

〔註34〕錢謙益：《列朝詩集小傳》，上海古籍出版社，1983 年版，第 567 頁。

憎恨錢牧齋，故其集沒有收入《四庫全書》之中。其集分《初學集》、《有學集》兩種，前集所收皆為明代作品，後集所收皆為入清之作。

　　《梅村集》四十卷　清吳偉業撰。偉業字駿公，號梅村，太倉人。與錢謙益、龔鼎孳並稱「江左三大家」，錢氏尊宋，吳氏學唐，此後清代的各種詩派，大抵不出這二人的門戶。錢謙益序《梅村詩集》，曾用「以錦繡為肝腸，以珠玉為咳唾」來形容吳偉業詩歌之風華綺麗，評價頗高。康熙帝御製詩《題〈吳梅村集〉》云：「梅村一卷足風流，往復搜尋未肯休。秋水精神香雪句，西崑幽思杜陵愁。裁成蜀錦應慚麗，細比春蠶好更抽。寒夜短檠相對處，幾多詩興為君收。」對吳偉業詩歌給予恰當中肯的評價。《四庫提要》稱：「其少作大抵才華豔發，吐納風流，有『藻思綺合、精麗芊眠』之致。及乎遭逢喪亂，閱歷興亡，激楚蒼涼，風骨彌為遒上。暮年蕭瑟，論者以庾信方之。其中歌行一體，尤所擅長。格律本乎四傑，而情韻為深；敘述類乎香山，而風華為勝。韻協宮商，感均頑豔，一時尤稱絕調。其流播詞林，仰邀睿賞，非偶然也。至於以其餘技度曲倚聲，亦復接跡屯田，嗣音淮海。王士禎詩稱『白髮填詞吳祭酒』，亦非虛美。惟古文每參以儷偶，既異齊、梁，又非唐、宋，殊乖正格。」

　　《精華錄》十卷　清王士禎撰。士禎字貽上，號阮亭，又號漁洋山人。山東新城人。王士禎以「神韻」為宗，要求筆調清幽淡雅，富有情趣、風韻和含蓄性。《四庫提要》稱：「當康熙中，其聲望奔走天下，凡刊刻詩集，無不稱漁洋山人評點者，無不冠以漁洋山人序者。下至委巷小說，如《聊齋誌異》之類，士禎偶批數語於行間，亦大書王阮亭先生鑒定一行，弁於卷首，刊諸梨棗以為榮。惟吳橋竊目為『清秀李于鱗』，汪琬亦戒人勿效其喜用僻事新字，而趙執信作《談龍錄》排詆尤甚。平心而論，當我朝開國之初，人皆厭明代王、李之膚廓，鍾、譚之纖仄，於是談詩者競尚宋、元。既而宋詩質直，流為有韻之語錄；元詩縟豔，流為對句之小詞。於是士禎等以清新俊逸之才，范水模山，批風抹月，倡天下以『不著一字，盡得風流』之說，天下遂翕然應之。然所稱者盛唐，而古體惟宗王、孟，上及於謝朓而止，較以《十九首》之驚心動魄，一字千金，則有天工、人巧之分矣。近體多近錢、郎，上及乎李頎而止，律以杜甫之忠厚纏綿，沉鬱頓挫，則有浮聲切響之異矣。故國朝之有士禎，亦如宋有蘇軾，元有虞集，明有高啟。而尊之者必躋諸古人之上，激而反唇，異論遂漸生焉。此傳其說者之過，非士禎之過也。」

《堯峰文抄》五十卷　清汪琬撰。琬字苕文，號鈍翁，晚居堯峰，因以自號，長洲人。《四庫提要》稱：「古文一脈，自明代膚濫於七子，纖佻於三袁，至啟、禎而極敝。國初風氣還淳，一時學者，始復講唐、宋以來之矩矱，而琬與寧都魏禧、商丘侯方域稱為最工，宋犖嘗合刻其文以行世。然禧才雜縱橫，未歸於純粹。方域體兼華藻，稍涉於浮誇。惟琬學術既深，軌轍復正。其言大抵原本六經，與二家迥別，其氣體浩瀚，疏通暢達，頗近南宋諸家，蹊徑亦略不同。廬陵、南豐固未易言，要之，接跡唐、歸，無愧色也。琬性猜急，動見人過，交遊罕善其終者。又好詆訶，見文章必摘其瑕類，故恒不滿人，亦恒不滿於人。」

《曝書亭集》八十卷　清朱彝尊撰。彝尊字錫鬯，號竹垞，秀水人。詩與王士禎齊名，時稱「南朱北王」。《四庫提要》稱：「趙執信《談龍錄》論國朝之詩，以彝尊及王士禎為大家，謂王之才高而學足以副之，朱之學博而才足以運之。及論其失，則曰：『朱貪多，王愛好。』亦公論也。惟暮年老筆縱橫，天真爛漫，惟意所造，頗乏翦裁。然晚景頹唐，杜陵不免，亦不能苛論彝尊矣。至所作古文，率皆淵雅，良由茹涵既富，故根柢盤深。其題跋諸作，訂訛辨異。本本元元，實跨黃伯思、樓鑰之上。蓋以詩而論，與王士禎分途各騖，未定孰先。以文而論，則《漁洋文略》固不免瞠乎後耳。」

《西陂類稿》三十九卷　清宋犖撰。字牧仲，號漫堂，又號西陂，晚號西陂老人。商丘人。《四庫提要》稱：「犖雖以任子入官，不由科目，而淹通典籍，練習掌故。詩文亦為當代所推，名亞於新城王士禎。平心而論，犖詩大抵縱橫奔放，刻意生新，其源淵出於蘇軾。王士禎《池北偶談》記其嘗繪軾像，而己侍立其側，後謁選，果得黃州通判，為軾舊遊地。又施元之《蘇詩注》久無傳本，犖在蘇州重價購得殘帙，為校讎補綴，刊版以行，其宗法可以概見。故其詩雖不及士禎之超逸，而清剛雋上，亦拔戟自成一隊。其序記、奏議等作，亦皆流暢條達，有眉山軌度。」

《望溪集》八卷　清方苞撰。方苞字靈皋，一字鳳九，晚年號望溪，桐城人。與劉大櫆、姚鼐合稱「桐城三祖」。《四庫提要》稱：「苞於經學研究較深，集中說經之文最多。大抵指事類情，有所闡發。其古文則以法度為主。嘗謂周秦以前，文之義法無一不備。唐、宋以後，步趨繩尺，而猶不能無過差。是以所作，上規《史》、《漢》，下仿韓、歐，不肯少軼於規矩之法。雖大體雅潔，而變化太少，終不能絕去町畦，自闢門戶。然其所論古人矱度與為文之道，頗

能沉潛反覆，而得其用意之所以然。雖蹊徑未除，而源流極正。近時為八家之文者，以苞為不失舊軌焉。」

第三節　詩文評類

《四庫全書總目·詩文評類序》云：

> 文章莫盛於兩漢，渾渾灝灝，文成法立，無格律之可拘。建安、黃初，體裁漸備，故論文之說出焉，《典論》，其首也。其勒為一書，傳於今者，則斷自劉勰、鍾嶸。勰究文體之源流，而評其工拙；嶸第作者之甲乙，而溯厥師承，為例各殊。至皎然《詩式》，備陳法律；孟棨《本事詩》，旁採故實；劉攽《中山詩話》、歐陽修《六一詩話》，又體兼說部。後所論著，不出此五例中矣。
>
> 宋明兩代，均好為議論，所撰尤繁。雖宋人務求深解，多穿鑿之詞，明人喜作高談，多虛憍之論，然汰除糟粕，採擷菁英，每足以考證舊聞，觸發新意。《隋志》附總集之內，《唐書》以下則並於集部之末，別立此門。豈非以其討論瑕瑜，別裁真偽，博參廣考，亦有裨於文章歟？

這段話全面總結了詩文評的五種類型，或究文體源流，或品作者甲乙，或備陳法律，或旁採故實，或體兼說部。按照現在的觀念來看，前兩類屬評論類，《詩式》及詩格一類著作為做法類，後兩類著作可統稱為記事類。五類之中，尤以「體兼說部」者為大宗，這就是宋代以後出現特別發達的詩話、詞話、文話（包括賦話、四六話）之類，又以詩話為大宗。由於記事類的詩話、文話著作內容非常廣泛，其外延往往不易確定。誠如章學誠在《文史通義·詩話》中所指出的：「自孟棨《本事詩》出，乃使人知國史敘詩之意，而好事者踵而廣之，則詩話而通於史部之傳記矣。間或詮釋名物，則詩話而通於經部之小學矣。或泛述聞見，則詩話而通於子部之雜家矣。」可見這類著作與經部的小學類、史部的傳記類、子部的雜家類存在交叉關係。〔註35〕

詩文評類是《四庫全書總目》首次分出來的。「討論瑕瑜，別裁真偽，博參廣考」，其價值不可謂不大。在《四庫全書總目》之前，詩文評在目錄學上

〔註35〕傅璇琮主編：《中國古代詩文名著提要·詩文評卷》，河北教育出版社，2009年版，劉序，第2頁。

還沒有一個獨立的位置。《四庫全書總目‧詩文評類序》云：「《隋志》附總集之內，《唐書》以下則並於集部之末，別立此門。豈非以其討論瑕瑜，別裁真偽，博參廣考，亦有裨於文章歟？」此前，詩文評或附總集之內，或並於集部之末，從未獲得獨立地位。《四庫全書總目》首次設立詩文評類，在分類學上是一個獨到的貢獻。《四庫全書總目》對詩文評類著作褒多於貶。

我國詩文評的著作起源甚早，《易大傳》、《詩序》、《書序》應該是濫觴之作，其後《春秋》之三傳，《莊子》之《天下篇》，《荀子》之《非十二子》，司馬談之《論六家要旨》，《漢書》之《藝文志》，也可以視為廣義的詩文評。《四庫全書總目》以曹丕的《典論》作為詩文評的首創之作，是從狹義立論。《四庫全書總目》詩文評類共收錄 149 部文獻，其中正目 64 部，存目 85 部，現擇其要予以介紹。

《文心雕龍》十卷　南朝梁劉勰撰。「文心」指如何用心作文，「雕龍」指論述作文之法如雕龍般精細。全書用駢文寫成，共五十篇，由四部分組成：自《原道》至《辨騷》五篇為總論，為「文之樞紐」。自《明詩》至《書記》二十篇為文體論，前十篇論有韻之文，後十篇論無韻之文。自《神思》至《總術》十九篇為創作論，泛論寫作方法，可以參考王元化《文心雕龍創作論》。自《時序》以下六篇為批評論。全書體大思精，為我國古代第一部系統的文學理論批評著作。有關《文心雕龍》的研究已經形成一門專門的「龍學」，主要研究著作有：黃侃《文心雕龍劄記》（文化書社，1927 年版）、劉永濟《文心雕龍校釋》（中華書局，1962 年版）、范文瀾《文心雕龍注》（人民文學出版社，1961 年版）、楊明照《文心雕龍校注拾遺》（上海古籍出版社，1982 年版）與《增訂文心雕龍校注》（中華書局，2000 年版）、王利器《文心雕龍校證》（上海古籍出版社，1980 年版）、王元化《文心雕龍講疏》（廣西師範大學出版社，2004 年版）、吳林伯《文心雕龍義疏》（武漢大學出版社，2002 年版）、詹鍈《文心雕龍義證》（上海古籍出版社，1994 年《中國古典文學叢書》本）。張少康等撰《文心雕龍研究史》（北京大學出版社，2001 年版），日人戶田浩曉撰《文心雕龍研究》（上海古籍出版社，1990 年版）。

《詩品》三卷　梁鍾嶸撰。評論自漢、魏到齊、梁五言詩的優劣，將 122 位詩人分為上中下三等。書中強調「滋味」，反對用典與說理。通過三品升降和推溯源流，力圖重建詩歌創作與批評的新標準。但他把陶淵明列為中等，把曹操列為下等，讓後世學者百思不得其解。葉長青撰《鍾嶸詩品集釋》（上海

華通書局，1933 年版），陳延傑撰《詩品注》（人民文學出版社，1958 年版），陳慶浩撰《鍾嶸詩品集校》（法國巴黎第七大學東亞出版中心 1978 年香港），曹旭撰《詩品研究》（上海古籍出版社，1998 年版），張伯偉撰《鍾嶸詩品研究》（南京大學出版社，1999 年版）。

《本事詩》一卷　唐孟棨撰。所記皆詩歌本事，分情感、事感、高逸、怨憤、徵異、徵咎、嘲戲七類。其中唯宋武帝、樂昌公主二條為六朝事，餘皆唐人事。《四庫全書總目》云：「唐代詩人軼事頗賴以存，亦談藝者所不廢也。」這種通過考察本事來發揮詩意的方法對後世啟發很大。五代有署名處常子撰《續本事詩》，另有聶奉先所撰《續廣本事詩》。以宋計有功《唐詩紀事》為開端，歷代紀事詩已形成一個完整的系列，其源頭亦應追溯至孟棨《本事詩》。

《二十四詩品》一卷　唐代司空圖撰。凡分二十四品：曰雄渾，曰沖淡，曰纖穠，曰沉著，曰高古，曰典雅，曰洗練，曰勁健，曰綺麗，曰自然，曰含蓄，曰豪放，曰精神，曰縝密，曰疏野，曰清奇，曰委曲，曰實境，曰悲慨，曰形容，曰超詣，曰飄逸，曰曠達，曰流動，每品各以十二句四言韻語加以描述，總結了二十四種風格和意境。所列諸體畢備，不主一格，「但從總的傾向來看，作者認為詩歌應追求氣象壯闊而不浮泛，意境含蓄而不淺率，尤其傾心於清遠高妙的韻味風致。諸品中多用山林逸士的生活情趣和道家超塵出世的語言來描寫詩境，一些語句說得迷離恍惚，不易作出準確的詮釋，容易使人產生神秘感。」〔註36〕此書在《四庫全書》中雖然沒有單獨列出，但已包含在其他書中，且有多種版本。其實，《二十四詩品》與前面所列五體皆有不同，應自為一類。近年陳尚君等人竭力否定此書為司空圖所撰，曾在學術界引起軒然大波。筆者以為，其說似嫌證據不足，無法將它證偽。李慶先生的批評頗為中肯。

《苕溪漁隱叢話》一百卷　宋胡仔撰。此書分《前集》60 卷，《後集》40 卷，在宋代詩話中首屈一指。所收詩話，評論對象上起國風，下至南宋初。以人為綱，按年代先後排列。《四庫全書總目》把《苕溪漁隱叢話》和《詩話總龜》進行了深入比較：「其書繼阮閱《詩話總龜》而作。前有自序，稱閱所載者皆不錄。二書相輔而行，北宋以前之詩話，大抵略備矣。然閱書多雜事，頗近小說；此則論文考義者居多，去取較為謹嚴。閱書分類編輯，多立門目；此

〔註36〕傅璇琮主編：《中國古代詩文名著提要‧詩文評卷》，河北教育出版社，2009 年版，第 22 頁。

則惟以作者時代為先後，能成家者列其名，瑣聞軼句則或附錄之，或類聚之，體例亦較為明晰。閱書惟採摭舊文，無所考正；此則多附辯證之語，尤足以資參訂。故閱書不甚見重於世，而此書則諸家援據，多所取資焉。」

《滄浪詩話》一卷　宋嚴羽撰。包括詩辨、詩體、詩法、詩評和考證五章，末附《答吳景仙書》，合為一卷。「詩辨」闡述理論觀點，相當於總綱。「詩體」探討詩歌的體制、風格和流派。「詩法」研究詩歌的寫作方法，「詩評」評論歷代詩人詩作，從各個方面展開了基本觀點。「考證」對一些詩篇的文字、篇章、寫作年代和撰人進行考辨，比較瑣碎，偶而也反映了作者的文學思想。五個部分互有聯繫，合成一部體系嚴整的詩歌理論著作，被稱為宋代詩話的壓卷之作。毛晉《滄浪詩話跋》云：「諸家詩話，不過月旦前人，或拈警句，或拈瑕句，聊復了一段公案耳。惟滄浪先生《詩辨》、《詩體》、《詩法》、《詩評》、《詩證》五則，精切簡妙，不襲牙後。其《答臨安表叔吳景仙》一書，尤詩家金針也。」《四庫全書總目》認為：「大旨取盛唐為宗，主於妙悟，故以『如空中音，如象中色，如鏡中花，如水中月，如羚羊掛角，無跡可尋』為詩家之極則。明胡應麟比之達摩西來，獨闢禪宗。而馮班作《嚴氏糾繆》一卷，至詆為囈語。要其時，宋代之詩，競涉論宗；又四靈之派方盛，世皆以晚唐相高，故為此一家之言，以救一時之弊。後人輾轉承流，漸至於浮光掠影，初非羽之所及知，譽者太過，毀者亦太過也。」

《唐音癸籤》三十三卷　明胡震亨撰。震亨字孝轅，海鹽人。為目有七：一曰體裁，凡一卷，論詩體。二曰法微，凡三卷，分二十四子目，自格律以及字句聲調，無不備論。三曰評匯，凡七卷，集諸家之評論。四曰樂通，凡四卷，論樂府。五曰詁箋，凡九卷，訓釋名物典故六曰談叢，凡五卷，採擷逸事。七曰集錄，凡三卷，首錄唐集卷數，次唐選各總集，次金石墨蹟。《四庫全書總目》云：「震亨搜括唐詩，用力最劇。三百年之源流正變，犁然可按，實於談藝有裨。」

《隨園詩話》正編十六卷補遺十卷　清袁枚撰。袁枚倡導「性靈說」，主張「性靈」和「學識」結合起來，以性情、天分和學歷作為創作基本，以「真、新、活」為創作追求，將先天條件和後天努力相結合，創作出佳品。全書涉獵內容極其廣泛：從詩人的先天資質，到後天的品德修養、讀書學習及社會實踐；從寫景、言情，到詠物、詠史；從立意構思，到謀篇鍊句；從辭采、韻律，到比興、寄託、自然、空靈、曲折等各種表現手法和藝術風格，以及詩的

修改、詩的鑒賞、詩的編選，乃至詩話的撰寫，凡是與詩相關的方方面面，可謂無所不包。

第四節　詞曲類

一、詞曲類概說

《四庫全書總目‧詞曲類序》云：

> 詞曲二體，在文章、技藝之間。厥品頗卑，作者弗貴，特才華之士以綺語相高耳。然《三百篇》變而古詩，古詩變而近體，近體變而詞，詞變而曲，層累而降，莫知其然。究厥淵源，實亦樂府之餘音，風人之末派。其於文苑尚屬附庸，亦未可全斥為俳優也。今酌取往例，附之篇終。

> 詞曲兩家，又略分甲乙。詞為五類：曰別集，曰總集，曰詞話，曰詞譜、詞韻。曲則惟錄品題論斷之詞及《中原音韻》，而曲文則不錄焉。王圻《續文獻通考》以《西廂記》、《琵琶記》俱入經籍類中，全失論撰之體裁，不可訓也。

這段序文文字雖然不多，但從中可以深入體會到《四庫全書總目》把詞曲類斥為小道、末技，而又不決然廢之的總體認識，這可以說是《四庫全書總目》對詞曲類的一個基本認識，這種基調貫串整個詞曲類。

從序文中可以看到，詞曲類被看成是「末技」，而且《四庫全書總目》對其發展過程中的得失優劣都漠然視之，僅僅把詞曲類作為一種客觀存在錄存下來以備一格而已，這種不關痛癢的淡然處之，把《四庫全書總目》對詞曲類的貶斥態度表現得淋漓盡致。但是《四庫全書總目》對詞曲類又不僅僅是貶斥，他一方面貶斥詞曲為小技、末派，另一方面又肯定它是樂府之遺音，風人之末派，所以對於詞曲類既有貶抑又不全然廢之。

其次，由於詞曲類作品具有供人歌唱娛樂的屬性，所以《四庫全書總目》認為詞、曲不是純粹的文學體式，而是處在文章和技藝之間；由於詞曲類作品多體雜香奩、穠麗纖巧，所以《四庫全書總目》認為詞曲類大多不能寄託深遠，品級頗為卑劣，而且詞曲類作家多是以才學相高耳，不足為貴。從詞曲的產生來看，《四庫全書總目》認為有一個遞降的過程，即：三百篇→古詩→近體→詞→曲。詞、曲二類都是層遞而降的末端結果，無論是品第，還是成就都

遠遠趕不上詩三百以及古體詩、近體詩。正是因為詞曲類屬詩體之末派，仍然具有詩體的相關屬性，追本溯源，詞曲類當是樂府、風人之餘緒，故而又不可全然視為俳優，因此作為文苑之附庸，置於集部之末。

總之，詞曲最初起於民間，後來被文人改造加工，「樂府之餘音，風人之末派」，在正統思想主導下的文壇，它們仍然無法獲得正統地位，被認定為詩文的附庸，不能登大雅之堂。陶宗儀云：「稗官廢而傳奇作，傳奇作而戲曲繼。金季國初，樂府猶宋詞之流，傳奇猶宋戲曲之變，世傳謂之雜劇。」〔註37〕直到「五四」以後，雅俗易位，詩文在舊文學的宗主地位被新文學否定，詞曲從此獲得了解放，它們與新文學的血統更密切，也更具有所謂的人民性。

二、詞集

詞的別集入此類。代表性的如《樂章集》、《東坡詞》、《片玉詞》、《漱玉詞》、《稼軒詞》、《白石道人歌曲》。

《樂章集》一卷　宋柳永撰。柳永初名三變，字耆卿，崇安人。官至屯田員外郎，故世號柳屯田。柳詞以城市生活、江湖流落及男女情愛為題材，在當時廣為流傳。如《望海潮》描寫杭州之繁華：「東南形勝，三吳都會，錢塘自古繁華。煙柳畫橋，風簾翠幕，參差十萬人家。雲樹繞堤沙，怒濤卷霜雪，天塹無涯。市列珠璣，戶盈羅綺，競豪奢。　重湖迭巘清嘉，有三秋桂子，十里荷花。羌管弄晴，菱歌泛夜，嬉嬉釣叟蓮娃。千騎擁高牙，乘醉聽簫鼓，吟賞煙霞。異日圖將好景，歸去鳳池誇。」此詞善於鋪陳，可謂用詞的形式寫的「杭州賦」。《八聲甘州》云：「對瀟瀟暮雨灑江天，一番洗清秋。漸霜風淒緊，關河冷落，殘照當樓。是處紅衰綠減，苒苒物華休。惟有長江水，無語東流。　不忍登高臨遠，望故鄉渺邈，歸思難收。歎年來蹤跡，何事苦淹留？想佳人、妝樓顒望，誤幾回、天際識歸舟。爭知我、倚闌干處，正恁凝眸！」其中佳句「不減唐人高處」。《笛聲》下闋寫自己的放浪生活：「別久帝城當日，蘭堂夜燭，百萬呼盧。畫閣春風，十千沽酒。未省、宴處能忘絃管，醉裏不尋花柳。」至於《雨霖鈴》「寒蟬淒切」等篇抒寫離愁別緒，堪稱絕唱。宋葉夢得《避暑錄話》云：「柳永為舉子時，多遊狹斜，善為歌詞。教坊樂工，每得新腔，必求永為詞，始行於世。余仕丹徒，嘗見一西夏歸朝官云：『凡有井水飲處，即能歌柳詞。』言其傳之廣也。」張端義《貴耳集》亦曰：「項平齋言：

『詩當學杜詩，詞當學柳詞。杜詩柳詞，皆無表德，只是實說。』」宋陳振孫《直齋書錄解題》卷二十一云：「其詞格固不高，而音律諧婉，語意妥帖，承平氣象，形容曲盡，尤工於羈旅行役。若其人，則不足道也。」《四庫全書總目》云：「蓋詞本管絃冶蕩之音，而永所作，旖旎近情，故使人易入。雖頗以俗為病，然好之者終不絕也。」姚學賢等撰《柳永詞詳注及集評》（中州古籍出版社，1991 年版），薛瑞生撰《樂章集校注》（中華書局，1994 年版），姚守梅等撰《柳永詞新釋輯評》（中國書店，2005 年版）。

　　《東坡詞》一卷　宋蘇軾撰。東坡開創豪放詞派，其《念奴嬌·赤壁懷古》風格豪放，被稱為古今絕唱。而《水龍吟·次韻章質夫楊花詞》又是另外一種風格：「似花還似非花，也無人惜從教墜。拋街傍路，思量卻是，無情有思。縈損柔腸，困酣嬌眼，欲開還閉。夢隨風萬里，尋郎去處，又還被、鶯呼起。　　不恨此花飛盡，恨西園、落紅難綴。曉來雨過，遺蹤何在？一池萍碎。春色三分，二分塵土，一分流水。細看來、不是楊花，點點是離人淚。」詠物擬人，幽怨纏綿，王國維稱之為最佳之詠物詞。王灼《碧雞漫志》卷二云：「長短句雖至本朝盛，而前人自立，與真情衰矣。東坡先生非心醉於音律者，偶而作歌，指出向上一路，新天下耳目，弄筆者始知自振。今少年妄謂東坡移詩律作長短句，十有八九，不學柳耆卿，則學曹元寵，雖可笑，亦毋用笑也。」《四庫全書總目》卷一百九十八云：「詞自晚唐、五代以來，以清切婉麗為宗，至柳永而一變，如詩家之有白居易；至軾而又一變，如詩家之有韓愈，遂開南宋辛棄疾等一派。尋源溯流，不能不謂之別格。然謂之不工則不可，故至今日尚與花間一派並行，而不能偏廢。」薛瑞生撰《東坡詞編年箋注》（三秦出版社，1998 年版），鄒同慶等撰《蘇軾詞編年校注》（中華書局，2002 年版）。

　　《片玉詞》二卷《補遺》一卷　宋周邦彥撰。邦彥字美成，自號清真居士，錢塘人。《宋史·文苑傳》稱：「邦彥疏雋少檢，不為州里推重。好音樂，能自度曲，製樂府長短句，詞韻清蔚。」集中名作如《六醜·薔薇謝後作》云：「正單衣試酒，恨客裏、光陰虛擲。願春暫留，春歸如過翼，一去無跡。為問花何在？夜來風雨，葬楚宮傾國。釵鈿墮處遺香澤，亂點桃蹊，輕翻柳陌。多情最誰追惜？但蜂媒蝶使，時叩窗槅。　　東園岑寂，漸朦朧暗碧。靜繞珍叢底，成歎息。長條故惹行客，似牽衣待話，別情無極。殘英小、強簪巾幘。終不似、一朵釵頭顫裊，向人欹側。漂流處，莫趁潮汐。恐斷鴻、尚有相思字，何由見得！」全詞借寫落花抒發惜春傷逝之情。《樂府指迷》云：「凡作詞當以清真為

主。蓋清真最為知音，且無一點市井氣，下字運意，皆有法度，往往自唐、宋諸賢詩句中來，而不用經史中生硬字面，此所以為冠絕也。學者看詞當以周詞集解為冠。」《四庫全書總目》亦云：「其詞多用唐人詩句隱括入調，渾然天成。長篇尤富豔精工，善於鋪敘。陳郁《藏一話腴》謂其以樂府獨步，貴人、學士、市儂、妓女，皆知其詞為可愛。非溢美也。又邦彥本通音律，下字用韻，皆有法度。」南宋尹煥云：「求詞於吾宋者，前有清真，後有夢窗。」近人黃侃亦稱，詞中清真，可比詩中杜甫。王國維對他比較全面的評價：「美成深遠之致，不及歐、蘇，唯言情體物，窮極工巧，故不失為第一流之作者。但恨創調之才多，創意之才少耳。」現代學者整理本有：俞平伯《清真詞釋》（人民文學出版社，2000 年版）、《喬大壯手批周邦彥片玉集》（齊魯書社，1985 年版）、孫虹《清真詞校注》（中華書局，2002 年版）。

《漱玉詞》一卷　宋李清照撰。清照號易安居士，濟南人。《碧雞漫志》卷二云：「易安居士，京東路提刑李格非文叔之女，建康守趙明誠德甫之妻。自少年便有詩名，才力華贍，逼近前輩，在士大夫中已不多得。若本朝婦人，當推詞采第一。」《四庫全書總目》云：「清照工詩文，尤以詞擅名。清照以一婦人，而詞格乃抗軼周、柳。張端義《貴耳集》極推其《元宵詞》、《永遇樂》、《秋詞聲聲慢》，以為閨閣有此文筆，殆為閒氣，良非虛美。雖篇帙無多，固不能不寶而存之，為詞家一大宗矣。」集中如《醉花陰·九日》云：「薄霧濃雲愁永晝，瑞腦銷金獸。時節又重陽，玉枕紗廚，半夜涼初透。　東籬把酒黃昏後，有暗香盈袖。莫道不消魂，簾捲西風，人似黃花瘦。」末句黃花之喻，乃絕佳雅詞。現代學者整理本有：王仲聞《李清照集校注》（人民文學出版社，1999 年版）、徐培均《李清照集箋注》（上海古籍出版社，2002 年版）、陳祖美《李清照詞新釋輯評》（中國書店，2003 年版）。

《稼軒詞》四卷　宋辛棄疾撰。其詞以豪放為主，熱情洋溢，慷慨悲壯，筆力雄厚，藝術風格多樣，人稱稼軒體。集中如《青玉案·元夕》云：「東風夜放花千樹，更吹落、星如雨。寶馬雕車香滿路。鳳簫聲動，玉壺光轉，一夜魚龍舞。　蛾兒雪柳黃金縷，笑語盈盈暗香去。眾裏尋他千百度，驀然回首，那人卻在，燈火闌珊處。」此本情詞，王國維斷章取義，曾借末句以比喻治學之最高境界。劉辰翁《辛稼軒詞序》云：「自辛稼軒前，用一語如此者，必且掩口。及稼軒，橫豎爛熳，乃如禪宗棒喝，頭頭皆是；又如悲笳萬鼓，平生不平事並巵酒，但覺賓主酣暢，談不暇顧。詞至此亦足矣。」《四庫全書總目》

云：「其詞慷慨縱橫，有不可一世之慨，於倚聲家為變調。而異軍特起，能於
翦紅刻翠之外，屹然別立一宗，迄今不廢。觀其才氣俊邁，雖似乎奮筆而成，
則未始不由苦思得矣。」鄧廣銘《稼軒詞編年箋注》（上海古籍出版社，1993
年版）可供參考。

《白石道人歌曲》四卷　宋姜夔撰。姜夔上承周邦彥，下開吳文英、張炎
一派，是格律派的代表作家。其詞情意真摯，格律嚴密，語言華美，風格清幽
冷雋。《揚州慢》中「二十四橋仍在，波心蕩、冷月無聲。念橋邊紅藥，年年
知為誰生」最為人所稱道。《四庫全書總目》云：「夔詩格高秀，為楊萬里等所
推，詞亦精深華妙，尤善自度新腔，故音節文采，並冠絕一時。其詩所謂『自
製新詞韻最嬌，小紅低唱我吹簫』者，風致尚可想見。」《樂府指迷》云：「姜
白石清勁知音，亦未免有生硬處。」王國維《人間詞話》亦云：「古今詞人格
調之高，無如白石，惜不於意境上用力，故覺無言外之味，弦外之響。」現代
學者整理本有：夏承燾《姜白石詞編年箋校》（上海古籍出版社，1998 年版）、
劉乃昌《姜夔詞新釋輯評》（中國書店，2001 年版）。

三、詞選

詞的總集入此類。《四庫全書》著錄十二部，著名的有：後蜀趙崇祚《花
間集》、宋曾慥《樂府雅詞》、宋周密《絕妙好詞》、清朱彝尊《詞綜》。

《花間集》十卷　後蜀趙崇祚編。崇祚字弘基，事孟昶，為衛尉少卿。
不詳其里貫。《花間集》是我國文學史上的第一部詞集，收錄了溫庭筠、韋莊
等 18 位的經典作品，共 500 首，內容多為閨情離思，詞風大多穠豔華美，集
中反映了我國早期詞史上文人詞創作的主體取向、審美情趣和藝術成就。歐
陽炯序稱：「拾翠洲邊，自得羽毛之異；織綃泉底，獨殊機杼之功。」《四庫全
書總目》云：「詩餘體變自唐，而盛行於五代。自宋以後，體制益繁，選錄益
眾，而溯源星宿，當以此集為最古。唐末名家詞曲，俱賴以僅存。律詩降於
古詩，故中、晚唐古詩多不工，而律詩則時有佳作。詞又降於律詩，故五季
人詩不及唐，詞乃獨勝。」沈曾植認為：「《巵言》謂：『《花間》猶傷促碎，
至南唐李主父子而妙。』殊不知促碎正是唐餘本色。所謂詞之境界，有非詩
之所能至者，此亦一端也。五代之詞促數，北宋盛時嘽緩，皆緣燕樂音節蛻變
而然。」〔註38〕

〔註38〕沈曾植：《海日樓箚叢·海日樓題跋》，遼寧教育出版社年版，第 270 頁。

《樂府雅詞》三卷《補遺》一卷　宋曾慥編。慥字端伯，自號至遊居士，晉江人。《樂府雅詞》選錄歐陽修等 34 家，《補遺》選錄 16 家，共 50 家。其自序說：「余所藏名公長短句，裒合成篇，或後或先，非有詮次，多是一家，難分優劣，涉諧謔則去之，名曰《樂府雅詞》。凡三十有四家，雖女流亦不廢。此外又有百餘闋，平日膾炙人口，咸不知姓名，則類與篇末，以俟詢訪，標目『拾遺』云。」《四庫全書總目》云：「命曰《雅詞》，具有風旨，非靡靡之音可比。至於道宮、薄媚、西子詞、排遍之後，有入破、虛催、衮遍、催拍、歇拍、煞衮諸名，皆他本所罕載，猶見宋人舊法，不獨《九張機》詞僅見於此，是又足資詞家之考證矣。」

《絕妙好詞》七卷　宋周密編。以選錄精粹著稱，收詞 390 首。選錄標準偏重於格律形式，所以祇錄清麗婉約、優美精巧之作。以詞家為經，以時代先後為序，體例嚴整。《四庫全書總目》云：「密所編南宋歌詞，始於張孝祥，終於仇遠，凡一百三十二家。去取謹嚴，猶在曾慥《樂府雅詞》、黃昇《花庵詞選》之上。又宋人詞集今多不傳，並作者姓名亦不盡見於世，零璣碎玉皆賴此以存，於詞選中最為善本。」

《詞綜》三十卷　清朱彝尊編。選輯唐、五代、宋、金、元諸家詞。汪森序云：「計覽觀宋元人詞集一百七十家，傳記、小說、地志共三百餘家，歷歲八稔，然後成書。」《四庫全書總目》云：「是編錄唐、宋、金、元詞，通五百餘家。於專集及諸選本外，凡稗官、野紀中，有片詞足錄者，輒為採掇，故多他選未見之作。其詞名、句讀為他選所淆舛，及姓名、爵里之誤，皆詳考而訂正之。其去取亦具有鑒別，蓋彝尊本工於填詞，平日嘗以姜夔為詞家正宗，而張輯、盧祖皋、史達祖、吳文英、蔣捷、王沂孫、張炎、周密為之羽翼，謂：『自此以後，得其門者或寡。』又謂：『小令當法汴京以前，慢詞則取諸南渡。』又謂：『論詞必出於雅正，故曾慥錄《雅詞》，鯛陽居士輯《復雅》。』又盛稱《絕妙好詞》甄錄之當。其立說大抵精確，故其所選能簡擇不苟如此。以視《花間》、《草堂》諸編，勝之遠矣。」

四、詞話

評論詞、詞人、詞派以及有關詞的本事和考訂的著述。始於宋代，最早的詞話專著是北宋楊繪的《時賢本事曲子集》和楊湜《古今詞話》。《時賢本事曲子集》原書久佚，今存 9 則，見《詞話叢編》。《古今詞話》原書久佚，今存 67

則，見《詞話叢編》。《四庫全書》著錄五部，著名的有《碧雞漫志》、《樂府指迷》及《詞苑叢談》等。

　　《碧雞漫志》一卷　宋王灼撰。灼字晦叔，號頤堂，又號小溪，遂寧（今屬四川）人。大旨謂有心則有詩，有詩則有歌，有歌則有聲律，有聲律則有樂歌。是編詳述曲調源流，《四庫全書》卷首提要稱：「前七條為總論，述古初至唐、宋聲歌遞變之由，次列涼州等調，凡二十八條，一一溯得名之緣起，與其漸變宋詞之沿革。」為後世詞史研究提供了豐富史料。《四庫提要》亦稱：「蓋《三百篇》之餘音，至漢而變為樂府，至唐而變為歌詩，及其中葉，詞亦萌芽。至宋而歌詩之法漸絕，詞乃大盛。其時士大夫多嫻音律，往往自製新聲，漸增舊譜。故一調或至數體，一體或有數名，其目幾不可彈舉，又非唐及五代之古法。灼作是編，就其傳授分明可以考見者，聚其名義，正其宮調，以著倚聲所自始。其餘晚出雜曲，則不暇一一詳也。迨金、元院本既出，並歌詞之法亦亡。文士所作，僅能按舊曲平仄，循聲填字。自明以來，遂變為文章之事，非復律呂之事，並是編所論宮調，亦莫解其說矣。然其間正變之由，猶賴以略得其梗概，亦考古者所必資也。」此書成稿於成都碧雞坊妙勝院，故以碧雞名書。此書有上海古籍出版社，1983年排印本。

　　《樂府指迷》一卷　宋沈義父撰。義父字伯時，又字時齋，震澤人。宋末為白鹿洞書院山長，宋亡，隱居不仕。此書共二十九則，論作詞之法，兼評兩宋詞人之得失。大旨奉吳文英所論作詞四法為準則：「蓋音律欲其協，不協則成長短之詩；下字欲其雅，不雅則近乎纏令之體；用字不可太露，露則直突而無深長之味；發意不可太高，高則狂怪而失柔婉之意。」這是婉約派的詞學理論。其餘各則具體闡明作詞之法，而以周邦彥詞為主，以吳文英家法為旨歸。所論作詞起結、字面、鍊句、用事、命意、協律等，於詞之實際創作，頗有助益。《四庫全書總目》云：「其論詞以周邦彥為宗，持論多為中理。惟謂兩人名不可對使，如『庾信愁多，江淹恨極』之類，頗失之拘。又謂說桃須用『紅雨』、『劉郎』等字，說柳須用『章臺』、『灞岸』等字，說書須用『銀鉤』等字，說淚須用『玉』等字，說髮須用『綠雲』等字，說簟須用『湘竹』等字，不可直說破，其意欲避鄙俗，而不知轉成塗飾，亦非確論。至所謂去聲字最要緊，及平聲字可用入聲字替，上聲字不可用去聲字替一條，則剖析微芒，最為精覈。」此書有蔡嵩雲《樂府指迷箋釋》（人民文學出版社，1963年版）。

　　《詞苑叢談》十二卷　清徐釚撰。徐釚字電發，號拙存，又號虹亭、菊莊，吳江人。康熙十八年（1679）召試博學鴻詞，授翰林院檢討。其詞以詠懷唱和為主，有些作品隱約流露了民族意識。詞風初華麗清秀，後趨於沉著老成，偶而有驚人的豔語。是書於康熙十七年成稿，收錄從晚唐到清中葉詞人的故實、詞作及歷代的評論，分為體制、音韻、品藻、紀事、辯證、諧謔、外編七門。《四庫全書總目》云：「採摭繁富，援據詳明，足為論詞者總匯。」是書陸續抄撮而成，始未注出處，後補注不過十之二三。唐圭璋詳加考訂，足稱靜友。重要的整理本有：唐圭璋《詞苑叢談校注》（上海古籍出版社，1981 年版）、王百里《詞苑叢談校箋》（人民文學出版社，2005 年版）。

五、詞譜

　　指每一詞牌的格式，亦指集合詞調各種體式，經過分類編排，給填詞者作依據的書。內容主要介紹填詞的各種規則，如字句定額、聲韻安排、詞調來源等。唐、宋兩代沒有詞譜的專書，明清兩代逐漸增多。《四庫全書》著錄二部：清萬樹的《詞律》和清王奕清等合編的《欽定詞譜》。

　　《詞律》二十卷　清萬樹撰。字花農，一字紅友，別號山翁，宜興人。共收詞調 660 調，1180 體。以調的字數由少到多排列，每調內各體也依字數為序排列。每調下注明調之異名與字數；若有數體者，每體下亦注明字數。每調與每體均選一典範之作為例，旁注韻、句、豆。每調或每體後間有詳細的說明與考訂。《詞律》為填詞者確立了詞體格律規範，提供了聲律的參考和依據，有助於清代詞學的復興，為學術界所推崇。《四庫全書總目》云：「是編糾正《嘯餘譜》及《填詞圖譜》之訛，以及諸家詞集之舛異。如《草堂詩餘》有小令、中調、長調之目，舊譜遂謂五十八字以內為小令，五十九字至九十字為中調，九十一字以外為長調。樹則謂《七娘子》有五十八字者，有六十字者，將為小令乎？中調乎？《雪獅兒》有八十九字者，有九十二字者，將為中調乎？長調乎？故但列諸調，而不立三等之名。又舊譜於一調而長短不同者，皆定為第一、第二體。樹則謂調有異同，體無先後，所列次第，既不以時代為差，何由知孰為第幾，故但以字數多寡為序，而不立名目，皆精確不刊。其最入微者，以為舊譜不分句讀，往往據平仄混填。樹則謂七字有上三下四句，如《唐多令》「燕辭歸客尚淹留」之類，五字有上一下四句，如《桂華明》「遇廣寒仙女」之類，四字有橫擔之句，如《風流子》『倚欄杆處』『上琴臺去』之類。一

為詞字平仄，舊譜但據字而填，樹則謂上聲、入聲有時可以代平，而名詞轉折跌宕處多用去聲。一為舊譜五七字之句，所注可平可仄多改為詩句，樹則謂古詞抑揚頓挫，多在拗字，其論最為細密。至於考調名之新舊，證傳寫之舛訛，辨元人曲詞之分，斥明人自度腔之謬，考證尤一一有據。雖其考核偶疏，亦所不免。千慮而一失者，雖間亦有之。要之，唐、宋以來，倚聲度曲之法，久已失傳。如樹者，固已十得八九矣。明人臆造之譜，又遞相淆亂。樹推尋舊調，十得八九。其開闢榛蕪之功，亦未可沒矣。」此書有上海古籍出版社，1984 年排印本。

《欽定詞譜》四十卷　康熙五十四年聖祖仁皇帝御定。《四庫全書總目》云：「詞萌於唐，而大盛於宋。然唐、宋兩代皆無詞譜。蓋當日之詞，猶今日里巷之歌，人人解其音律，能自製腔，無須於譜。其或新聲獨造，為世所傳，如《霓裳》、《羽衣》之類，亦不過一曲一調之譜，無夷合眾體勒為一編者。元以來，南北曲行歌詞之法遂絕，姜夔《白石詞》中間有旁記，節拍如西域梵書狀者，亦無人能通其說。今之詞譜，皆取唐、宋舊詞，以調名相同者互校，以求其句法字數；以句法字數相同者互校，以求其平仄；其句法字數有異同者，則據而注為又一體；其平仄有異同者，則據而注為可平可仄。自《嘯餘譜》以下，皆以此法，推究得其崖略，定為科律而已。然見聞未博，考證未精，又或參以臆斷無稽之說，往往不合於古法。惟近時萬樹作《詞律》，析疑辨誤所得為多，然仍不免於舛漏。惟我聖祖仁皇帝，聰明天授，事事皆深契精微。既御定唐、宋、金、元、明諸詩，立詠歌之準，御纂律呂精義，通聲氣之元；又以詞亦詩之餘，派其命儒臣輯為此譜，凡八百二十首調，二千三百六體。凡唐至元之遺篇，靡弗採錄；元人小令，其言近雅者，亦間附之；唐、宋大曲，則匯為一卷，綴於末。每調各注其源流，每字各圖其平仄，每句各注其韻叶，分刌節度，窮極窈眇，倚聲家可永守法程。蓋聖人裁成，萬類雖一事之微，必考古而立之制，類若斯矣。」此書有中國書店，1979 年影印康熙五十四年內務府刻本。

六、詞韻

填詞所押的韻或填詞所依據的韻書。《四庫全書》沒有著錄。《詩餘圖譜》、《嘯餘譜》、《填詞圖譜》、《詞韻》、《詞學全書》五部皆附存目。

《詩餘圖譜》三卷附錄二卷　明張綖撰。綖字世文，號南湖，高郵人。是

編是傳世的最早一部詞譜，取宋人歌詞，擇聲調合節者一百十首，匯而譜之，各圖其平仄於前，而綴詞於後，有當平當仄、可平可仄二例。《四庫提要》批評是譜「往往不據古詞，意為填注，於古人故為拗句以取抗墜之節者，多改諧詩句之律。又校讎不精，所謂黑圈為仄、白圈為平、半黑半白為平仄通者，亦多混淆」。

七、南北曲

南曲與北曲的合稱。南曲又稱「南詞」，北曲又稱「北詞」，故也合稱為「南北詞」。南曲以唐宋大麯、宋詞為基礎，曲調用五音階，用韻以南方（今江浙一帶）語音為標準，有平上去入四聲。聲調柔緩宛轉，以簫笛伴奏。宋元南戲及明清傳奇均以南曲為主。北曲用七音階，用韻以《中原音韻》為準，無入聲。聲調遒勁樸實，以絃樂器伴奏，有「絃索調」之稱。元雜劇都用北曲，明清傳奇也採用部分北曲。北曲，宋元以來北方戲曲、散曲所用的各種曲調的統稱。音樂上用七聲音階，調子豪壯樸實，以絃樂器伴奏。金元時代流行於北方的戲曲，如雜劇、院本等。與「南戲」相對。《四庫全書》著錄三部：《顧曲雜言》、《欽定曲譜》、《中原音韻》。

《中原音韻》二卷　元周德清撰。德清字日湛，號挺齋，高安人。周敦頤六世孫。《中原音韻》是為北曲用韻而作，糾正作曲家用韻不一，其正音依據是中原語音。成書後，戲曲作曲、唱曲都有了規範，促進了戲曲用韻的統一，是傳統曲學的重要著作。其音韻之例，以平聲分為陰、陽，以入聲配隸三聲。分為十九部：一曰東鍾，二曰江陽，三曰支思，四曰齊微，五曰魚模，六曰皆來，七曰真文，八曰寒山，九曰桓歡，十曰先天，十一曰蕭豪，十二曰歌戈，十三曰家麻，十四曰車遮，十五曰庚青，十六曰尤侯，十七曰侵尋，十八曰監咸，十九曰廉纖。全為北曲而作。書末附錄「作詞十法」，如造語不可作俗語、蠻語、謔語、嗑語、市語、方語、書生語、譏諷語、全句語、拘肆語、張打油語、雙聲疊韻語、六字三韻語、語病、語澀、語粗、語嫩，用字切不可用生硬字、太文字、太俗字。

關於《中原音韻》的研究，明清兩代已經開始，如王驥德《曲律‧論韻》、呂坤《交泰韻‧辨五方》和毛先舒《聲韻叢說》等，對周氏之書是否真正代表中原語音之正，都有過研討。現代對此書研究比較深入，趙蔭棠撰《中原音韻研究》（商務印書館，1936 年出），陸志韋撰《釋中原音韻》（《燕京學報》，1946

年第 31 期），楊耐思撰《中原音韻音系》（中國社會科學出版社，1981 年版），
邵榮芬撰《中原音韻研究》（山東人民出版社，1981 年出），李新魁撰《中原音
韻音系研究》（中州書畫社，1983 年出），寧繼福撰《中原音韻表稿》（吉林文
史出版社，1985 年出），周維培撰《論中原音韻》（中國戲劇出版社，1990 年
版）。

八、戲曲

　　元明清時期，中國文壇上還出現了大量優秀的作家，如涵虛子《詞品》
云：「馬東籬（致遠）如朝陽鳴鳳，張小山如瑤天笙鶴，白仁甫（樸）如鵬搏
九霄，李壽卿如洞天春曉，喬夢符如神鼇鼓浪，費唐臣如三峽波濤，宮大用如
西風雕鶚，王實甫如花間美人，張鳴善如彩鳳刷羽，關漢卿如瓊筵醉客，鄭
德輝如九天珠玉，白无咎如太華孤峰。」其中四大家為：關漢卿、王實甫、馬
致遠和白樸。元曲四大悲劇：關漢卿的《竇娥冤》、白樸的《梧桐雨》、馬致遠
的《漢宮秋》、紀君祥的《趙氏孤兒》。元曲四大愛情劇：關漢卿的《拜月亭》、
王實甫的《西廂記》、白樸的《牆頭馬上》、鄭光祖的《倩女離魂》。四大南
戲：《荊釵記》、《劉知遠白兔記》、《拜月亭記》和《殺狗記》。他們以通俗的語
言、活潑的形式、清新的風格、多變的手法、廣泛的題材、深刻的現實性在中
國古代文學藝苑中放射異彩。

　　《竇娥冤》　元關漢卿撰。漢卿號已齋叟，金末元初大都人。元末熊自得
《析津志》說他「生而倜儻，博學能文，滑稽多智，蘊藉風流，為一時之冠」。
明初賈仲明《錄鬼簿》說他是「驅梨園領袖，總編修師首，撚雜劇班頭」，可
見他既是編劇，又能登臺演出，具有多方面的藝術才能。關漢卿一生創作了
60 多種雜劇，在思想性和藝術性上都達到了很高的水平。一般認為其作品現
在流傳下來的有 18 種，較為著名的有《竇娥冤》、《望江亭》、《救風塵》、《單
刀會》、《調風月》等。《竇娥冤》全名《感天動地竇娥冤》，全劇四折一楔子。
基本劇情是：楚州貧儒竇天章因無錢進京趕考，無奈之下把幼女竇娥賣給蔡
婆家作童養媳。竇娥婚後丈夫去世，婆媳相依為命。蔡婆外出討債時遇到流
氓張驢兒父子，張驢兒企圖霸佔竇娥，見她不從便想毒死蔡婆以要挾竇娥，不
料誤害其父。張驢兒誣告竇娥殺人，官府嚴刑逼訊婆媳二人，竇娥為救蔡婆自
認殺人，被判斬刑。竇娥在臨刑之時指天為誓，死後將血濺白綾、六月降雪、
大旱三年，以明己冤，後來果然都應驗。三年後竇天章任廉訪使至楚州，見竇

娥鬼魂出現，於是重審此案，為竇娥申冤。有人指出：「《竇娥冤》所寫的，是個人被社會扼殺的痛苦以及由此引起的懷疑和反撥。」〔註39〕

《梧桐雨》 元白樸撰。白樸字仁甫，改字太素，號蘭谷。出身書香世家，其父白華也是著名文士。白樸共有 16 種劇本，其中以《梧桐雨》、《牆頭馬上》最為有名。《梧桐雨》描寫唐明皇和楊貴妃兩人的愛情故事。這是一部悲劇性的抒情詩劇〔註40〕，悲豔動人，以濃鬱的抒情性、醇厚的詩味和文辭的華美著稱。白樸雜劇前人刊本很多，今人王文才廣為搜羅，編成《白樸戲曲集校注》（人民文學出版社，1984 年版）一書，不僅收錄了白樸現存的全部雜劇，還收錄其散曲 40 篇。

《西廂記》 元王實甫撰。實甫字德信，大都人。所作雜劇名目可考者有 14 種，今存有：《西廂記》、《破窰記》、《麗春堂》三種及《韓彩雲絲竹芙蓉亭》、《蘇小卿月夜販茶船》二劇的殘曲，其中以《西廂記》最為有名。《西廂記》基本劇情是：書生張君瑞和相國小姐崔鶯鶯邂逅相遇、一見鍾情，經紅娘的幫助，為爭取婚姻自主，最終衝破封建禮教的禁錮而私下結合，表達了對封建婚姻制度的不滿和反抗以及「願普天下有情人都成眷屬」的思想。崔張故事，源遠流長，最早可追溯至唐代元稹所寫的傳奇小說《鶯鶯傳》。《鶯鶯傳》中張生遺棄了鶯鶯，是個悲劇的結局。此後崔張故事廣泛流傳，產生了不少歌詠其事的詩詞，如宋代秦觀、毛滂的《調笑轉踏》和趙令畤的《商調蝶戀花》鼓子詞。這些詩詞對鶯鶯的命運給予了同情，也對張生始亂終棄的薄情行為進行了批評，但故事情節並沒有新的發展。到了金代，董解元創作《西廂記諸宮調》，對《鶯鶯傳》中的故事情節和人物形象作了根本性的改造，張生成了多情才子，鶯鶯富有反抗性，故事以鶯鶯偕張生私奔作結，反映了爭取戀愛婚姻自由的青年男女同封建家長之間的鬥爭。王實甫在董解元《西廂記諸宮調》的基礎上進一步改造，結構更嚴密，情節更曲折，人物性格也更豐富多彩，受到歷代好評。此外，《西廂記》語言華美，堪稱元曲文采派的代表作〔註41〕。今人王季思於《西廂記》用力頗多，其《集評校注西廂記》（上海古籍出版社，

〔註39〕章培恒、駱玉明主編：《中國文學史新著》，復旦大學出版社，2007 年版，中卷，第 565 頁。

〔註40〕章培恒、駱玉明主編：《中國文學史新著》，復旦大學出版社，2007 年版，中卷，第 582 頁。

〔註41〕章培恒、駱玉明主編：《中國文學史新著》，復旦大學出版社，2007 年版，中卷，第 599 頁。

1987 年版）極具參考價值。

　　《漢宮秋》　元馬致遠撰。致遠字千里，晚號東籬，大都人。著有雜劇十五種，現存六種：《青衫淚》、《漢宮秋》、《岳陽樓》、《薦福碑》、《任風子》、《陳摶高臥》，另外《黃粱夢》是他與別人合寫的。其中以《漢宮秋》影響最大。《漢宮秋》取材於王昭君出塞和親的故事，在原故事的基礎上進行了再創造，揭露了朝政的腐敗、帝王的昏庸、文武大臣的軟弱無能，與王昭君的以身殉國難的慷慨壯舉形成鮮明對比。馬致遠的散曲也負盛名，現存輯本《東籬樂府》一卷，收入小令 104 首，套數 17 套。小令《天淨沙·秋思》膾炙人口，被譽為「秋思之祖」。因為他的雜劇中神仙道化劇較多，故人稱「萬花叢裏馬神仙」。元末明初賈仲明《凌波仙·弔詞》中說：「萬花叢裏馬神仙，百世集中說致遠。四方海內皆談羨，戰文場，曲狀元，姓名香貫滿梨園。」馬致遠的雜劇的戲劇性都不很強，他是以曲詞之美著稱的。朱權《太和正音譜》云：「馬東籬之詞，如朝陽鳴鳳，其詞典雅清麗。」

參考文獻

1. 永瑢等：《四庫全書總目》，北京：中華書局，1965 年版。
2. 錢鍾書：《宋詩選注》，北京：人民文學出版社，1989 年版。
3. 袁行霈主編：《中國文學史》，北京：高等教育出版社，1999 年版。
4. 郭紹虞：《中國文學批評史》，天津：百花文藝出版社，2008 年版。
5. 金開誠、葛兆光：《古詩文要籍敘錄》，北京：中華書局，2005 年版。
6. 曾棗莊：《集部要籍概述》，南京：江蘇教育出版社，2007 年版。
7. 傅璇琮主編：《中國古代詩文名著提要》，石家莊：河北教育出版社，2009 年版。
8. 章培恒、駱玉明主編：《中國文學史新著》，上海：復旦大學出版社，2007 年版。

推薦書目

1. 陳子展：《楚辭直解》，上海：復旦大學出版社，1996 年版。
2. 瞿蛻園、朱金城：《李白集校注》，上海：上海古籍出版社，1982 年版。
3. 仇兆鰲：《杜少陵集詳注》，北京：中華書局，1979 年版。

4. 朱金城：《白居易集箋校》，上海：上海古籍出版社，1988 年版。

5. 錢仲聯：《韓昌黎詩繫年集釋》，北京：古典文學出版社，1957 年版。

6. 歐陽修：《歐陽永叔集》，北京：商務印書館，1958 年版。

7. 孔凡禮：《蘇軾詩集》，北京：中華書局，1982 年版；《蘇軾文集》，北京：中華書局，1986 年版。

8. 吳林伯：《文心雕龍義疏》，武漢：武漢大學出版社，2002 年版。

9. 王季思：《集評校注西廂記》，上海：上海古籍出版社，1987 年版。

10. 俞平伯：《讀詞偶得·清真詞釋》，北京：人民文學出版社，2000 年版。

11. 錢鍾書：《宋詩選注》，北京：人民文學出版社，1989 年版。

12. 曾棗莊：《集部要籍概述》，南京：江蘇教育出版社，2007 年版。

13. 郭紹虞：《中國文學批評史》，天津：百花文藝出版社，2008 年版。